ヤマケイ文庫　クラシックス

新編　可愛い山

Ishikawa Kinichi　石川欣一

Yamakei Library
Classics

目次

可愛い山

山へ入る日・山を出る日……10
平の二夜……15
可愛い山……44
山を思う心……51
鹿島槍の月……56
初夏の高原 ――信州大町から――……61
偃松の臥榻……68
山の秋……71
秋の山……77

山に登る理由 88
山を急ぐこと 96
山の道具 106
アイスアックス 111
山と酒 120
山と女 130
山と煙草 136
雪線の下にて 141
ノアの山 146
アルプスの思い出 156
アル中種々相 160
山へ 168
針の木のいけにえ 178

旅から旅へ

日本アルプス旅行記（一九一五年）……198
初夏のバヴァリア高原……232
キッケルハーン……246
高きに登る心……251
リトロスペクト……265
峰を伝うて……274
埋火の歌……295
独活の立山温泉……303
晩秋の小仏峠……311
僕のハイキング……319
山を尊ぶ……327
晩秋の山麓……335

山を思う

よき山旅の思い出……342
一本立てる話……350
法師温泉と三国峠……357
嘆きの花嫁――山での話――……363
さからう……371
山の本……376
雑　談……384
山の初雪……393
峠の秋……398
むかし話……401
山を思う……408
旅を思う……413

たらの芽……420
山湯ところどころ……425
再び山へ……431
慎太郎さん……436
海千山千の記……440
白馬山麓……456
登山とパイプ……460
なぜ山に登るか……465
夏山への想い……478
石川欣一略歴　489

地図　後立山連峰周辺概念図　8
日本アルプス旅行記①籠川～池ノ平　194
日本アルプス旅行記②池ノ平～飯森　196

装丁・本文組版・地図製作　渡邊　怜

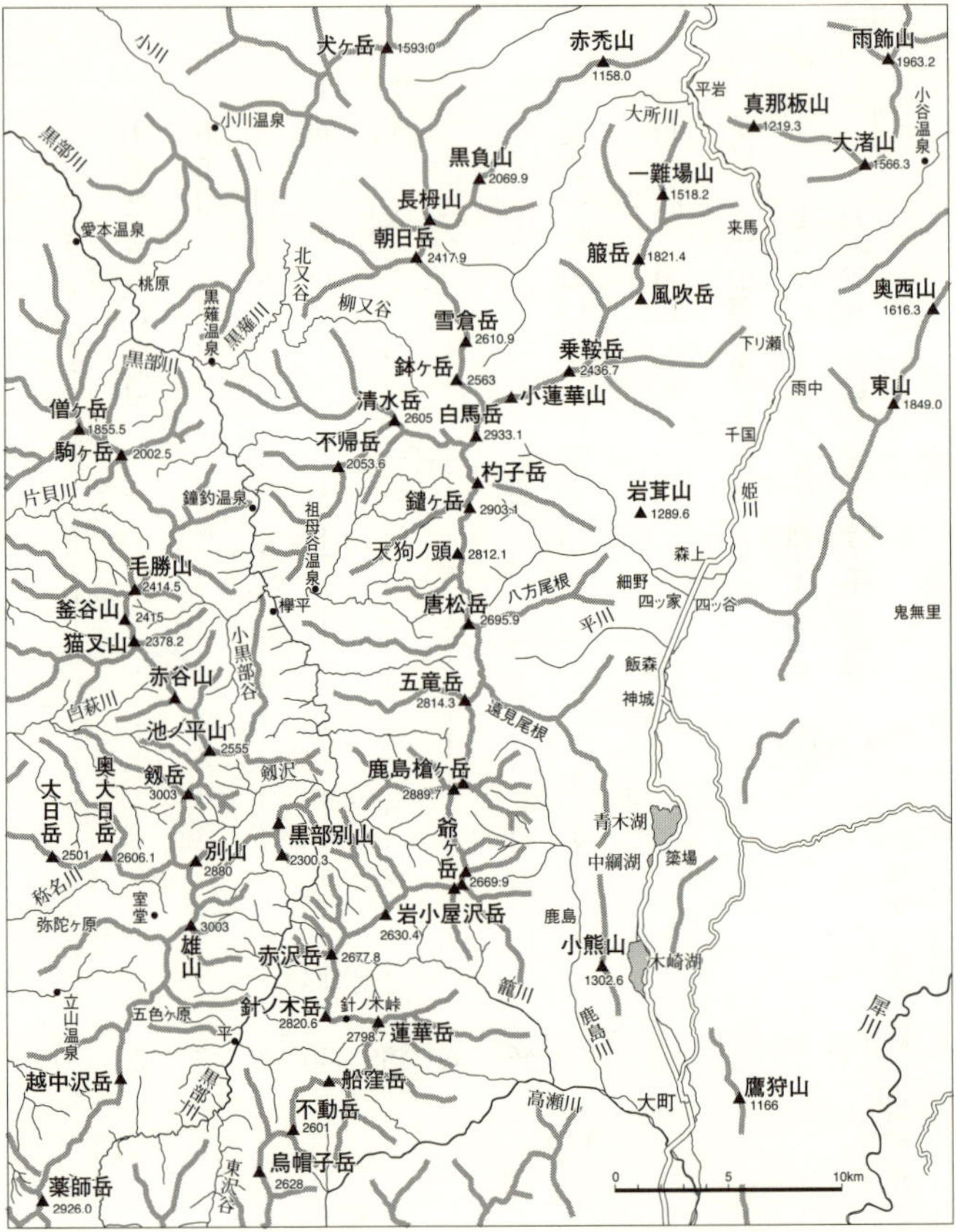

後立山連峰周辺概念図

※本書掲載の地図は陸地測量部五万分一地図を元に作成。標高、地名などは現在と異なる。針ノ木岳周辺地図は194ページに掲載。

可愛い山

山へ入る日・山を出る日

山へ入る日の朝は、あわただしいものである。

いくら前から準備していても、前の晩にルックサックを詰めて置いても、いざ出発となると、きっと何か忘れ物があったのに気がつく。忘れ物ではなくとも、数の足りぬ物があるような気がしたりする。すっかり足ごしらえをした案内や人夫が、自転車で走り廻る有様はちょっと面白い。

それもまア、どうにかこうにか片づいて、いよいよ歩き出す。たいていの場合、町なり村なりを離れると、林の中か野原を横切って行くのだが、二、三時間も歩くと、くたびれて了《しま》う。一つには身体の鍛練が出来ていないからで、二つには暑いからである。草のいきれ程うれしからぬ物はない。

時々馬にあう。林の中の路を、荷をつけた馬だけがポカポカやって来るので、驚いていると、大分あとから呑気そうな顔をして、樵夫《きこり》が来たりする。一本路だし、馴れてはいるし、すてといても馬は家へ帰るのであろう。路はだんだん狭くなる。馬の糞も落ちていないようになる。と、思いがけぬところに林を開いて桑が植えてあったりする。落葉松、白樺等の若葉が美しく、小さな流れの水を飲んでは木陰に休む。野いちごの実を見つけて食うこともある。

昼の弁当をつかう頃には、水もつめたくなっている。

かくて一歩一歩、山へ入って行くのだが、比較的路が容易なので連れがあれば話をするし、無ければ何か考えながら行く。連れがあっても、そう立て続けにしゃべるわけには行かない。時々は考えこんで了う。

私は大して臆病ではないつもりだが、山へ入る前には不思議に山のアクシデントを考える。何か悪いことが起りそうな気がしてならぬのである。そんな気持ちを持っていられる間は山もたのしみだろうと、ある友人がいったが、まったくそうかも知れない。一種のアドベンチュアをやっている気なのだから……。従って山へ入る日の私は、決して陽気ではない。むしろ憂鬱な位である。そして最初の夜は、殊にそれが野営であれば、とても淋しく、パイプをくわえたまま吸いもしないで、ボンヤリ焚火《たきび》の火を見つめては、子供のことを考えたりする。

山を出る日は、恐ろしく景気がいい、天幕をたたむにしても、山小舎の中を片づけるにしても、非常に迅速に仕事がはかどる。平素無口な案内者までが冗談口をたたいたりする。

もちろん山によって違うであろうが、たいていの路は尾根を走らず谷によっている。で、山を出るにしても、先ず谷へ下るのであるが、これが川の生長に伴うのだから面白い。朝、雪解の水が点々と滴り落ちているあたりを立って、昼には広い河原で最後の弁当を食い、夜は大河《おおかわ》の畔《ほとり》の宿屋で寝ていたりすることがよくある。

山へ入る時憂鬱な私は、出る時は、多くの場合陽気である。もちろん山に別れる悲哀はあるが、これはむしろ翌日汽車の窓から振りかえる時に多く感じるので、現に山を下りつつある時には、ひたすら、一刻も早く、麓の町に着こうと努める。やはり、人が恋しいのだろう。

山から下りながら、人間の力が如何に山にはい上りつつあるかを見るのは、まことに興味が深い。一本二本、木が伐ってある。急な斜面に粟がつくってある。掘立小舎、芝土を置いた橋、小さな祠、そして最後に人家。

一昨年の六月、信州から立山を越して富山へ出た最後の日には、女が目についた。

紺の香も新しい揃いの単衣《ひとえ》に、赤いたすき、姉さんかぶりで田植をしているのを見た時には、美しいとさえ思った。立山温泉から芦峅寺《あしくらじ》まで、人のいやがる長い路だが、一里ごとに人間の仕事の跡が増して行って面白かった。だんだん路幅が広くなり、馬糞の数がふえ、ついに夕暮の芦峅寺へ着くと、村唯一の銭湯の前に田植馬の湯銭は三銭とか書いた札がはってあった。

いよいよ麓の町にさしかかる。多くの人は山に登って来たというので、一種のエクザルテーションを感じるらしい。凱旋将軍のような気持ちになるらしい。私は、初めて白馬《しろうま》に登って大町に帰って来た人が、対山館の三階で酔いつぶれたのを見た。学生を率いた中学校の先生が、部屋が無いというので怒号しているのを見た。かかる種類の興奮は、もちろん人にもよるのだろうが、山に登る数と反比例して減じて行く。

去年上高地へ行った帰りには大阪のある女学校の生徒たちと一緒になった。男の先生二人とは名前を予《か》ねて知り合っていたので、鮨留《いわなど》メで名乗り合い、松本まで後になり先になりして歩いたが、流石に娘たちは男の学生みたいに騒ぎも威張りもせず、誠に気持ちがよかった。島々へ入るすこし手前で、ルックサックからスカートを出して、ブルーマースの上からはいていたりしたが、如何にも山を下りて里へ出る有様をあらわして、私は思わず微笑した。島々から電車は満員で、先に乗った男の生徒や案内者が坐って了った為に、立っていた娘も多かったが、私が連れて行った大町の老案内は、私が立ったのを見て、自分も娘の一人に席を譲ってくれた。

六月になった。この頃湿気の多い、いやな日が続く。早く山へ行きたくて仕方がない。山の話を書くことが苦痛なくらい、山を思っている。

（「中央公論」一九二八年七月号／『山へ入る日』一九二九年・中央公論社／『可愛い山』一九五四年・中央公論社）

平の二夜

こころみに地図を開いて見る。信州と越中との国境は、南は標高二八四一米のレンゲ岳（三ツ叉）に始まり、うねうねと屈曲していはするものの、大体において真北を指し、野口五郎、烏帽子、蓮華、針ノ木、爺、鹿島槍、五竜、唐松等を経て北、三千米に近い白馬岳《しろうま》に至る約二十里の山脈の上を走っている。故に信州から直接越中へ出るには、どうしてもどこかで山を越さねばならぬ。大黒（二四〇五）を越して祖母谷《ばばだに》、猿飛へ出るのもよい。中房から東沢乗越を経て高瀬川の上流へと下り烏《え》帽子《ぼし》へかかって南沢から黒部川へ出ることも出来る。籠《かご》川入りをして扇沢から爺（二六六九）の西南に当る棒小屋乗越を越し、棒小屋沢を下って黒部川に落ち合うのも一つの路である。だがこれらのルートは、いずれも長く、且つ困難であるから、単に登山の目的で採用するのならとにかく、実用としては適していない。もっとも実用といえば、汽車のある今日、長野から直江津を経由して富山へ出れば一日で楽々と行けるが、比較的興味があり深山幽谷の気分が充分味わえ、而《しか》も大した労力なしに信州から越中へぬける路は、やはり昔ながらの針ノ木越えによることである。

松本から北へ、信濃鉄道の高速度電車で約一時間行くと、大町へ出る。大町のすこし手前で、レールは長い橋を渡っているが、この橋の下を流れている水は、鹿島川、籠川、高瀬川の三流が合したものである。くわしくいうと、鹿島、籠の二川は高瀬川の支流であるが、そんなことはどうでもいい。要するに川が三つ。従って谷が三つ、鹿島入り、籠川入り、高瀬入りと呼んで、この三つが大町から北アルプスへ入る自然の道路を、なしているのである。

針ノ木峠へ行くには、籠川入りをしなくてはならぬ。籠川は加賀川から来たのであるという。この川を溯って行くと加賀の国へ出るというので、加賀川と呼んでいたのが、いつの間にか籠川になったのであろう。石ころの多い磧《かわら》をゴロゴロと歩いて、足を痛くしたのは昔のことで、今は立派な道が左岸を走っている。白沢、黒沢、扇沢、丸石沢などという激流が、左右から白い泡を吹いて落ちこんでいるのを見ながら行くと、一日で大沢の小舎まで行くことが出来る。女でも楽に行ける。

大沢の小舎は標高約二千米のところにあるから、夏でも寒い。ここに一泊して翌朝はすぐ針ノ木峠へかかる。たいてい雪が小舎のすぐ上まで来ている。所謂《いわゆる》針ノ木の雪渓で、上の方は中々急である。何しろ直線を引けば僅か二十町くらいのところを、二、三時間かかって七、八百米登って行くのだから。

針ノ木峠は蓮華岳（二七九八）と針ノ木岳（二八二〇）との中間の鞍部にある。峠といっても二千五、六百米の高さを持っているのだから、下手な山よりは遥かに高い。峠の茶屋とか、「雲雀《ひばり》より上に」の俳句なんぞを考えて来る人は吃驚《びっくり》して了う。偃松《はいまつ》と赤土と岩ばかりである。だから大抵の人はここで弁当をつかわず、鎗《やり》（三一七九）や穂高の大観を眺めた後、すぐ峠を下りはじめる。一歩下りかければそこは越中で、所謂針ノ木谷が、つんのめるように黒部川へ落ちている。弁当は紫《むらさき》丁《ちょう》場《ば》でつかうがよい。雪解けの水が小さな滝をなしている。

針ノ木谷を流れる水は、南沢を合して勢を増し、飛ぶようにして黒部の本流へ流れ込む。その合流点にささやかな、而も黒部の渓谷では唯一の平地があり、ここが平《たいら》なのである。標高約千四百米。人々はここで一泊して、翌日は温谷《ぬくいだに》をさかのぼり、右手にスカイラインをなす刈安峠を越して更にザラ峠を越し、湯川の谷を下って立山温泉に一泊、常願寺川に添って芦峅《あしくら》、千垣《ちがき》から汽車で富山へ出る。

この針ノ木越えの歴史は古いものである。戦国時代の勇者、佐々成政《さっさなりまさ》が軍勢をひきいて、冬十二月にこのルートを通過して以来（もっともこれは歴史的に証明はされていない）明治になっても十何年代までは物資を積んだ牛が、夏には列をなして針ノ木越えをやった。現にその時代の道路の一部が残っているし、また牛小舎の遺物もある。

大町から富山まで、大沢、平、立山温泉と三泊であるが、三ケ所ともに立派な小舎があり、食料、寝具は勿論、すべての物資がふんだんにあるから、大した苦労をしないで旅行することが出来る。刈安、ザラの二峠で参った人や、山の好きな人は、ザラ峠を下るかわりに五色ケ原に出ればよい。ここにも小舎がある。一泊して翌日は雄山（立山神社がある。二九九二米）に登ると面白かろう。

以上長々と針ノ木越えの説明をした。これ位のことは山岳好きの人ならば誰でも知っているであろうが、まるで山のことを知らぬ人や、山に登って見たいが、どこがよかろう等と考えている人もあることと思って、すこしくどい位くわしく書きしるした。

この平で今年（大正十五年）の六月のはじめ、大町の百瀬慎太郎君と、案内者の北沢清志氏と、それから私と、三人が二夜とまった記録を、以下数枚にわたって、書こうと思う。針ノ木越えは十数年前に一度と、今回と、都合二回で、大して珍らしくもないが、平の泊りにはいろいろと面白いことがあったから……

第一夜

大沢小屋から平までは、楽な一日行程であるが、朝出発するのが遅かったのと、途中で——殊に針ノ木谷を下りる途中——気持のいい所がある度ごとに長いこと休んで駄弁《だべ》ったのと、只でさえ歩きにくい路の所々に残雪がかかって径《こみち》を閉鎖していた為に、つまらぬ迂回を屢々《しばしば》行ったのとで、黒部の本流に出たのはもう七時に近かった。今迄歩いて来た渓谷に比べると、ここはさすがにあかるい。すばらしい水量で激しく流れて行く川の向う岸には、消えかけた雪の中に板づくりの家が二軒見える。上手の小さいのは毎日新聞が県に寄贈した小舎で、下手の大きいのは日本電力の出張所である。あすこには人がいる筈なので、こちら側にある東信電気の小舎の前を素通りして、急な絶壁へ取りかかった。

平で黒部川を越す方法は従来二つ。一つは有名な籠渡しによるので、もう一つは籠渡しの少し上流を徒渉するのである。籠渡しは太い針金に滑車をかけ、滑車から縄でぶら下げた板に乗って、ブランブランと向う岸へ渡るのである。徒渉とはいう迄もなく、ザブザブと水の中を歩いて渡ることである。夏向きでよかろうなどと思う人はやって見るがいい。深い所は腰の上まで、川底はゴロゴロな石で、流れは疾い。ともすれば足をすくわれる。すくわれたら最後、手足がそろって日本海へ出られれば幸福である。もう十何年か前になるが、私は朝九時頃にここを徒渉した。盛夏で、水の量はすくなかったが、それでも一行八人、向う岸へ着いた時は唇を紫色にしていた。今は水の多い最中で、おまけに水温も気温も低い。とうてい徒渉は出来ぬ。籠渡しもこわれている。だが幸い、昨年の秋、二町ばかりの下流に吊り橋がかけられた。我々はこの吊り橋を渡るべく、細い路に足を踏み入れたのであった。

二町下流といい、川添の路というと、黒部を知らぬ人は五、六分にして吊り橋に達し得ると思うであろう。だが黒部川は「その水源地より愛本《あいもと》に至り、山地を離るまで蜒々《えんえん》約二十里の間は、本邦稀に見る絶壑《ぜつえい》を成し、滔々《とうとう》として奔流の両崕《りようがい》に激越《げきえつ》せるを見る。其の立山・白馬両山脈の間は、地域狭隘にして支流の発育極めて短く、直ちに本流に注ぐを以て、至る処に懸谷《けんこく》がある。」——(吉沢庄作氏著「立山」)

——ので、この路も絶壑をからみ、懸谷を横切っている。而《しか》も幅は僅か一尺か二尺、ある場所は露出した岩石に、足跡をつけた程度である。我々は先ず小さな残雪を越して、木の生い茂った崖にとっついた。北沢、百瀬、私の順序で行く。もう薄暗くなって来て足もとがあぶない。疲れてもいる。朝から午後四時頃まで、絶えず雪の上を歩いていたので、軽度の日射病にでもかかったらしく、頭が痛む。唇がカサカサになる。黙々として一歩一歩、注意しながら進むと、小さな谷にでくわした。吉沢氏の所謂懸谷で、いずれ路はついているのであろうが、雪が残っているので判らぬ。慎太郎さんが先に立って、ステップを切りながら越した。雪を渡り切ると一間ばかり砂土が露出している、足がかかると共にザザラ！　と音がして、砂ごと身体が下へ落ちる。その身体に落ちるだけの時間を与えず、ヒョイと二の足を踏み出して、続いてヒョイヒョイと下へ引っぱる力に敢て抵抗するでもなく、なかば落ちながら身体は前に進めて、無事に土砂の斜面を渡り切る。

渓のこちら側に立って、バットに火につけてこれを見ていた私はいやな路だなと思わざるを得なかった。雪のグラディエントは、素人の目には六十度近くに見える。とても上り下りは出来ぬくらい急である。然しステップが切ってある以上、又夕暮と共に雪が幾分固くなっている以上横切ることは大して苦にならぬ。よしんば辷《すべ》っても、ピッケルの使用法をあやまらなければ、自分一人の身体くらいはとめることが出来る。雪は平気だが、あんな風に露出した土砂は、実にいやである。一度すべったら手も足もピッケルも用をなさぬ。下を見ると、水が狼の牙のような白い泡を、噴き上げている。落ちた日には、助かりっこない……と考えはしたものの、そこがやはり山を知る者の強味で、別に恐怖を感じるでもなく、雪渓にさしかかる。グン、グンと靴さきをステップに打ち込んで渡り切る。片足を砂にかける。ザラッ！　と落ちる。ザザザザと通過して了う。しっかりした路についた時には、やれやれと思った。

路は崖のかたちそのままに、急に右へ入っている。ここにも谷が切れ込んでいるのである。Vの字を水平に置いたようなきれ込みである。こちらには路があるが、向う側は一面の砂土で——一体が風化しやすい岩石なのであろう。それが雪をかぶって更にもろくなった所へ、上から雪崩《なだれ》が落ちて来たので、ザラザラになっている——その灰色の断崖には、いくら見ても、どう考えても、路らしいものが見えぬ。Vの字の底には固い雪が残っている。北沢は荷を下して、雪の所まで様子を見に行った。私と慎太郎さんとは、立ったまま、ルックサックを唐檜《とうひ》の根にもたせかけて、休んだ。非常に傾斜の急なところに路をつくったので、こんなことが出来るのであろう。

「おい。その辺に下へおりてる路はねえかい。」

北沢がこう声をかけたので、私は二、三間引きかえして見た。

「ないよ。」

「上へ行ってる路もあるめえな。」

「ない。」

「向うにゃ路がねえだな。」

「雪崩で崩れちまったんだろう。」

「どうするかね。」「どうしましょうね?」——これは慎太郎さんが私に聞いたのである。

「さあ。」

北沢が帰って来た。日電の小舎には、人がいないのじゃあるまいかという。なるほど灯火《あかり》が見えない。一度呶鳴《どな》って見ようというので北沢がオーイ、オーイと大きな声を出したが、返事もなければ灯火を出して見せるでもない。

再び、どうしようという相談が起った時に私は言った――「帰りましょう。こんな所でウロウロしていても仕方がない。大分つかれて来たし、足もとが悪いから、若《も》し辿りでもしようものなら莫迦《ばか》げている。今晩は東信の小舎で泊って、あしたゆっくり路をさがしましょう。日電の小舎が面白かったら、あした一日遊んでもいいし、若しいよいよ路が分らなければ大町へ引きかえしてもいいんだから……」

籠渡しの二、三丁下に、吊り橋の出来ていることは知っている。路があるにせよ無いにせよ、とにかく右岸を伝って、吊り橋に出られることは知っている。現に五日の日、富山から大町にぬけて来た法政と商大との学生は、日電の小舎から吊り橋を渡って、針ノ木谷、針ノ木峠、大沢と、我等の路を逆に来たのである。対山館で泊り合わしたのだから、あの二人、ことに芦峅から案内して来た光次郎に、もっとよく聞けばよかったのだが、こちら三人、殊に慎太郎さんと北沢とは、平の附近をよく知っているので、行けば判るだろう、で出て来たのであった。もちろん行けば判るのだが、こう暗くなって来ては、如何な山男でも猫か梟《ふくろう》でない限り、視力が利かなくなる。

「そうですか。それじゃ帰りましょう。別に急ぐんでもなし……」と慎太郎さんは私の提議に同意した。三人は引きかえした。

東信の小舎は東西に長く、十何畳ぐらいは敷けるであろう。西、即ち黒部の本流に面した方が入口になっていて、さし出した屋根の下には四角な風呂桶、燃料等が置いてある。ガタビシャな戸を明けると、中は鼻をつままれても判らぬ程のくらやみで、キキキと鼠が鳴く。とりあえずルックサックを投げ出した私は、日と雪でピリピリする顔の筋肉を収縮させて、ニヤリとした。私の知人で鼠を非常に嫌う人が二人いる。往来を歩いていて鼠の死骸でも落ちていると、横丁へ曲って了《しま》うくらい嫌いなのである。私がニヤリとしたのは、この二人を思い出したからである。「慎太郎さんと俺でなくて、MさんとBちゃんとがここに立ったら、二人はどうするだろう。入らないで、熊笹の上に寝るかしら」と、詰らぬことを考えたからである。

とりあえず蠟燭《ろうそく》に火をつけて、まっくらな小舎の内に入ると、中央が土間兼囲炉《いろ》裏《り》で、左右がアンペラ敷きになっている。その土間に足を置いたまま、アーンとアンペラの上にねころがる。今宵の宿もきまったという安心に、急につかれが出て、靴をぬぐのも億劫になる。

「御免よ！」と北沢が焚木をかかえて入って来た。火をつける、勢よく燃える。「ゆんべとちがって乾いているので、よく燃えるだ」と言ったのは、前晩泊った大沢小屋が雪に埋れていた為にしめっぽく、火を燃しつけるのに三十分ばかりかかったからである。

燃え上る焔に照らされて、小舎の内部がハッキリする。奥の方には夜具やら米俵やらが屋根に届くまで積み上げられ、上から大きなキャンヴァスがかけてある。ふと天井からつるしたランプに気がつく。どうやら石油が入っているらしい。急いで靴をぬぎ、しめった靴下三足をむしり取って、ランプを見に行く。果して石油が入っているので、こいつは豪遊！と、学生みたいなことを言いながら、火をつけた。

小舎の隅から鍋をさがし出して、それを洗いに行った北沢が帰って来た。山独活《うど》と、ウト蕗《ぶき》と祢するすこぶる香の高い草とを手に持っている。このくらやみで、どうしてこんなものを発見して来たのか、我々には見当もつかぬ。

前夜泊った大沢の小舎は、雪のために水に不自由したが、ここはすぐ前を雪解の水が流れているので、至って便利である。慎太郎さんのと私のと、二人の飯盒《はんごう》に半分以上も入っている昼飯の残りを鍋で煮て、ミンチビーフの鑵詰をあけ、うまいのだかまずいのだか、ちょっと判断に苦しむようなオジヤをこしらえた。これと、独活及びウト蕗の味噌汁と、干鱈《ひだら》の焼いた奴とで晩飯にする。北沢はどこからか目覚時計をみつけて来て、しきりにいじくり廻していたが、「四時半に鳴るようにしてくれねえか」と言うから、焚火《たきび》ごしに手をのばして、アラームを調節する。あしたは四時半に起きて路をさがしに行くとのことであった。

飯が済むとすることが無い。濡れた靴下を炉の上につるし、長々とアンペラに横たわって寝る。

焚火が消えかけると足が寒い。新しい薪をくべると、やけどしそうになる。夜中に何度も目が覚めた。鼠が騒ぐ。柱の釘にかけた私の上衣の、襟の裏についているひっかけが切れてドサンと顔の上に落ちて来た。風の音、黒部の瀬の音。

第二日

目をさますと、向う側にねていた北沢がいない。ランプの光に、目覚時計だけが光っている。眼鏡をかけて見ると五時ちょっと前。囲炉裏のとろ火には味噌汁とお茶とがかけてある。

まだ早いから、もう一度ねようかと思ったが、目が覚めて了うと小舎の中の煙っぽくて埃っぽい空気がたまらなくなる。お茶を一杯と、横にころがった瀬戸引きの水飲みを取り上げると、中には灰が沢山入っている。ズボンのポケットから、前二日間の汗と水っぱなとでヨレヨレになったハンケチを出し、それで拭って茶を飲む。きたないことが平気になるから山は不思議といわねばならぬ。

慎太郎さんはよく眠っている。この人も私同様、宵っぱりで朝寝坊だから、いかに山でも六時や七時には目をさまさぬ。私が早く起きたのも、実はお腹がいたかったからである。

昼間のままの服装で寝るのだから、起きるにしても手がかからない。上衣をひっかけ、素足に靴をはいて小舎を出る。小舎の前の、幅一尺ぐらいの流れで顔を洗う。口をゆすぐ。……と、誰でもやることを不思議そうにいうのには理由がある。我々は山に入ると、めったに顔を洗わないからである。

ぐずぐずしていると寒くなって来た。いそいで小舎にもぐり込み、白樺の太い枝を炉にくべる。ねころがって、さてすることがない。靴下を外して見ると乾いている。さるおがせのような油煙がついている。それを丁寧に払い落してはく。スウェッタアを着て、また戸外へ出る。

ふと見ると黒部川の向う岸に、人が二人立っている。一人は北沢で、もう一人は羽織を着た人である。二人は話をしながら上の方へ行く。籠渡しの所で立ちどまった。こちら岸の籠渡しまで行くには、大分広い雪を歩かねばならぬ。私は急いで靴の紐を結び直した。小舎の入口の、風呂桶の上においたピッケルを取りに戻った。

私がピッケルを取りに戻っている間に、向う岸の二人は籠渡しの針金に添うて目を走らせた。二人は当然その針金の終りにいる私に気がつく。私は右手を上にあげて挨拶した。和服の人は腰をかがめた。

見ていると北沢が、籠渡しの板に乗った。破損して用をなさぬと聞いていたが、これで見ると役に立つかも知れぬ。私は、「占めたぞ!」と思った。籠渡しが使用出来さえすれば、昨日のようないやな路を通らなくても済む。北沢はブランブランと針金を伝い始めた。長い針金が、重みにつれてさがる。板はスラスラと四、五間河の中央へ近づく。和服の人は何か言いながら、盛に縄を繰り出す。

そのうちに、バッタリ板がとまって了った。どうやらちっとも動かぬらしい。と、向う岸の人が縄を手ぐり込む。北沢は両手を横に振って見せる。右手をあげて、こちら岸の崖を指し、ずうっと下の方へ動かす。籠渡しは駄目だから、崖をへずって下流の吊り橋を渡って来いという信号なのであろう。二、三度腰をかがめたと思うと北沢は狭い河原へ飛び下りた。そしてスタスタと下って行く。和服の人は上の路を、小舎の方へ歩く。

小舎に帰って、まだ眠っている慎太郎さんを起した。籠渡しの一件を話している所へ北沢が帰って来た。彼等山男は、七、八貫の荷を背負って我々と一緒に歩くのであるから、空身だと飛ぶように早い。「飛ぶように」ではなく、実際、石でも岩でも丸木橋でも、ヒョイヒョイと飛んで行くのである。

山としては遅い朝飯を食いながら、北沢が向う岸の人の話をする。「大将みてえな人が一人と」――あの和服を着ていた人か？　と聞くと、ウン、あの人だと答えた。――「越中の衆が一人いただ」という。あんまり口を利かない、おとなしい男だろう？　と慎太郎さんが聞く。

「ああ、若え男だ。」「そんなら重吉だ。」「あれが重吉かね。」

北沢は四時半に起きて、飯の仕度をしてから小舎を出たのである。前夜引きかえした所まで行くと、前につき出した崖を廻った所に、新しい吊り橋が見えた。路が無いと思った面には果して路が無い。引きかえして、前晩ステップを切った雪渓の横を登り、谷を一つ越して、急な藪をすべり下り、存外容易に吊り橋に出ることが出来た。日電の小舎へ着いたら大将みたいな人が、腹がへったろうと言って、麦飯を喰わしてくれたが……「へえ、うまかったでえ……。ええいい小舎だな。大きな熊の皮なんぞが敷いてあってな、新聞屋と宿屋のむすことを連れて来たと言ったら、そりゃあ面白い、早く来な、御馳走するぞってた！」

慎太郎さんと私とは、この「新聞屋と宿屋のむすこ」に至って、顔を見合わせて苦笑した。なるほど慎太郎さんは大町の対山館の長男であり、私は新聞やであるが、こんな山の中まで、かかる商売——それも一般からは、あまり柄がよくないように思われている——がつきまとうのであっては、いささかニヤリとせざるを得ない。

小舎の内外を綺麗に片づけて、出かけたのは九時半ごろであった。前日に比較すると、身体が疲れていないだけ、悪い道も楽に歩けたが、それでもいやな場所が多かった。雪解の水が流れている狭い谷を登る時なぞは、袖口や襟から、泥と水とが流れ込んで、気持が悪くて仕方がなかった。ずいぶん危険な所もあった。が最後に、若い木と熊笹とが茂った急斜面を、がむしゃらに辷り降りて、大きな落葉松《からまつ》の林に、まだ誰の足跡もついていない雪田を踏んで立った時には、うれしかった。雪を渡り切ると五、六尺の崖、すぐ下は川であるが、極めて浅い。砂利が出ている所もある。ストンと下りて、先ず一口、黒部川の水を飲む。
二、三間歩いて岩の鼻を廻ると、吊り橋である。ユラユラと左右にゆれながら渡る。三人そろって日本電力の出張所へ入り込んだ。

平の半日

向う岸からこっち側まで、二時間ばかりもかかったので、かなりつかれた。あてがわれた二階の部屋に通って窓から見ると、すぐ目の前に大毎《だいまい》の小舎が、白い雪に対して殊に黒く、きたなく立っている。私は何故か dilapidated という英語を思い出した。さっき崖を登る時、上から墜ちて来た岩で膝を打った北沢が、メンソレータムを貰いに入って来る。

「打ち傷にはこの方がいいだろう。」と沃度《ようど》を持って、宮本さんが入って来られた。今朝の和服の人で、日本電力の出張員である。この山の中に住んで、黒部川の水量、速度、温度等を測定しておられるのである。

「どうです。もうお昼に近いしするから、今から温泉まではちょっと無理でしょう。今日は遊んでいらっしゃい。岩魚《いわな》でも釣ったら半日ぐらいはすぐ立ちましょう。」

私どもは大いによろこんで了った。実はこちらから、今日一日遊ばせて下さいと言いたい所だったのである。第一小舎が気に入った。第二に平で遊ぶということが、またと得られぬ快いことのような気がしていた。

小舎――それも富山から十二哩《マイル》汽車に乗り千垣で下車してから芦峅まで二十町。この芦峅から一里半で藤橋に出る。藤橋には人家が五、六軒もあろうか。あとは常願寺川に添うて登ること三里半、ここが立山温泉。ザラ峠を登って下りて、又急な刈安峠を上下する都合四里。富山から平地としても十五里半の山の中にある小舎は、果してどんなものであるか、想像もつかぬ人が多いであろう。私はノートを出して、この小舎の部屋の配置をうつしとった。実は、自分もこんな小舎を、山の中に一軒持ちたいと思ったからである。「南北三間、東西五間。二階建、下は土間で、南側が炊事場。他は薪炭糧食置場。西北隅にある階段は二階に通ず。外側の同じ位置にも階段があり、これはバルコンに達している。板敷き、畳敷き、押入を中心に、西は大きな押入と人夫室兼用食堂。東は事務所と寝室とになる。二階の天井に戸がついているのは、二階の窓まで雪に埋った時の出入口。屋根及び東西面羽目（二階天井より高く）出入口あり。」――私の手帳には二階のプランの横に、こう書いてある。

昼飯を済ましてから慎太郎さんと二人で、すぐ向うにある大毎の小舎を見に行った。この小舎は雪の中に建っている。南の方の入口から入る。ひどくなっているが、人が来ればすぐ綺麗になるであろう。二階――と言ってもアティックだが――に酒の空瓶がゴロゴロしているには驚いた。

日電の小舎に帰ると宮本さんが「今夜、岩魚を御馳走したいが、あいにく昨日の残りが二匹しかいません。重君を案内に釣って来られたらどうです」と言われる。岩魚釣とは面白い、品右衛門の話も思い出す。さァ出かけようと我々三人、重吉のあとをついて行く。もっとも釣竿は四人に対して二本である。

しばらくは若芽の美しい林の中を、雪を踏んで歩く。林がつきて岩になる。岩の下は黒部の水。……あの水の美しさは、只見た人のみがこれを知る……三人から、はるかに後れて、岩をいくつもいくつも越したり、一坪か二坪ばかりの白い砂地に靴のあとをつけたりして行くうちに、ふと、大きな、丸い岩にはらんばいになって、しきりに下の水をのぞいている北沢の姿を発見した。「つれたかい」というと、左手を後に廻して、むやみに振りながら「静かに！　静かに！」と小声でいう。足音を忍ばせて、私も岩に登る。はらんばいになってのぞくと、下は水が物凄い、、、たまりをなして、くるくる渦をまいている。

「あすこにいるだ。」

北沢は岩魚に聞かれると困ると思ったのであろう。むやみに小さな声を出す。まなこを凝らして見ていると、大きな渦が一つ、するすると本流の方へ流れ出して、その後が油のようにトロリとする瞬間、キラリと蒼黒い魚が二匹、底に近く姿を現わす。北沢は急いで竿を動かし、蚊針を魚のいる方へ近づける。又、渦が来て、スイスイと針を押し出す。

「駄目じゃないか。」

「ああ。岩魚を釣るなあむつかしい。」

「君は今迄に釣ったことがあるのかい。」

「無いだ。」

「そんなとこへ針を下して釣れるのかい。」

「これでいいずら。石川さん釣って見るかね。」
「かして見な。」
今度は私が針を下したが、中々喰いつかぬ。近くまで来たと思うと、ひょいと逃げる。針が流されて了う。

考えて見るとどうも蚊針なるものを深淵に沈めて魚をつるとは変である。元来が蚊の形をしている針だから、水面をヒョイヒョイやっている内に、これを蚊と間違えて魚が飛びつくのではあるまいか。私は立ち上って岩を下り、流れに近く立った。ザブザブと白い水沫を飛ばしている瀬にフワリと針を投げる。面白いようにピョンピョン跳るが、魚は一向飛びつかぬ。

同じ釣れないのなら、魚の顔が見えた方がまだ面白い。私はもとの岩に帰った。二、三度岩魚をだましにかかったが、やはり駄目なので、釣は断念し、岩の上に長々と寝そべって煙草を吸った。目の上の唐檜に、恐ろしく長いサルオガセがぶら下っている。ブランブランと風にゆれる。河の音がする。私はねむくなって来た。

突然頭の上で、
「オーイ!」と声がした。ねころがったままで「オーイ」と呶鳴ると「なんだそこにいたんですか」と慎太郎さんが姿を現わす。「どこへ行っちまったのかと思った」という。まったくこの黒部川は断崖絶壁が多いので、ちょっとした岩の鼻の向うにいる人でも見えぬことがよくある。我々は二、三間はなれた所で休んでいたのであるが、お互にどこへ行っちまったのかと思っていた。

流れに添ってすこし下ると、長い吊り橋がある。重吉と北沢とは各々、釣竿を持って、ドンドン橋を渡って行く。向う岸（右岸）の路は、大分高い崖の中腹についている。私どもは写真をうつしたり、話をしたりしながら、あとからついて行った。

丸い石のゴロゴロした河原に坐って、小さな石を河の中にほうり込んでいると、世間を忘れて了う、何が何でもいいような気がする。まことに呑気である。汗水を流して雪渓を登っているより余程いい。刈安峠なんぞを越えないで、三日も四日もここで遊んでいたいと思う。「こうやっているといい気持ちですね。」「よござんすね。」なんて言っている内に、針ノ木岳の方に当って黒い雲が出て来た。見る見る空にひろがる。ポツン！　と勢のいい奴が手の甲にあたる。河の水が黒くなる。こいつはいけない！　と言いはしたものの、急ぐでもなし、また急いだ所で岩や崖の路や吊り橋や雪では、すべって転ぶくらいなものである。悠々として帰路につく。上衣、シャツ、ズボン、みな濡れる。濡れても小舎には火があるから平気だ。小舎の近くの雪の林では、雪から盛に湯気を出していた。あれは湯気とは言わぬかも知れないが……

小舎に着いた時は、いくらか雨も小降りになっていた。早速二階に上り、はだかになって衣類を乾かす。寒くて仕方がないから毛布を身体にまきつける。

「お風呂が沸いたからお入りなさい」と言われて、洋服に下駄、頭からレインコートをかぶって戸外に出る。磧に近く据えた角《かく》風呂、雨が降るので白樺の枝を切り、天幕をかけて急造の屋根が出来ている。そこ迄行きはしたものの、さて上衣やシャツやズボン下を置く場所がない。もう一度小舎に戻って、猿股一つになり、雨の中を走って風呂場に行く。猿股を、なるべく雨のかからぬような、枝にひっかける。蓋を外ずして手をつっこむと熱い。恐ろしく熱い。そこで今度はスッ裸で、馬尻《ばけつ》を持って河まで水を汲みに行く。雨は中々つめたい。つめたいわけである。すぐ横にはまだ雪が残っているのだから……

首まで湯につかって、いい気持になっていると、雨がこぶりになって、雲が上り始めた。黒部の下流の方から、山が一つずつ現われる。もう夕闇がせまっているので、すべての色は黒と白とである。濃淡の墨絵である。信じられぬ程、日本画そのままである。

「日本画によくこんな景色がある――」私は加減のいい湯で、身体中の筋肉が一つ一つやわらかくなるのを感じながら考えた。――「たいていの人は絵空事だと思う。そして、こまかい写生や複雑な色彩を土台とした西洋画の方が自然に忠実だと思う。だが山の中にはかくの如き景色がある。何百年か前に、すでに深山幽谷を歩き廻ってスケッチしていた日本画家がいたのであろう。」――どうでもいいようなことを考えていると、北沢が、

「風呂加減はどうだね？」と、雨の中を聞きに来てくれた。

やがてランプがついて、男ばかり五人、飯の卓に向う。岩魚は重吉が二匹、北沢が二匹、都合四匹その日釣り上げたのと、前日のが二匹残っていたのとで六匹。串にさして火にかざすと何とも言えぬ香がする。

食卓の向う側では重吉が、大きな鍋からモヤモヤと湯気の立つ物を皿に盛りわけている。熊の肉である。岩魚と熊の肉と、いずれも私にとっては初物だから、百五

十日生きのびる勘定になる。

さて岩魚は、何と言ってよいか判らぬ程うまかった。鮎よりも、もうちっと油があって肉が多い。何、山の中で食ったのだから……という人があるかも知れぬが、同じ山の中で食ったのにしても、熊の肉だけは珍味ながら一片か二片で閉口して了った。

もっとも岩魚は釣ったばかりである。熊は冬とった奴の塩漬である。かるが故に比較は出来ぬであろう。

この熊は大きなものであったに相違ない。二階に敷いてある皮は、長さが六尺以上ある。雌で、子供を二匹連れていた。その二匹は宮本さんが犬のようにして飼っているが、翌朝までは出すことが出来なかった。運動時間がきまっているのである。食事が済むとすることがない。下の釜から山のように火を持って来て炉に入れ、ゴロゴロとねそべって話をする。狸の話に始まって怪談に終った。

狸の話には我々三人、顔を見合せて笑った。即ち前晩八時近く、宮本さんと重吉とが一日の仕事を終えて一と休みと炉をかこんでいた時、中ノ谷の方向に当って「オーイ！」と呼ぶ声が聞えた。これは変だ、今頃立山から人が来るには、いささか遅いし、それに越中の衆が「オーイ」と呼ぶ訳がない。きっと誰か案内者を連れぬ登山者が、路に迷ってウロウロしているに相違ない。見に行こうと小舎を出て、呶鳴っても返事がない。バルコニイにランプを置いて、この火を見たらどうにかこうにか歩いて来るだろうと、いつ迄待っても誰もやって来ない。

オーイ！　とやったのはもちろん我々である。これが黒部の対岸《むこう》から聞えずに、反対側の中ノ谷の方から聞えたのは、山の反響であろう。越中の人夫がオーイと言わぬのならば、宮本さん達も反響ということに気がついて、黒部川の方に注意しそうなものと思われるが、宮本さんにして見れば、今ごろ信州からぬけて来る奴がいるとは知る由もない。今年になってから二組平を訪れたが、いずれも富山から来ている。

我々は我々で北沢が呶鳴っても灯が見えないので（ランプは小舎の向う側に置かれた）、ハテ、日電の人はいないのかな、とも思い、そこで東信の小舎まで引き返した次第であるが、宮本さんと重吉とは気味が悪くなって来た。こんな山の中で人のいる筈がないのに、妙な所から妙な声がして、それっきりである。ふと重吉が「ありゃ狸だ。狸に違いない！」と言い出した。そこで何時になく戸締をして寝たという話。

スイスの山地やティロールのある場所にはヨードル（Yodel）なる歌のうたいようがある。はじめは普通に歌っているのだが、突然調子が高くなる。音響学上から見たらどうか知らぬが、我々が聞くとオクターブを二つ三つ飛び上ったような具合である。もちろんあたり前の男に、そんな高い声が出る筈がない。裏声とでもいうのか、すこぶる細く、そしてよく「通る」声である。崖にひびき、岩にぶつかり、遠くの方まで聞えて行く。

越中の山男は「オーイ！」とは言わぬ。「ヨーホホホオーイ！」と言ったような、妙な声を出す。この「ヨー」が普通の声で「ホ」以下がヨードルになる。

スイスのヨードルも、いずれ越中の「ヨーホホホイ」みたいな呼び声から発達したのであろう。山が深いと、どうしても遠くに響く呼び声を考え出す。洋の東西にかかわらず、周囲の況態が似ていると、人間は同じようなことをやる。人間ばかりではない。植物でも、日本アルプス一万尺の高峰に咲く花が、千島やカムチャッカでは海岸に咲いていているという。

怪談をしている内に十時になった。久しぶりに、あたたかい布団に、軽い毛布をかけて安眠した。あらゆる意味において平の二夜が、まことに面白かったことを慎太郎さんと話し合っている内に、いつか眠って了った。

（『山へ入る日』一九二九年・中央公論社／『可愛い山』一九五四年・中央公論社）

可愛い山

岩と土とから成る非情の山に、憎いとか可愛いとかいう人間の情をかけるのは、いささか変であるが、私は可愛くてならぬ山を一つもっている。もう十数年間、可愛い、可愛いと思っているのだから、男女の間ならばとっくに心中しているか、夫婦になっているかであろう。いつも登りたいと思いながら、まだその機会を得ぬ。今年の秋あたりには、或は行くことが出来るかも知れぬ。もっとも山には、登って見て初めて好きになるのと、麓から見た方がいいのとある。私が可愛いと思っている山も、登って見たら存外いやになるかも知れぬ。登って見て、詰らなかったら、下りて来て麓から見ればよい。

この山、その名を雨飾《あまかざり》山といい、標高一九六三米。信州の北境、北小谷《きたおたり》、中土《なかつち》の両村が越後の根知《ねち》村に接するところに存在する。元より大して高い山ではないし、また所謂《いわゆる》日本アルプスの主脈とは離れているので、知っている人はすくなかろう。

あまり人の知らぬ山を持って来て喋々《ちようちよう》するのはすこしいやみだが、私としてはこの山が妙に好きなので、而《しか》もその好きになりようが、英語で言えば Love at first sight であり、日本語で言えば一目ぼれなのである。

たしか高等学校から大学へうつる途中の夏休であったと思う。あたり前ならば大学生になれた悦しさに角帽をかぶって歩いてもいい時であるが、私は何んだか世の中が面白くなくって困った。あの年頃の青年に有勝ちの、妙な神経衰弱的厭世観に捕われていたのであろう。その前の年までは盛に山を歩いていたのだが、この夏休には、とても山に登る元気がない。それでももとにかく大町まで出かけた。気持が進んだら、鹿島槍にでも行って見る気であった。

大町では何をしていたか、はっきり覚えていない。大方、ゴロゴロしていたのであろう。木崎湖あたりへ遊びに行ったような気もするが、たしかではない。

ある日――もう八月もなかばを過ぎていたと覚えている――慎太郎さんと東京のM呉服店のMさんと私とは、どこをどうしたものか、小林区署のお役人と四人で白馬を登っていた。如何にも妙な話だが、そこまでの時の経過を忘れて了ったのである。Mさんは最初の登山というので元気がよかった。お役人は中老で、おまけに職を帯びて登山するのだから、大して元気がよくもなかった。慎太郎さんと私とは、もうそれまでに白馬に登っていたからばかりでなく、何だか悄気《しょげ》ていた。少くとも私は悄気ていた。慎太郎さんはお嫁さんを貰ったばかりだから、家に帰りたかったのかも知れぬ。

一行四人に人夫や案内を加えて、何人になったか、とにかく四谷から入って、ボコボコと歩いた。そして白馬尻《しろうまじり》で雪渓の水を徒渉する時、私のすぐ前にいた役人が、足をすべらしてスポンと水に落ちた。流れが急なので、岩の下は深い。ガブッ！と水を飲んだであろう。クルクルと廻って流れて行く。私は夢中になってこっちの岸の岩を三つ四つ、横っ飛びに、下流の方へ走った。手をのばして、流れて行く人の手だか足だかをつかまえた。

さすがは山に住む人だけあって、渓流に落ちたことを苦笑はしていたが、その為に引きかえすこともなく、この善人らしい老人は、直ちにまた徒渉して、白馬尻の小舎に着いた。ここで焚火《たきび》をして、濡れた衣類を乾かす。私はシャツを貸した。

一夜をここで明かして、翌日は朝から大変な雨であった。とても出られない。一日中、傾斜した岩の下で、小さくなっていた。雨が屋根裏——即ちこの岩——を伝って、ポタポタ落ちて来る。気持が悪くて仕方がない。色々と考えたあげく、蠟燭で岩に線を引いて見た。伝って来た雫が、ここまで来て蠟にぶつかり、その線に添うて横にそれるだろうとの案であった。しばらくはこれも成功したが、間もなく役に立たなくなる。我々は窮屈な思いをしながら、一日中むだ話をして暮した。

次の朝は綺麗に霽《は》れた。雨に洗われた山の空気は、まことに清浄それ自身であった。Mさんはよろこんで、早速草鞋《わらじ》をはいた。然し一日の雨ごもりで、すっかり気を腐らした私には、もう山に登る気が起らない。もちろん大町へ帰っても、東京へ帰っても仕方がないのだが、同様に、山に登っても仕方がないような気がする。

それに糧食も、一日分の籠城で、少し予定に狂いが来ている筈である。私は帰ると言い出した。慎太郎さんもすぐ賛成した。何でも、同じ白馬に十四度登っても仕方がないというような、大町を立つ前から判り切っていた理窟を申し述べたことを覚えている。かくて我々二人は一行に別れて下山の途についたのである。

私は、いささか恥しかった。というより、自分自身が腹立たしかった。前年、友人二人と約十日にわたる大登山をやり、大町に帰るなりまた慎太郎さんと林蔵と三人で爺から鹿島槍に出かけたのに比して、たった一年間に、何という弱りようをしたものだろうと思ったからである。だが、朝の山路はいい。殊に雨に洗われた闊葉樹林の路を下るのはいい。二人はいつの間にか元気になって、ストンストンと速足で歩いた。

この下山の途中である。ふと北の方を眺めた私は、桔梗《ききよう》色に澄んだ空に、ポッカリ浮ぶ優しい山に心を引かれた。何というい山だろう。何という可愛らしい山だろう！　雨飾山という名は、その時慎太郎さんに教わった。慎太郎さんもあの山は大好きだといった。

この、未完成の白馬登山を最後として、私は長いこと山に登らなかった。間もなく私の外国生活が始まったからである。一度日本に帰った時には、今つとめている社に入ったばかりなので、夏休をとる訳にも行かなかった。翌年の二月には、再び太平洋を渡っていた。

だが雨飾山ばかりは、不思議に印象に残っていた。時々夢にも見た。秋の花を咲かせている高原に立って、遥か遠くを見ると、そこに美しい山が、ポカリと浮いている。空も桔梗色で、山も桔梗色である。空には横に永い雲がたなびいている。

まったく雨飾山は、ポカリと浮いたような山である。物凄いところもなければ、偉大なところもない。怪奇なところなぞはいささかもない。只優しく、桔梗色に、可愛らしい山である。

大正十二年の二月に帰って来て、その年の四月から、また私は日本の山と交渉を持つようになった。十三年には久しぶりで、大沢の水を飲み、針ノ木の雪を踏んだ。十四年の夏から秋へかけては、むやみに仕事が重なって大阪を離れることが出来なかった。だが、翌年はとうとう山に登った。

六月のはじめ、慎太郎さんと木崎湖へ遊びに行った。ビールを飲んで昼寝をして、さて帰ろうか、まだ帰っても早いし、という時、私はここまで来た序《ついで》に、せめて神《かみ》城《しろ》村の方まで行って見ようと思いついた。一つには新聞社の用もあったのである。北アルプスの各登山口について、今年の山における新設備を聞く必要があった。そこで自動車をやとって出かけることにした。

木崎湖を離れてしばらく行くと、小さな坂がある。登り切ると、ヒョイと中綱《なかづな》湖が顔を出す。続いてスコットランドの湖水を思わせるような青木湖、その岸を走っている時、向うにつき出した半島の、黒く繋った上に、ポカリと浮んだ小さな山。「ああ、雨飾山が見える!」と慎太郎さんが叫んだ。「見える、見える!」と私も叫んだ。

左手はるかに白馬の山々が、恐ろしいほどの雪をかぶっている。だが私どもは、雪も何も持たぬ、小さな、如何にも雲か霞が凝《こ》って出来上ったような、雨飾山ばかりを見ていた。

青木湖を離れると佐野坂《さのざか》、左は白樺の林、右手は急に傾斜して小さな盆地をなしている。佐野坂は農具川《のうぐ》と姫川との分水嶺である。この盆地に湛える水は、即ち日本海に流れ入るのであるが、とうてい流れているものとは見えぬぐらい静かである。

再び言う。雨飾山は可愛い山である。実際登ったら、あるいは藪がひどいか、水が無いかして、仕方のない山かも知れぬ。だが私は、一度登って見たいと思っている。信越の空が桔梗色に澄み渡る秋の日に、登って見たいと思っている。若し、案に相違していやな山だったら、下りて来る迄の話である。山には登って面白い山と、見て美しい山とがあるのだから……


(『山へ入る日』一九二九年・中央公論社/『可愛い山』一九五四年・中央公論社)

山を思う心

初めて岩を抱き、夏の雪を踏んでから、もう十数年になるが、私の山を思う心は、その時も今もまったく同じである。

この十数年間に、私は二度海外の旅をした。私は学校を出て所謂《いわゆる》社会の人となった。私は結婚をして二人の親となった。私は色々な経験をし、その経験は私の趣味や思想や人生に対する態度を非常に変化させた。一言でいえば、私はこの十数年間に「変った」のである。人間として進化か退化かは知らぬが、とにかく変ったのである。だが、たった一つ変らぬもの――それは即ち私の山を思う心である。

十数年前、明けて行く三等車の窓から、寝不足な眼を見張って、遠く朝日に輝く山の雪に高鳴りをした私の心は、今や寝台車の毛布をはねのけ深緑色のブラインドを引き上げて、同様に高鳴る。十数年前、二高の北に面した窓から泉ケ岳を眺めてボンヤリした私の心は、今や輪転機が轟々として鳴り響く新聞社の窓から、ふと僅かな青空を仰ぎ、その空の下にあるものが、新聞社や商館や乗合自動車ばかりではないことを感じて、ボンヤリするのである。

花の香漂う宴遊のむしろならぬ四畳半、訳の判らぬ癇癪《かんしやく》と我儘《わがまま》に若い妓《おんな》たちが脅えたような顔を白く並べる時、金屛《きんぺい》をもれる如月《きさらぎ》の宵の寒い風が頸に当って、突然脳裡を横切る黄金色の雲の一片と、その下にそそり立つ真紅のピーク。夕陽にやけているのである。打てば火花を散らす色である。私は一種のさむけが全身に通過するのを覚える。身をねじると投げ入れの彼岸桜が……。私は救われるのである。

「信濃の国は　　夏の王国
落葉松《からまつ》の　　林を行けば
ふりそそぐ　　緑の雨」

こんなもの覚えていますか——と慎太郎さんに聞かれてびっくりしたのは先日の話。若い昔のことである。「国境」と称する同人雑誌をつくり、山岳文芸を創立する気で諸方に勧誘書を出したが、賛成者僅かに十名でそのままになった。そのころ書いて慎太郎さんに送った詩が、この「信濃の国は」である。

病気をして、丁度一週間会社を休んだ。父も風邪のあとでブラブラしていたので色々と昔話をしたが、それによると私の先祖は大して古くない時代に信州から江戸に出て来たのらしく、まだ信州のどこかには、お墓があるそうである。曽祖父欣次衛門（私の欣一はこの字を貰った）の父か祖父かが江戸に出たので、それ迄は信州でみすずを刈っていたか、戦争をしていたか、何にしても碌なことはしていなかったのであろう。どこか信州の山の中に、先祖が「これは欣次衛門の曽孫にして山を好む者に与えるものなり」と条件つけた土地を、五、六万町も残していないかな。

今やジャパニーズ・マウンテンクラフトの進歩は駸々《しんしん》として止る所を知らず、新聞でも「ウェスト・リッジのジャンダルムでアンザイレンし、フェースをトラヴァースしてコルに出で、アイスピッケルをルックサックにトラーゲンしてガレにハッケンを打ち込み、ザイルがアブゲシュニットしたので……」とばかり、英独仏の三ヶ国語をごちゃまぜに入れないと山岳記事ではないような有様になった。かかる人のパレードを、我々は横によけて見送るが、さりとて大した反感を持つ訳でもない。如何なる人が如何なる態度で登ろうと、山は山。山を思う心に浮ぶのは、秀麗な、嶮峻な山だけで、アイスピッケルをトラーゲンしてフェースをトラヴァースする人々の姿は見えはしない。

山を思う心は以前とすこしも変らぬが、山に登ることは段々苦しくなって来る。年齢の関係で致し方あるまい。幸い山は登るばかりが面白いのでなく、登った山を下から見ることも面白いのだから、命のある間に、せめて大町から見える山は皆登っておこう。もう大したことはない。ひと夏かふた夏かがあれば充分である。

今年の夏は鹿島槍に登ろう。大沢を出てマヤクボで泊り――これは三時間位で登れるが、天幕を張っておいてから針ノ木岳あたりで遊ぶのだ――次の日は棒小舎乗越泊。ここには野営地がある。次の日は爺を登ってツベタに出、午後は雪解けの池に棲むハコネサンショウウオを追いまわして遊ぶ。翌日は鹿島槍、これもゆっくりやる。越中側の斜面には高山植物が多いから、若返って信濃の国の詩でもつくるのだ。それからノロノロと八峰のキレットを越し、五竜、大黒、唐松を参り、白馬まで行って女学生に一場の講演をやり（あそこにはたいてい女学生が登山している）一気に四谷に下って自動車で大町へ。対山館でドライ・マチニをつくってのむ。いいなあ！　天幕を必要とするから人夫二人、全部で十日と見積って人夫五十円、その他五十円、合計百円は辛い。何とかしなくてはなるまい。

心に浮ぶ山の姿は、前にちょっと書いた夕陽のピークと、偃松《はいまつ》の樹脂《やに》の香と、尾根越しに吹く風の触感と、痩せた肩にめり込むルックサックの革や、ボロボロな岩でブルブル慄える両足や、カンカラに乾いた咽喉や、天幕を漏る雨滴や、下から上って来る湿気や、霧にくもる眼鏡や……そんなことは、毎年経験していながら、すっかり忘れて了って、借金なんぞして山へ行くのだから、すこし変である。

思い出す、オーバーバイエルンはガーミッシの寒村、李《すもも》の花が咲いて鶏が遊ぶ教会の墓地には、山で死んだ人達の十字架が一面に白かった。土地の人の墓は五つ六つ。そうだろう、家は二、三軒しかないのだから。だが、あのツーグスピッツェにもケーブル・カーが出来たと聞く。それはエンジニヤリングの驚異だという。どうでもいい。

(『山へ入る日』一九二九年・中央公論社/『可愛い山』一九五四年・中央公論社)

鹿島槍の月

たけかんばの密林中で熊の糞を踏んづけたり、唐檜《とうひ》の下を四ツンばいに匐《は》ったり、恐ろしく急な雪渓をカンジキもはかずに登ったり、岩角にチョコナンと坐って人の顔を見ると同時に「キャッ！」といって逃げたおこじょを追っかけたり——つまり、所謂《いわゆる》登山法の本には書いてないような乱暴といえば乱暴だが、元気にまかせて心ゆくまで山と戯れたような登りようをして、鹿島槍の南の尾根に取りかかろうとする地点の野営地に着いたのは、たしか五時頃であった。

まったく今から考えると、我れながらうらやましくなる程の元気であった。友人二人、案内や人夫五人、合計七人にリーダー格として、大町、針ノ木峠、平、刈安峠、佐良《ざら》峠、五色ケ原、立山、剣、祖母谷《ばばだに》、大黒という当時としてはかなり大きな旅行を済ませたばかりであるのに、二人の友人が東京へ帰るのを見送ると共に、また山に入ったのだから。おまけに、同行者が、都会人ならばとにかく、大町のM君と、日本アルプスの案内者としては、その当時大臣級で今は元老であるところの林蔵。山中二泊の旅とはいえ、三人分の食糧と草鞋《わらじ》と、それから旧式な天幕、毛布等で、随分重い荷物があった。それを「なアに人夫なんざ入らねえだ」といって、ひっしょってた林蔵は偉かったが、私共も相当に荷を分けて背負った。それに、さっきもいったように、おこじょを追っかける、熊の糞をふんづける……雪渓ですべることが恐怖よりも先ず哄笑を惹き起したような、ほがらかな健康に充ちた気持の一行だった。

で、とにかく、あたり前の登山者よりも余程早く予定の野営地に着くと、お客もなければ案内者もない、ごちゃまぜの我々である。誰が天幕を張ったか、草を刈ったか、偃松《はいまつ》の枯枝をひろったか分らぬ内に、チャンと今宵の宿が出来上った。すなわち、生乾きの、香しい《かんば》草が厚さ一尺、その上に着茣蓙《きござ》を敷いた一坪ばかりの座敷、屋根は純白の天幕である。いつ夜になってもいいように、ポールには小田原提灯がぶら下っている。毛布は皺をのばして、一隅に重ねてある。

すべての準備は整った。盛な焚火《たきび》がパチパチと音を立て始めた。林蔵は、まっ黒な薬鑵《やかん》に、どこからか、水をいっぱい満たして持って来た。太い白樺の枝を、斜めに地面につきさす。針金で薬罐を火の上にぶら下げる。米をとぐ。玉葱の皮をむいて味噌汁を作る……

その間、我々は、濡れた足袋《たび》を乾いた足袋にかえ、グシャグシャになった草鞋《わらじ》を新しい藁草履《わらぞうり》にかえ、天幕から二、三間はなれた草地に腰を下して、四周を眺めていた。鹿島槍は信濃と越中との境界をなす山脈中の一つである。東は北安曇《きたあづみ》の平原を見下し、西は黒部の渓谷をへだてて立山の山彙《さんい》と相対する。山の景色としては申分ない。

鹿島槍それ自身の主峰は、我々の右手に聳えている。まっ黒な岩の尾根、危くかかる雪、絶壁、これが信州側である。なだらかな土砂の傾斜面、草地、偃松——ここには高山植物が多い——越中側は、このように穏やかである。

やがて飯が出来た。味噌汁、干鱈《ひだら》、それ以外には何の御馳走もなかったが、三人は野獣のようによく喰った。岩つばめが低く飛ぶ、黒部の瀬の音が時々聞える、いつの間にか日が暮れた。

食器類を洗って了うと、我々は焚火をかこんで、山の話にふけった。キャッ！といったおこじょの鳴き声は、何度真似をしてもおかしかった。鹿島入りを下駄ばきで、たった一人、立山様に参るのだといって歩いて行った老婆の話は、神秘的で物すごかった。もう寒い。天幕から毛布を出して、それにくるまって話にふけった。いつの間にか空に、満月がかかっていた。いつの間にか……本当にいつの間にかである、我々は、濃い、ムクムクした白い雲によって、完全に下界と絶縁されていた。安曇の平野から、また黒部の谷から起った雲は、べっとりと一面に、中空に敷きつめたのである。その雲の上にあるものは、明かな月と稀なる星と、鹿島槍の中腹以上と、我々三人だけとであった。

私は急に恐ろしくなった。自然の大を感じたとか、我が身の小を知ったとかいうのではない。只、社会を組織する本能を持つ「人」がその社会——ある時はうるさく思い、いまわしく思う——から、絶対的に切り離された淋しさが身にこたえたのである。

月は静かであった。鹿島槍も静かであった。我々も黙っていた。ふと、近くの草地で、ゴソゴソとかすかな音がした。林蔵は、

「や、兎の奴、小便をなめに来ただな」

と沈黙を破って、手近の枯枝を一本、焚火に投げ込んだ。

生れてから今迄に、諸処方々で、随分いろんな月を見た。だが何といっても、この月の思い出が一番深い。いまだに鹿島槍が大好きで、一年に一度は必ず、見るだけでもいいから、この山に近づきたいと思うのには、こんな思い出も関係しているのであろう。

(『山へ入る日』一九二九年・中央公論社/『可愛い山』一九五四年・中央公論社)

初夏の高原　——信州大町から——

もう六月に入ったのに、まだ、れんげ草が咲いている。菜の花も盛りを過ぎてはいない。昨日裏山へ登ったら、素晴らしく大きなつつじが咲いていた。この辺では、鬼つつじと呼ぶんだそうである。

山の斜面、木を切ったあとを歩いていると、鶯、ほととぎす、カッコウ鳥。ほととぎすは、やっぱり「一声は月が鳴いたか」の方がいい。昼ひなか、こう方々で、キ、キャッコ・カッケッキョーキ、キャッコ・カッケッキョとやられると、うるさくなる。

高原のまひる、燃えるような落葉松の若葉の色に、ボンヤリしている時、どこからか聞えて来る、あの間ののびたカッコウ鳥の声は、私をねむたがらせる。「夏が来た。クックウよ、声高く鳴け！」という、古いイギリスの詩を思い出させる。私は山腹のくぬぎの林に坐って、カッコウ鳥の声を聞いた。目の下は平地でそこには大町の町が南北に長く、その向うは山である。蓮華、爺、鹿島槍、五竜……大変な雪だ。真白で、目が痛い。やがて梅雨になると、その雪は大部分とけて了う。惜しい。だが、雪のとけるのを待っている、いろいろな草のことを考えると、大して惜しくもない。

まっ白な雪渓に、すこしばかり茶色がかった「ザラ」の見えるのがある。それは雪崩が持って来たザラである。やがて人が上を行くようになると、雪はだんだんきたなくなる。

「爺の種蒔き爺さんはあれです」と、一緒に行った慎太郎さんが指さして教えてくれるが、一向判らない。そこでマッチの軸で地面に絵をかく。なるほど、三つある爺のピークの、左二つの間に、そういわれればそうと見える雪の消えた場所。左向きのプロファイルだ。鍬《くわ》をかついで、笊《ざる》を持って。よく見ていると元気そうなおじいさんにも見えるし、またとんでもない物、例えば出来そこなったビール瓶とも思われる。ポロニアスに同情する。

こうみ――香味か――というものの、おひたしを食った。細いわらびみたいなもので中々うまい。だがそれよりうまかったのは、鹿島入りから炭焼きのじいさんが持って来たという、生の椎たけであった。やわらかくて、あまくって、――それに、第一鹿島入りから持って来たというのが気に入って了った。

　青々とした木の枝を積んだ馬が山から下りて来る。田に入れて肥料とする青葉である。すれちがうと緑の香が鼻を打つ。むかし、景気のよかった江戸は、いけぞんざいな鰹売りの声に夏を感じた。昔でも今でも、大して景気のよくないらしい大町は、このかるしきがもたらす緑の香に夏を感じ、爺ケ岳の種蒔き爺さんを見ると、めんくらって、豆を蒔くのである。

　山の麓のささやかな平地に、ゴタゴタと家が建っている大町だが、それでも人が住んでいる以上は、いろんなことが起る。釣の好きな小間物屋の主人公は、二月ばかり前に細君を貰った。赤いてがらをかけて、二階を掃除している所をチラリと見た。これはお芽出度い話だが、悲しい話も二つほどある。一つは巡査と芸者の心中で、一つは山の案内人の狂死である。どっちも慎太郎さんに聞いた。

「そこで金につまって、官金消費てな事になったんですか。」

「いや、原因というのが、どこかへ転勤になって、もう逢えないからなんです。若い、元気な巡査でね、青年野球だなんてと、いつでもピッチャをしていましたが……」慎太郎さんと私とはこんな話をした。

今から十年あまりも昔のこと。まだトリコニイとかクリンケルとか、ザイルとかラテルネとかいったような、物すさまじい登山用の七つ道具が我が敷島のあきつ島に乱入しないで、山も平和だったその頃、大町から針ノ木を越して立山へ出、劒《つるぎ》に登って大黒——大町と、一週間あまりの山の旅をした私が連れて行ったGという男。若くって、軍隊式で、すこぶる気に入ったものだが、果してその後、私が外国をウロウロしている間に一人前の案内者になった。この男が去年の秋、気がちがって死んで了った。気ちがいになった直接の原因がある。それを聞いて、私はいささか暗涙を催した。何でも二、三年前に、あるお客を山へ案内して行った時、ふとした機《はずみ》でその人の荷物を川に落したことがあり、それを非常に気にやんでいたが、いよいよ気がちがってからも「俺は山へ行って金の塊を取って来るだで」と、しきりに言っていたという。金の塊でお客に損害賠償をする気でいたものらしい。もともと正直な、小心な男だったから。

今でもよく覚えているが、あの旅の時、針ノ木を下ると黒部川で、籠渡しがこわれていて徒渉ということになった。だが流れは早し、雪どけの水は冷たくはあるし、一同いささかためらっていると、「よオシ」とか何とか言って、素っぱだかになったこのGが、大きな荷物を肩の上へしょい上げて、奮然、ザブザブやり出した。ものの二、三間も水を渡ったかと思うと振り向いたが「水がつめたいで、きんたまが腹ン中へへいっちまったぞ」と、白い歯を見せて笑いながら、ブルブル震えて見せた。

いよいよ本式に発狂すると、乱暴をして仕方がないので、座敷牢みたいなものをつくって、中へ入れた。それでも夜具、布団、衣類、そんなものをすべてズタズタに裂いて了う。寒いのに裸でいる。家のものがこまって、「个の兄さん《やまちょう》」なら言うことを聞くずらと、慎太郎さんのところへ頼みに来た。行って見ると身体中生傷だらけで、何だかしきりにしゃべっている。それでも慎太郎さんの顔が判り、もらったキャラメルを子供のようによろこんで食ったという。で、「お前は今、あんばいが悪いんだから、おとなしくしてねていなくってはいけない」と言って聞かせると、おとなしくねようとするんだが夜具はズタズタだ。それをまるめて、縄のようになって、さて何と思ってか荷づくりをする手つきを盛にやるんだが、それがまるで山でキャンプを引き払って出発する時の恰好にそっくり。そして「もうそろそろ山へ行く時分だ。お客があったら知らしておくんなさいよ。俺どこへでも飛んで行くから」――これはこの辺の方言で聞かねば本当の味が出ない――と、くりかえし、くりかえし頼んだということ。こう書いていても、私には達者だったGの顔が見える。とにかく兵隊から帰ったばかりで、多少は文字も解し、且つは五万分の一の地図が「読める」ので、こいつは大いに有望と思って、東京へ帰るなり、隼町《はやぶさちょう》の小林へ買いに行って、この辺の山の地図を送ってやったりしたものだ。

今さら古めかしいが、人生いろんなことがある。山だけは昔のままだが……。

（『山へ入る日』一九二九年・中央公論社／『可愛い山』一九五四年・中央公論社）

偃松の臥榻

一度、偃松《はいまつ》のカウチに横たわったことのある人は、一生その快さを忘れぬであろう。

雪渓を登ること半日、初めの間こそは真夏の雪の珍らしさに、用もないのにステップを切って見たり、わざわざ四、五間も向うのクレヴァスをのぞきに行ったりするが、やがて傾斜が急になり、ある場所では実際必要があってステップを切ったりするようになると、もう面白味よりも労苦の方が多くなる。襟くびに太陽が痛い。雪眼鏡はくもって来る。僅か一貫五百目のルックサックが、大磐石《だいばんじゃく》でも背負っているかのように、肩にこたえる。両手が妙にふくれて見える。咽喉がヒリヒリする。どこかで水の音はするが、目には見えない。雪を口に入れれば、冷くはあるが一時に口が熱して来る。喘ぎ喘ぎ振るアイスアックスに、キラリと雪片が飛んで、眼鏡に当ってすぐとける。その水気を拭い取ろうとして出すハンケチは、もう汗でベトベトである。こうなると、口も利かず、峰も仰がず、ただ「自然」と闘う気で、一歩に一息、一息に一歩と登るだけである。いよいよ苦しくなると、俺は何の必要があってこんな莫迦な真似をしているんだろうと思ったりする。涼しい風の吹き通す二階で、籐椅子にねそべって、ウイスキー・グラスにシュッと冷えたサイフォンの音を立てつつある奴が、あっちにもこっちにもいるような気がする。癪にさわる。

だが、このような二、三時間をすごして、最後に、文字通り胸をつく急斜面を斜めに登り切って、尾根越しの風を真向に感じる時の気持！　雪の平地にカンジキの跡をつけて二、三間行くと土が出ている。アイスアックスは雪につき立てる。両手を後に廻してルックサックをゆすぶり落す。帽子を向うの岩にたたきつけて、さて雪眼鏡を外ずすと、一時に夜が明けたように、前にひろがる雪の峰、岩の巓《いただき》の大パノラマ。その中のどれが槍であろうが薬師であろうが、今の自分には無関係である。自分には別の用事がある。

右手のピークから続いている細い尾根、その上にベタッと繋った偃松。私は帽子をひろって、その偃松の方へ歩み寄る。恰好な場所を見つけて、長い身体を枝の上に横たえる。枝はしなって、やわらかく身体を受ける。思わず「フーッ」と息をつく。

雲片一つだに見えぬ大空、風、岩燕の声、血を新たにするような松脂《まつやに》の香、黄金の花粉、もつれ合って咲いている石楠花《しゃくなげ》の白くつめたい花弁、すぐ向うの黒い岩塊、風に乗って来る渓谷の水音、どこかで岩の崩れ落ちる音、下で湯をわかしているらしい焚火《たきび》の煙、……これ等のすべてがいつの間にか見えなくなり聞えなくなり、私は帽子を顔にのせたまま、世にも美しいユートピアの眠りに落ちるのである。十数年前の、世間を知らず酒を知らず恋をも知らぬ学生時代から、三十の坂を越してすでに二人の親になっている今日にいたるまで、夏が来ると山を思い、山に行けぬと鬱々として楽しまぬのは、実に山が偃松のカウチというアトラクションを持っているからである。

（『山へ入る日』一九二九年・中央公論社／『可愛い山』一九五四年・中央公論社）

山の秋

林の小径、踏みしめて行く一歩一歩に木の葉が落ちる。丸いかつらの葉、細い白樺の葉、それよりも粗末に出来たまかんばの葉。いずれも黄色い。

この朝、風がまるで無いので、木の葉は、ふんわりと、自分勝手に落ちて来る。或る木の葉は帽子にあたる。別の木の葉は小径に落ちる。また、林の下草をなす、羊歯《しだ》と、つわぶきに似た草と、いろいろな蔓草とにひっかかる葉もある。

夜中降った雨が、やっと上った所である。白樺の幹は艶々と白く、落葉松の幹は濡れて、ひとしお黒い。こまかい小梨の実の一つ一つには、まだ雨の滴が残っている。

径は、雨上りでしっとり濡れて……といいたいが、山の雨だ、急な坂だ、ゴロゴロと石が出ている。ガジリ、ガジリ、靴の底に打った鋲が音を立てる。その一歩一歩に、木の葉が散り、その一歩一歩が、重いルックサックと私とを、山から都会へ近づける。もっと地理的に説明すれば、上高地から松本へと、徳本峠《とくごう》を越えつつある私……

峠の中途で、丸太のベンチに荷物を下して、振り向いた。雲にかくれて山は見えない。見えるものは、明神岳の裾と、それに続く梓川の白い河床、白っぽい川柳の木立。疲れ切った私の心は、過去の上高地と、現在の上高地と、近き将来における上高地との三つを、ひたすらに思うのであった。過去といっても一月ばかり前と、十日ばかり前と、将来というのが、さア、今日は八月の三十日、あと一月で十月に入る、すると先ず、やっぱり一月ばかりさきのことになる。

一月前の上高地には、美しい乙女たちの面影が多い。雨のはれ間を、清水屋の座敷からすぐ前の広場へまろび出た十五、六名は、S女学校の生徒たちである。みんな、さっぱりした、派手な浴衣を着ていた。そこへ、声高く語りながら入って来た二、三人の外国人。男の子ばかりだと思っていたが、一人びしょ濡れの帽子をかなぐり棄て、器用な手つきで思い切り短くボッブした頭髪をかき上げた。山で見たからばかりでない、本当に美しい少女であった。

十日ばかり前の上高地にいた私は、焦躁と混乱とに、旅舎五千尺の帳場をウロウロした私である。高貴なお方の御登山を報道すべく特派された私である。東京から、大阪から、大町から、集って来た社の関係者が六人、臨時に委嘱した人が一人、仕方がない、一緒にお出でなさいで連れて行った社外の人が一人、これ等八人に対する案内と人夫とが十七人、通信用として上高地から出す予定になっていた人夫が五、六名……合計三十名を越える人達の、防寒具、食料、草鞋《わらじ》。涸沢《からさわ》へは誰々が先発する、人夫が何人ついて行く、米は何斗持って行く。飛脚が何人帰って来る、何時頃五千尺に着く、島々からはもう電車が無い、自動車に乗って行け。松本から電話がかかって来た、誰か清水屋へ聞きに行ってくれ。……殿下が帰ってこられた、障子をしめろ。写真を持って行かせろ。いや、S君のも一緒に送ろう、S君はどこへ行ってしまったんだ。「石川さん、今風呂で聞いたんですが、あしたA社の人は西穂高へ行くそうです。」「だってNとKとを連れて行かれたら、あとがこまる。」「火事場へ飛び込むようなもんだ。」……コッヘルを忘れるなよ。薪は小舎へ行って貰えばいい。米袋に穴が明いていた……

で、とにかく、それから十日たって、御登山は終えた。上高地は現在の上高地になる。昨日の昼すぎ、飛騨から中尾峠を越して入った上高地は、泣きたくなるくらい静かであった。帰るべき人は帰り、帰すべき人夫は帰した後の我々は、山の友人M君と、私が愛し且つ信頼している老案内勝野玉作と私との三人きりであった。清水屋もガランとしていた。五千尺もガランとしていた。そのガランとした五千尺の帳場に尊く見えるほど蒼白なMさんの顔を見出した時、「Mさん、帰って来ました」といった私の語尾は、我ながらいやになるくらい震えていた。あの焦躁と混乱との十日前にくらべて、これはまた何と静かな、秋の上高地なのであろう。疲れ切った私の神経には、堪え得ぬ程の静けさである。山の秋である。白樺の幹に抱きついて大声をあげて泣くか、明神池の藻の花の間に顔をつっこんで絶息する迄じっとしているか……三十を越して、二人の子供まである私は、子供が母に甘えるように秋の山に甘えたのである。山の秋に。

木の葉が散る。落葉は日ましに数を増すであろう。時雨。ななかまどの紅に、落葉松の黄金。一月はたたぬ内に、山には雪が来るであろう。そして、誰もいなくなる上高地……

山の旅を終えて、所謂《いわゆる》下界に下りる時、人は誰でもある種のエクザルテーションを感じる。北アルプス登山口の一つなる大町に、多くの夏を送った私は、よくこれを知っている。また私自身、そのような経験を持っている。だがこの日、私はただ憂鬱であった。

峠を登り切る。下りにかかる。鮖留《いわなど》メ、島々《しましま》、松本……この辺の路、掌に地図を持っているようにくわしい。その地図に、赤い鉛筆で記号を書き入れるように、私は私自身の感情の動きを予知した。松本通信部で新聞を見る。きっと違ったことが書いてある。A社はきっと西穂高行きを大きく書いている。大町へ行って天幕を返し、人夫賃を払う。あすこには親しい山の友達が二、三人待っていてくれる筈だ。せめて一日はゆっくりしよう。だが、それから大阪。旅費の精算、いくらやっても間違う計算。ルーティン・ワーク。毎日きまった時間に出勤して、きまり切った顔を見て、きまり切った判を、同じような原稿に押して……

私はのび上って、梓川の岸に咲く松虫草を見ようとした。もちろん見えはしない。私は目をつぶって、槍の肩に咲く千島桔梗《ちしまぎきょう》の花を思った。朝風にそよいでいる。また深山竜胆《みやまりんどう》は、小さなベルを鳴らし、つがざくら、、、、は私のためにクッションになるとて腰をかがめ、すべて秋の山は私を呼ぶのである。

Komm' her zu mir, Geselle, hier find'st du deine Ruh' !

このままに五千尺へ帰ろうか。登山具はすべて持っている。常になく、ザイルさえも持って来ている。せめて二、三日は、一週間は、十日は……

ふと私は足がかりも、手がかりもない人生の岩壁に、私という弱い、細い、いつどこでスナップするか判らぬザイルを、ライフ・ラインとしてぶら下っている三つの命を思い浮べた。ほうり出されたら小学校の先生になる資格さえも持たぬ妻、朝も晩も、目をさましている間は、私が家にいる間は、私にまとわりついて離れぬ三つになる女の子、半月前、旅に出る頃から、ようやく腹ンばいになって、両手の力で顔をあげるようになった男の子――

『玉さん、出かけよう。もうすぐだ』

私は急な坂を、一目散に、徳本峠の頂上まで、息もつかずに登った。折から降って来た雨に、臍《へそ》まで濡れながら一と休みもしないで、島々へ。走って来た乗合自動車に荷物ごところげ込んで島々駅へ。雨のあがった松本へ。ラジオのジャズが往来へ流れる松本へ。クリンケルが三つ四つふっ飛んだ私の登山靴は、重いルックサックと、五尺八寸五分の私とをのせたまま、ジャズに合せて妙なステップを踏んでいた。

（『山へ入る日』一九二九年・中央公論社／『可愛い山』一九五四年・中央公論社）

秋の山

やっと都合をつけた土曜日と日曜日。金曜の午後大阪を立って名古屋で乗りかえ、塩尻で目をさまして窓を覗くと空は真暗である。松本下車、いやにあたたかい。これはいけない、折角の二日間を雨にでも降られた日にはことだ……と思いながら、一時間ばかり経って大町行きの一番電車に乗った。十一月六日のことである。

電車が動き出す頃には、まったく夜が明けた。果して雨模様である。東の方はまだいくらかましだが西の方は大変な雲で、前山のあたり、渦を巻いていたりする。もちろん山は見えない。

もうすっかり冬の景色である。綺麗に刈りとられた水田はカラカラに乾き、真白く霜さえ見える。借金までして山を見に来たのに、この調子では先ず絶望らしい。仁科《にしな》の炬燵《こたつ》にもぐり込んで白馬錦をのみながら、ばあさんの濁《だ》み声でも聞くのが関の山かと思う。「仁科」はうどんや。「白馬錦」とは地酒の名である。大町から山に登る人は大勢あっても、こんな妙なことを知っている人は、たんとはあるまいと、威張ったところでうどんやと地酒では仕方がない。

穂高、有明、安曇《あづみ》追分と行くうちに、突然空の一部分が口をあいて、安曇平野の一部に、かなり強い日光を投げつけた。直径約一里ぐらいであろうか。山の裾と、山に入って行く広い谷の一部分とを含む不規則な円形。そこは、他の場所の鼠色に比較して、毒々しいまでに鮮かな色彩を見せた。全体の調子は、もう全く枯れ切った雑草や灌木の、黒ずんだ褐色である。それに、何の木か、血のような紅葉、更に浮き上るような黄色い落葉松。我々が大阪附近でいうもみじは、如何に多くかたまっていても、こう一時に紅葉しないから、たとえ一本の樹であっても、紅、赤、黄、緑、茶というような色々の色彩が集って、何とも形容の出来ない、やわらかな美しさを見せる。それに反して、ここ信州も北の方の高原では、紅葉するものは何から何まで一度に紅葉してしまい、二度三度と霜が来るに従って、むやみに色を濃くする。殊にこの朝、灰鼠色《グレーいろ》の天地の中に、ポカリと浮いた木々の紅葉は、植物というよりも何か動物の臓腑を見ているようで気味が悪かった。

大町に着いて電車を下り、クルリと空を眺め廻す。天頂《てっぺん》いささか雲切れがして青が見えるが、それでも雲の動きが早いので、いつ隠れるか判らない。冬外套の襟を立てて、ガランとした広い路を歩く。

対山館の三階の山に面した部屋。三重に覆いをかけた大きな炬燵に肩までもぐり込んで、S、K両氏と話をする。一昨日は悪い天気で心配したが、昨日は実にいい天気で、この調子なら二、三日は大丈夫と思っていたのに今日はまたこんなありさま、だが午後からは晴れるかも知れないと、亀の子のように首をのばして、硝子ごしに北西の方角を見ると、籠《かご》川のあたり濛々と霧雨が渦をまいている。時々、バラバラと時雨れて来る。これが山では雪、カラッと晴れると、本当に綺麗な雪の尾根が見えるんだが……と言ったところで、カラリと晴れないのは仕方が無い。バットを喫い茶をのみ、むなしく数時間を送ったが、さりとて無聊に苦しんだのでもない。半年ぶりに逢った友達とは、かなり話の種がわいて来る。

昼からちょっと東の方の山へ行った。この山、乗越《のっこし》を越えた所に鳥焼きの場所があり、実は天気さえよければ天幕をかついで出かけ、明日未明に鳥がカスミにかかるのを見て帰るつもりだったが、第一天気はこの通り、おまけにヒューヒュー風が吹くので、山の裾から引っ返して予定の如く仁科へ寄り、店の炬燵にがんばって、じいさま、ばあさまの昔話を聞いた。座敷があるのに通らず、店に坐り込んで只の茶を飲むことを、大阪のお茶屋でも油むしというそうだが、その油むしをやった訳になる。だが、じいさまも——名古屋の生れで大阪にいたり大連にいたりした——ばあさまも一向いやな顔をせず、その中に若い芸者が遊びに来たので、ますます昔話がはずんだ。ところへ隣から薬湯をわかしたからとの招待が来た。ばあさま、我等に向って、

「今日は早くけえって、あすまた遊びにおいで。」

往来に出ると、もう暗い。カサカサになった桑の葉に、冬の風が音を立てる。Sさんと私とは、並んで立小便をした。

旅のつかれに、いささかなる酒の酔が加わって私はグッスリ眠った。そして暁近く、何故ともなく目をさまして、見ると障子のガラスと硝子戸とを通して、黒い空に白い山。白い山と、後で知ったからこそ言うが、その時は只一面に白いものが、北西の方に当って黒い空をさえぎると思った丈であった。

またひとねいり、話声に目をあけると、あたりは明るい。頭をもたげる……ハッとばかりに飛び起きて、床の間に置いた眼鏡をかけた。何という素晴らしい景色

だったろう。
私は寝間着のまま廊下に出た。硝子戸をくって物干台に出る。霜を踏む。寒い空気が身体をとりまく。それ等のみの故にもあらず、私は異常な緊張を感じて、骨の髄まで身を震わせた。蓮華、爺、鹿島槍、五竜……とのびて、はるか北、白馬の鑓にいたるまで、折からの朝日を受けて桜色というか薔薇色というか、澄み切った空にクッキリと聳えているではないか。里の時雨は山の雪、その雪は恐らく金曜日の夜から始まって土曜日一日降りつづけ夜半に至って止んだのであろう。降ったばかりの雪、それも高い山の、煙も埃もない空気を通じて降った雪である。何が清浄潔白だと言って、これほど綺麗なものはあるまい。

しばらくしてから私は、真赤な足と真赤な手と——恐らくは真赤な鼻とを部屋に持ち帰った。いつの間にか炬燵に火が入っている。もぐり込んで、身震いしながら考えた。面白くない、下らない日を送っては徒《いたず》らに酒をのんで身体を腐らしている私に、万一ほんのチョビッとでも、いわゆる真善美を信じる心がありとすれば、それは一年に一度か二度接する山の、このような素晴らしい景色によって続けられつつあるのではあるまいか。

寒い国は朝が遅い。仕度が出来て対山館を出かけた時は、かれこれ十一時に近かったであろう。ルックサックに登山靴というSさん、肘やお尻のピカピカする背広の私、饅頭やによって鳥焼きの話を聞いていると（饅頭やさんが冬になると小鳥も売る）チリンチリンと音がして、Kさんが自転車で通った。一足さきに行っているから……という後姿を見ると、これまた登山服にルックサック。荷物をすっかり二人に持たせて了った私は、さしずめ殿様の格である。

製糸場、養鯉池《ようりち》、田。田はもう庭しめ（恐らく庭仕舞《にわしめえ》であろう。すっかり稲を刈り取ったことをいう）を終えてカチカチになっている。前の日ここを歩いた時は、実に荒涼たる光景であったが、この時は正午に近い陽が、うららかに照るので、何とも言えず陽気である。小さな谷その谷の南に向いた方を、路が上って行く。日溜りに風さえ除けて、額のあたり汗ばむ程あたたかい。だが、谷の向う側は北を受けて、枯れた羊歯《しだ》の葉に霜が白く光っている。あの霜は一日中消えないのであろう。

路が急に曲った。かん高い女の唄声と笑声とが耳に入る。見ると左手にちょっとした枯草の平地があって、年頃の娘が五、六人、登って来る我々には気がつかぬらしく、しきりに歌を唄いながら踊っている。「安曇踊の稽古をしている！」と誰かが言った。我々は立ち止って、小さな楢の木のこちらから、踊の稽古を見た。どこかの工女か何からしい。野暮な、派手な襟巻が草の上に投げ出してある。カルメンのような櫛が光る。

ふと一人が叫び声をあげた。一同は歌と踊をやめた。我々が見ているのに気がついたのである。キャッとか、ワッとか言ったかと思うと、中には草に身を投げて、ゴロゴロころがりながら笑うのもある。大胆らしいのが「鳥焼きにつれてってくれ！」と叫んだ。ひとしきり、若い笑声が小山の沈黙を破った。

しばらく行くと一杯水。路の右手は雑木林の急斜面、左は芝の平地が約十坪、それに続く、雑木林の上に大きな落葉松が、まっ黄色な針葉をつけて、スックリ立っている。

我々はここ迄来て休んだ。歩くのをやめるとさすがに冷える。と、一陣の風が谷から吹き上げた。枯れ切った林の木の葉が、一時にざわめく。ざわめくと言って了えばそれ迄だが、木によって音が違う。ガサガサ言うのもあれば、サラサラと言うのもある。何か囁《ささや》くもの、不平らしいもの、いろいろな声である。Sさんはここで弁当をつかった。Kさんは鎌を振って杖をつくった。私は芝の上にねころがって、落葉松を見上げた。落葉松の梢から、目が痛くなる程澄んだ空を見た。

山の中腹に、たった一本生えた落葉松である。高さ何十尺か。幹がすーっとのびて、その幹には犬の毛が植えたように、短い枝が密生している。上は見事にひらいて、箒草の形である。元来が短い、細い葉だから、枝から生えたというよりも、枝に巻きつけた気持がする。若葉の時は、まるで煙のよう。黄葉は金粉。

灌木の中に二間ばかりの栗の木が立っている。栗は気が早い。すっかり葉を落して了っているが、枝のさきに毬《いが》を二つ三つつけているので、ガサガサと根もとまで登って見た。

草を分けると毬は沢山ちらばっている。だが実は一つも見えない。どうしたのだろう、こんな小さな栗を拾いに来る人もあるまいし、また落葉に埋れた筈はなし……と思っていると、下からKさんが声をかけた。

「栗は無いでしょう。栗鼠《りす》がみんな持ってっちまうから。」

栗鼠が栗を持って行く。冬の仕度に、自分の家へ、貯蔵庫へ、両手でかかえて行く。私はその姿を思い浮べながら、一生懸命にさがし求めた。そしてやっと見つけたのは、私の拇指《おやゆび》の爪より小さい奴三つ。栗鼠の忘れた栗――これ丈が家へのおみやげである。大切に、チョッキのポケットへしまい込んだ。

尾根に近く落葉松の林を歩いた。

落葉松の林には下生えがしない。只一面に針葉の絨氈《じゅうたん》。しかもこれは余程上等の絨氈である。柔く、適度の弾力をもって足に触れる。また太陽は頭上から、黄金色の梢を通して照る。静かな、あたたかい、高貴な光線が我々をつつむ。何だか宮殿にいるような気持がした。

登りつくとズラリと山のパノラマ。左手、前山の肩から首を出す鹿島槍から、右手かすかに霞む浅間まで、遠い山、近い山、高い山、低い山、まっ白な山、雪の筋を持つ山、茶褐色の山。真正面に当る妙高は、いくらか姿を見せているが、雨飾《あまかざり》山は雲にかくれて、僅か左の山腹だけしか出していない。

半日の山歩き。霜柱を踏んだり落葉を蹴ちらしたり、またはカスミを張って鳥を取る人を小舎に訪れたり。そして山の裾に家が五、六軒かたまった相川という部落へ出たのは、日の暮れかたであった。

ここからトンネルが山を貫いて大町への道をなす。我々は最初から相川の茶屋でビールを飲もうときめていたので、軒の低い、すすけた家まで来て立ち止った。

家の前は道路、その向うが松林、銀鼠の薄明がつめたく流れる。松林の中から、子供の歌が聞えて来た――

夕焼こやけで日が暮れる
山のお寺の鐘が鳴る
お手々つないでみな帰ろ――

Sさんと私とは、何故か顔を見合せた。

家の中はまっくらであった。炉べりで串にさした鳥を焼いていたお内儀さんは、不意にドヤドヤ人って来た三人の洋服姿に、ちょっと驚いたらしかったが、それでも愛想よく、

「さア、踏んごんであたっておくんなせえよ」と、炉に松の根を投げ込んだ。板の間に大きく切った炉、まさに踏ん込むことが出来るようになっている。パチパチと松が燃えて、つぐみの腹から脂肪が滴る。

折からの停電に、お内儀さんは蠟燭を酒樽の上に立てた。菜の漬物でビール二本。風が障子を鳴らして、蠟燭の焔がゆらゆら振れる。

出がけに、ルックサックを背負いながらKさんが言った――「お内儀さん、ここ

らは朝がいいだろうね。」お内儀さんは、変なことを聞く人だという調子で、しばらく黙っていたが、「寒いでね」と、しみじみ言った。

（『山へ入る日』一九二九年・中央公論社／『可愛い山』一九五四年・中央公論社）

山に登る理由

山の旅から帰って来ると、どうもあとがよくない。いろいろなことが詰らなくなる。何をしていいのか判らない。「ワーッ！」と騒ぎでもしないと、やり切れないような気がする。仕事が手につかぬ。——つまり急激な変化が生活に起こった後だからであろう。心とからだとのエクイリブリウムが打ちこわされるからであろう。

まったくこれぐらい、急激な変化はあるまい。山の道具をつめたスーツケースを梅田の駅にあずけておいて、自分は会社に出る。所謂《いわゆる》五分の隙もない夏服、ネクタイ、靴下、白い靴、その晩は二等の寝台にねて、翌朝はもう山の麓である。宿屋なり、友人の家なりに着くとスーツケースをあけて、登山の仕度をする。夏帽子は古いフェルトに変る。蕭洒《しょうしゃ》な夏服は、十年着古したホームスパンに変る。やわらかい、薄いシャツは、ゴバゴバしたカーキのシャツになる。クロックスの入った絹の靴下を脱いで、あつぼったい、不細工な、ウールの靴下を三足もはく。白い、どうかするとダンスでも踊りそうな靴のかわりに、大きな鋲《びょう》をベタ一面に打った登山靴をはく。一年中ペンと箸とナイフぐらいしか持ったことのない右手は、アイスアックスの頭を握る。かくて山へ！

すでに一歩山へ入ると、その前日までコクテールグラスの外側に浮く露を啜《すす》っていた唇は、直接に雪解けの渓流に触れる。大阪ホテルのシャトウブリヤンを塩からいと思っていた舌は、半煮えの飯を食道に押し込み、固い干鱈《ひだら》の一片を奥歯の方へ押してやる。更に夜となれば、前夜寝台車のバースがでこぼこで眠れなかったという背中が、あるいは小舎のアンペラに、又は礫《こいし》まじりの砂の上に、平気で横たわって平気でねる。

夜があける。顔を洗うでもなければ、歯をみがくでもない。一つには水がつめたくて手を入れたり、口にふくんだり出来ないからもあるが、それよりも「ここは山だ、顔なんぞ洗わなくってもいいんだ！」という気がするからである。髯《ひげ》はもちろん剃らぬ。これが自宅にいると、顎の下に三本残っても気にする性質の男なのである。

今度私は山へ行って、つくづくと考えて見た。自分は一体何をしに登山するのだろうかと。

もちろん六根清浄を唱える宗教的なものではない。岩石や植物を研究するには素養が足りぬ。遊覧を目的とするにしては、労働が激し過ぎる。「征服する」べく、北アルプスの山々はあまりに親し過ぎる。高い所に登ることが、別に精神修養になるとは思わぬ。三十を越した私に取っては、深夜酒に酔って尾崎放哉の句を読む方が、よほど精神修養になる。もとより山岳通にならんが為ではない。ローカルカラーを得る為でもない。

要するに何の目的もないのに私は登山する。常に登山がしたい。絶えず山を思っている。

山、山、というと大きいが、実を言えば私の登っている山の数は至ってすくなく、また地方的にもかぎられている。即ち、蔵王、磐梯、赤城、筑波、八ケ岳その他若干の低い山を除いては、信州大町から針ノ木峠、五色ヶ原、立山温泉と線を引いた、その線の北の方ばかりである。これは原因がある。即ち白馬は私が最初に登った高山であり、従って、自然、あの方面に引きつけられるのと、十数年前最初に白馬に登った時以来のよき友、百瀬慎太郎が大町に住んでいるのとの二つである。

かくの如く私の知っている山はすくないが、山を愛する心は人一倍深い。何故であろうか。

私は第一に私自身が、完全なる休息を楽しまんが為に山に登るのであることに気がついた。即ち、ありとあらゆる苦しみをして山を登って行く。平素運動をすこしもしていないのだから、ひどく疲れる。日光と風と雪の反射だけでも疲れる。汗水を流して登って行くと、咽喉は乾く、ルックサックが肩に食い入る。かかる時、例えば針ノ木峠のてっぺんに着いてあのボコボコした赤土の上に、ルックサックを投げ出し、横手に生えた偃松《はいまつ》に、ドサリと大の字になった気持ち。あれこそ完全に休息、Complete rest である。

もっとも疲れて休むことを望むのならば何もわざわざ山に登る必要はない。庭で草をむしってから、縁側に腰をかけてもいいし、須田町から尾張町まで電車と競争してから、カフェー・タイガアに入ってもいい。いいわけだが違う。まるで違う。

Complete rest は自宅の縁側や、カフェーの椅子では得られない。

その理由は、私が思いついた第二の目的に関係している。私は考えた。私が山に登りたいのには、野蛮な真似、換言すれば原始的な行為を行いたい希望が、私の心の中にひそんでいるからではあるまいかと。

都会における私は一個の文明人である。衣食住すべて、現代の日本が許すかぎり、また私の収入において可能なる丈、文明的にやっている。また衣食住以外の不必要品――而《しか》も一個の文明人にあっては必要品である所のものについても、かなりな程度のディスクリミネーションを持っている。ワイングラスで酒を飲まず、リキュールグラスにコクテールを注がぬ等の知識は、生活には不必要にして而も必要なことなのである。

ところが一度山へ入ると、先ず第一にかくの如き「文明人なるが故に必要な条件」が、ことごとく不必要になる。単純に生きることだけを営めばよいのである。都会にあっては、銀のシェーカーを振る指も、山では岩角につかまる。つかまらなければ下の雪渓に墜ちて死ぬからである。かなり洗練された、うるさい口も、山では半煮え飯を平気で喰う。喰わなければ腹が空って、死んで了うからである。寝台車のバースを固いという身体が、小舎の板の上で安眠する。その日の運動につかれた身体は、また次の日の労働を予期して、文明人のディスクリミネーション以上に睡眠を強いるからである。タクシーはスプリングが悪いから、ハイヤに限ると言っている脚も、山では無理に歩かせられる。どうでもこうでも、野営地まで着かなくては仕方がないからである。（こう書いて来ると如何にも私が贅沢な、豪奢な生活をしているようだが、実はそうでない、ここには只「文明人」としての私の半面を高調したにとどまる。）

万事かくの如くである以上、山に入る服装は極端に「人としての必要品だけ」を標準として行われる。文明人としての必要品は、一切不用なのである。帽子は、日光や雨や風をよける為にかぶるので、文明人だからかぶるのではない。靴は、素足では痛いからはくのである。登山服は、普通の背広よりも丈夫で、且つ便利だから着るのである。アイスアックスは手が淋しいから持つのではなく、急な雪渓にステップを切る必要があるから持つのである。

服装は人の心を支配する。都会にいる時には、椅子に腰をかけるにもズボンの折目を気にする人も、山に入れば古ズボンをはいているのだから、平気で土の上に膝を折る。また、如何に新しい登山服を着ていても、「この岩の横裂面は、四つん匐いにならなくては通れぬ」とすればズボンなどは構っていられなくなる。命にかかわるからである。

服装、準備、その他がすべて必要品だけであるから、登山者も、必要品だけを使用して必要なことだけを行い、必要なことだけを考える。むつかしく言えば原始的になる。瀬戸引のコップ一つが水飲みになり、汁椀になり、茶碗になり。ある時は傷を洗う盤になる。一本のナイフが肉を切り、枝を切り、独活《うど》の根を掘り、爪を切る。一着の衣服が寝間着になり、昼着になる。山中で人に逢えば即ち訪問服となる。これらはみな人類の先祖がやっていたことである。

更に、疲れたらどこでも構わず腰を下し、小便がしたかったらどこへでもジャージャーやる自由さ——人間としては当然のことであるが、文明人としてはゆるされていない。——殊に星空の下、火をたいて身体をあたためる快楽については、いずれも我等の先祖が経験したところのものである。

私がいた頃、米国では盛に Back to nature ——自然にかえる——ということが流行した。何をしたかというと、きたない着物を着て、野原や林へ出て行くだけである。つまり野蛮な真似がしたいのである。又、ボーイスカウトなんてものも、やっている連中はいろいろと七面倒な規則や理屈をつけるかも知れぬが、要するに、路をさがしたり、焚火をしたり、つまり子供の持っている野蛮生活へのあこがれを、巧に利用した企てなのである。
米国ついでに、もう一つ米国の話を持ち出すと、私のいた大学、プリンストンの寄宿舎には全部ではないが、オープン・ファイヤプレースを持つ部屋が沢山あった。大きな薪を燃やす炉である。寄宿舎にはもちろん完全なスチームが通っているのであるから、何も顔ばかりほてって背中の寒い炉を置く必要はないようだが、それでも、わざわざスチームを閉め切って、薪を燃す連中が沢山いた。何故薪の方がいいのか判らぬ。どうも人間、あまりに文明的になると、反対に野蛮な生活が恋しくなるものらしい。すくなくとも私はそうである。そして、最も野蛮に近い生活が許されるが故に、私は山に登るのである。

(『山へ入る日』一九二九年・中央公論社/『可愛い山』一九五四年・中央公論社)

山を急ぐこと

我々が最も愛する山の本、バドミントン・ライブラリーのマウンテニヤリングに、マセウ氏が「一登山家の思い出」なる一章を寄せていることは、知っている人も多かろうと思う。今、この一章の中から、次の数行を書写し、それについて私が平素考えていることをいささか書きたいと思う。

He was a mountaineer of old school, and feats were not in his way. The woods, the meadows, and the flowers charmed him as much as the rocks and snows. He enjoyed a fine climb with all his heart, but seemed equally happy on a quiet day.

——彼は旧派の登山家であり、目覚ましい芸当というようなことは、彼の畠ではなかった。彼にとっては、森や牧場の花が、岩や雪と同じ程度の魅力を持っていた。彼は心からよき登攀を楽しんだが、然し静かな一日にあっても、同様に幸福そうに見えた。

右の翻訳において、featsを「目覚ましい芸当」としたについては、異議を申立てる人があるかも知れぬ。事実、この「芸当」なる言葉には多少侮蔑の念が入っているようであるが、これは三省堂の英和大辞典によったので、即ち該書には、

一、目ザマシイ芸当、力芸、離レワザ、妙技、早ワザ、軽ワザ、曲芸。

二、武勲、勲業、偉業、云々。

とある。それはとにかくmountaineeringに於けるfeatsとは、如何なることを言うのであろうか。日本でいえば、槍の肩から穂先まで十三分三十秒で往復したとか、小槍《こやり》のてっぺんにザイルを結びつけ、そのザイルを振子として、身自らを肩の小舎に投げ出したとか（若しそんなことが可能なりとせば）いうことがあれば、それは即ちfeatsであろう。これらは正に「芸当」であり、「離れ業」である。西洋でいうならば——西洋のことは知らぬが——この「彼」即ちThomas Woodbine Hinchliffがしなかったようなことがfeatsなのであろう。

ウインパアのマッタアホーン、槇《まき》さんのアイガア、浦松氏のウェッターホーン等は、やはりfeatsだろうと思う。だが、これらは同じfeatsでも、「早ワザ、軽ワザ、曲芸」等の同類項に入る性質のものではない。科学的の知識に基礎を置いているか

らである。もちろん空中ででんぐり返しを打つ曲芸でも、科学的の法則に従って行っているのは事実である。小槍からザイルで肩の小舎へ飛びつくのだって、若し出来るとすれば、それは物理的に可能だからである。曲芸は、多く練習によってこれを行い、行った結果である所の feats を、後から解剖して見て科学的の基礎が発見されるのであるが、曲芸に対する「勲業」、即ちウィンパーや槇さんがやったことは、最初から意識して科学的の法則を探究し、それを一歩一歩実行化したものである。

が、これは飛んでもない横路へ入り込んで了《しま》った。とにかく「彼」は旧式な登山家で、「曲芸」にせよ「勲業」にせよ、目覚ましいようなこと、人をあっといわせるようなこと、新聞や雑誌に出るようなことはしなかったのである。これで feats 問題は打切ろうと思う。私が今日ペンを執った最大原因は、実は「彼」のノンビリした態度に感心したからであった。

近頃我国の登山界には、非常にいやな傾向が見られる。むやみに山を急ぐことである。他の登山口はいざ知らず、大町口においては、これが顕著である。

私はこの夏、二度大町へ行った。第一回は六月の終りで、これは会社の用事で行ったのであり、第二回は八月の初め、休暇をとって行ったのである。

　大町では対山館にとまる。対山館の百瀬慎太郎さんとは、親しい間である。従って——こんなことは書かなくてもいいようだが書くだけの理由はある——対山館における私は、お客様と友人をゴチャマゼにした変な存在なのである。多くの場合、私は三階の客間の床柱によっかかって傲然としていはせず、帳場附近でゴロゴロしている。不意にお客が入って来ると、いらっしゃい、おつかれ様！　くらいなことはいう。殊に対山館食堂では、注文を聞く。時々帳場の前に置いてある絵葉書をくすねるが——これは脱線した。

　夏の初めには、対山館へ登山に関する問い合せの手紙、端書、電報等が、ウンと来る、オホマチニコメミソロウソクアリヤという電報も来たというが、これは見なかった。これらの問い合せはいう迄もなく、大町を登山口とする山々に関するもので、十中八、九迄は私にも返事が出来る。そこで、慎太郎さんがあまり忙しい時には、私が返信を手伝う。もっとも必ず同君の検閲を受けてから投函するから、大丈夫間違いはない。

　ところで驚くことは、これらの手紙をよこす人の殆ど全部が、何故だが非常に急いだ、切りつめた日程を立てている。山中の日程は、恐らく信濃山岳会の登山要項なり、あるいはそれに依った他の登山日程なりを、そのまま採用したものであろう。登山要項としては、無用な時間を日程につけ加える必要はないから、切りつめたと迄は行かなくとも、先ず普通、山に登れるだけの健康を持つ人の体力を標準に、どこからどこ迄何時間という風に発表する。それを採用するのは当然だから、第一日大町——大沢。第二日大沢——平。第三日平——立山温泉。第四日立山温泉——富山という日程を書いてよこされても、私は何とも思わぬが、一番びっくりするのは登山前後のあわただしさである。

関東方面からも関西方面からも、夜行を利用すると、早朝松本へ着く。信濃鉄道に乗換えて大町へ着くのが、先ず八時とする。駅から対山館まで十五分とすると、登山者の大部分は、案内者をやとう人であれば、八時四十五分には対山館を出て行こうとする。「何時何分大町着、直ちに出発するから間違えなく人夫一人準備してくれ……」という手紙がそれである。

人夫はもちろん朝早くから来て待っている。お客様の荷物を受取り、しょいこにくくりつけている間、お客様は対山館の食堂でお茶位のんでいる。多くの場合慎太郎さんが「ああお手紙は拝見しました。人夫はここにいます。黒岩といって、あっちの方面はよく知っています」という。お客様は黒岩に向って「よろしく」という。そこでガリガリズラズラ出かけて行って了う。人夫をやとわぬ人は、対山館に寄る必要はないが、それでも草鞋《わらじ》を買ったり、礼をいったりする為にちょっと顔を出す。この方は、然し、もっと早く、入口に腰をかけるだけで出て行く。朝飯は松本の汽車弁当。昼の弁当も汽車弁当を持って来るのが多い。

勿論目的は山である。だから大町みたいな麓には、いる必要もなければ、いたくもない……という気持も、分らぬことはない。だが夜汽車でゆられて来た、いい加減フラフラした頭で、いきなり高瀬なり籠川なりへ入って了って、何か面白いんだろう。せめて一日の「静かな日」を楽しむ余裕は、あってもよいと思う。

麓は山の始りである。麓に無関心で、いきなり山へ入り込むのは、女の心に無関心でいきなり身体を我が物にしようとするようなものである。もっとも、「だまされているのが遊び」の「遊び」をまだるっこしとなし、玉ノ井へ直行する方がいいといえばそれ迄の話。これは各人の自由ではあろうが、我々のとるところではない。

朝着いたら、対山館で靴をぬぐべきである。(対山館でなくてもよい。ほかに宿屋も多い。また大町ばかりの話ではない。が話の都合上、大町を主にして述べて行く。）そして部屋へ通り、ゆっくり顔でも洗い、荷物を全部部屋へはこんだ上、連れてゆく人夫に来て貰って、荷物のふりわけ、その他を相談すべきである。

昼飯後は人夫をつれて大町公園にでも行き、目の前にそびえる山々の名を聞き、籠川と高瀬川と鹿島川との三つの谷をポイント・アウトして貰うとよい。晩には湯に入り、食事後は人夫に安曇踊《あづみおどり》にでも案内して貰うがよい。

何故、右のようにした方がよいか？

第一、一日の休養は必要である。誰だって一晩中汽車に乗っていれば疲れる。身体が余計疲れる人と、頭が余計疲れる人との別はあろうが、疲れることは事実である。そんな疲れた心身で、登山の第一歩を踏み出しては勿体《もったい》ない。

次に、登山前に山を見て置くことは、必要である。大体を見ずに、いきなり細部へとっついて行くことは、莫迦《ばか》気《げ》てもいるし、危険も多い。

ここにいう迄もないが、大町から見ると、蓮華の長い尾根が一つ手前へのびて、籠川の谷と高瀬の谷とを別けている。誰が見ても、これは間違いのない事である。然るに、この籠川の谷へ、どうしても入れぬ人がある。田の畦や林の中をクルクル廻って、大町へ帰って来るのはまだしも、高瀬の谷へ入って了い、気がついて尾根を越したら日が暮れたナンテのもある。如何にもウソみたいだが、現に今年そういうことをした青年がある。私は実にナイーヴな、可愛い所のある彼の手紙を持っている。

何故こんな莫迦な真似をするか。つまり大体を見ず、五万分の一の地図ばかり見て行くからである。山に入る登山家山を見ず、足もとばかり見て行くからである。勿論案内なり人夫なりをつれて行けば、このようなことは絶対にないが、それにしても、先ず地形の大体を見るということは、RECONNOITRING の第一条件として、養成しておくべき習慣である。

第三に、これは人夫をつれて行く場合の話であるが、せめて一日はゆっくりして、彼、或は彼等と知り合いになっておく方がよい。人夫をつれぬ人は、ことさら登山前の休養を要するし、また登山路その他について、慎太郎さんなり、あるいは帳場附近でゴロゴロしている者共(たいてい二、三人はいる。慎太郎さんの弟の孝男さんとか、彼等の友人とか)に、よく地図について説明して貰うべきである。

時間できりつめる人々は、同時に経費の上でも極度のきりつめを行う。この点でもノンビリした所が更にない。即ち、案内者をやとう方がいいのだが、費用がないから連れずに行くとか、小舎へ泊る費用を倹約して携帯天幕をひっかぶって野営するとか、ひどいのになると、「案内をやとう費用が無い。二十日乃至二十五日間に、大町を出発して立山方面へ向う登山者中、案内を連れて行く人があったら至急乞御通知。あとからついて行く」とかいうのもある。

ガイデッドとガイドレスとの優劣問題は、ここに論じるべくあまりに長く且つ専門的であるが、「案内者は必要と思うが費用がない」場合には、全然山へ入らぬがよい。この論断があまりに苛酷ならば、案内者を必要としない山へ入るべしと、モディファイしてもいい。例えば天気のいい日に白馬へ登るとか、燕へ行くとか、上高地から槍へ行って帰って来るとかすればよい。

ここで一言したい。私は山の案内者を、単に、路の案内をするだけの者と思うことは、大間違いであると信じている。路は判っていても、「山」を知らぬ我々は、濃霧にまかれたりすると、路まで判らなくなる。小さな事故にも面喰って、更に大きな事故を引き起したりする。案内者を連れて行った登山者に、如何に事故がすくなく、またあったにしても程度が軽微であったかは、統計的に立証出来るであろう。

以上長々と、時間と費用とを切りつめること、即ち山を急ぐことについて饒舌を弄したが、このような人は、実際山へ入っても只無茶苦茶に目的地へ着くことばかり考えていて、はたから見ると、まるで一刻も早くこの苦難から逃れたいとあせっているかの如くである。麓の牧場、中腹の森、岩角の花……それらは全然目に入らぬらしい。いや、事実、目に入る時間もないであろう。これが多いのを見ると、Hinchliff の如きは「旧派」――現にそう書いてある――で山を急ぐ人々が「新派」なのかも知れぬ。新旧いずれが優れているか判らぬが、私には旧派の方がうれしい。私自身は、断然旧派に属する。

（『山へ入る日』一九二九年・中央公論社／『可愛い山』一九五四年・中央公論社）

山の道具

　私はここ数年間毎夏必ず山に登っている。登り始めたのはもっと昔のことだが、途中で外国へ行っていた為に中絶した。それから、これも高等学校時代に一度か二度やったことのあるスキーを改めてやり出した。ところが登山もスキーも、私が中絶していた間に長足の進歩をなし、いろいろな道具類が容易に手に入るようになった。それで私も若干の道具を持っているが、これらが登山期及びスキー期以外に如何なる役目を演じているかを考え、何とかこじつけて「山の道具とホーム・エコノミックス」といったような小論文をでっち上げて見ようと思う。うまく行くかどうかは、やって見なくては判らぬ。

　山及びスキーの道具として、最もポピュラーなのはルックサックであろう。御承知の如き四角な袋で背中に負うように幅の広い紐がついており、そしてよく出来た物は軽くて完全な防水がほどこしてある。
私はルックサックを二つ持っている。一つは墺国《オーストリア》製でノッペラ棒だが、他は日本製で外側にポケットが二つあり内側の背中に当る所にもポケットがある。この日本製の奴が最近非常に役に立った話をする。

この前の日曜日に妻子を連れて熱海へ行った。あるいは一晩泊るような都合になるかも知れないと思ったので、子供の寝間着やその他こまごました物を中型のスーツケースに入れたが中々入り切れぬ。女房はあけびのバスケットをもう一つ持って行くといい出したが、上の子が四つで下は赤坊なのだから荷物が二つになっては大変である。そこで私はルックサックを持ち出して、これに荷物全部を楽々と入れ、そして出かけた。

汽車に乗ると子供づれだから中々手がかかる。キャラメルがほしくなったり、おしめが入用になったり、水っぱなをふく為に紙を出したりしておやじ立ったり坐ったりだったが、ルックサックの有難さに、網棚の上にあげて置いた儘《まま》で必要の品を出すことが出来る。キャラメル？　キャラメルは右の外ポケットに入れておいた！　とばかりに、棚の上に手をのばせば、手さぐりでキャラメルが取れる。……といった次第である。品物によって入れるポケットをきめておき、それを手さぐりで取り出すのは狭いテントの内などで自然癖になることでもあるが、一々棚からカバンを下し、蓋をあけて内部をかき廻すことに比べて非常に便利である。おまけに万一汽車が崖から落ちたなんて時には、赤坊や上の子供ぐらいはスッポリと入るから、背中に背負えば両手を使って岩角を登ることも出来る。

次に便利なのはスイス製の畳み提灯である。これは雲母とアルミニュームとから出来ていて非常に軽く、雨にも風にも消えぬ。停電の時、急用が出来て雨中外出する時等にも適しているが、殊に便利なのは軽いので口で柄を啣《くわ》え得ることである。夜、高い戸棚の奥に入っている品を探す時大いに役立つ。

以前住んでいた大阪郊外の家は電力で井戸水をタンクに入れ、そこから家々にパイプで配水する仕掛けになっていたが、このスイッチがどうかして故障を起すと、誰か梯子を登ってスイッチ・ボード迄行かなくてはならぬ。一度とても偉い雨風吹き降りの夜、故障が起ったことがある。提灯は駄目、懐中電灯では片手しか使えぬ、大騒ぎをしていた時、畳み提灯を口に啣えて梯子を登った私が見事故障を直した（といったところでちょっとしたレヴァーを引張るだけの話だが）ことがある。

それから飯をたく飯盒《はんごう》、焚火の上にかけてうまい飯が出来るのだから、大地震の後なぞは定めし調法だろうと思うが、そんな経験はしたくない。

今度はスキーの話になって、スキーその物ばかりは如何にこじつけても家庭内にあっては何の役にも立たぬが、修繕用の七つ道具、プライヤ、スパナー、ねじ廻し等はどの家庭に備えつけてあってもいい品物である。またスキーの裏に白蠟を塗る小さな鏝《こて》（内部に固形アルコールを入れて熱する）はちょっとしたアイロニングに非常に能率的である。我々階級のサラリーマンはよく経験するが、出がけになってソフトカラーに鏝がかかっていないことを発見し、急いで電気アイロンを出すと停電で駄目だなんてことがある。そうでなくとも何故昨夜鏝をかけておかなかったとばかり女房の横っ面を張ったりする代りに、メタをポキンと半分に折ってマッチで火をつければ、カラーの一本や二本なら食卓の上ででもアイロニングが出来る。どうだ、お前は俺がスキーの道具ばかり買って子供の靴下を買わないとて腹を立てたが、パラ一丁あれば云々とばかり、家庭円満。

ここらで結論を開始すると、そもそも山の道具類はすべて自然のエレメントに対抗して負けぬように出来ている——負けるのもあるが、それは製作者が悪い。また軽く、且つ使用法によっては、いろいろな用途に役立つ。この事を頭に置いて我々の実生活を考えると、我々は家屋によって雨風等から離れて住み、電灯によって夜と昼とを同じもののように思い、汽車は切符代さえ払えば完全に目的地まで我々をつれて行くものと信じているのだが、さていつ地震があって家が潰れるか分らず、暴風雨の夜モモンガーが高圧線にひっかかって東京中が闇になるか知れず、汽車が決して崖から転り落ちぬものとは神様でも断言出来まい。つまり我々——殊に都会人——はあまり文明なるものに馴れて、常に我々の周囲にある自然のエレメントのポテンシャル暴力を忘れて了っている。で、一朝その暴力があらわれると、かかる場合に対して造られた山の道具が非常に役に立つということになる。そこで皆さんが、如何なる大都会にも自然の暴威は手をのばすことを忘れてはいけません……と山に登らなくっても山の道具だけはお買いなさいなんて莫迦なことは決して申さぬまア、変な決着になって了ったが、実は今朝パラでカラに鏝を当てたことから思いついて以上の如き雑文一篇。

（『山へ入る日』一九二九年・中央公論社／『可愛い山』一九五四年・中央公論社）

アイスアックス

「私のアイスアックスはチューリッッヒのフリッシ製」……と書き出すと、如何にも「マッタアホーン征服の前日ツェルマットで買った」とか、「アルバータを下りて来た槇《まき》さんが記念としてくれた」とかいうことになりそうであるが、何もそんな大した物ではなく、実をいうと数年前の夏、大阪は淀屋橋筋の運動具店で、貰ったばかりのボーナス袋から十七円をぬき出して買ったという、甚だ不景気な、ロマンティックでない品なのである。だが、フリッシ製であることだけは本当で、持って見ると中々バランスがよく取れている。その夏、真新しくて羞《はずか》しくもあり、また、如何に勇気凛々としていたとは言え、アイスアックスをかついで大阪から汽車に乗りこむわけにも行かないので、新聞紙に包んで信州大町まで持って行った。この時は針ノ木峠から鹿島槍まで、尾根を伝うのだから大した雪がある筈は無く、真田紐《さなだひも》で頭を縛って偃松《はいまつ》の中や岩の上をガランガラン引きずって歩いたもんだから、石突きの金具や、その上五、六寸ばかりのところがザラザラになって了った。

この年から大正十五年の六月まで、私のアイスアックスは大町の対山館に居候をしていた。居候と言っても只安逸な日を送っていたのではなく、何度か対山館のM氏に伴われて山に行った筈である。今年六月、まる二年振りで対山館へ行って見たら、土間の天井に近い傘のせ棚に、大分黒くなった長い身体を横たえていた。即ちこれを取り下ろし、大町から針ノ木峠、平、刈安峠、五色ケ原、立山温泉、富山という旅行に使用した。非常な雪で、また大町——富山の大正十五年度最初の旅行だったので、アイスアックスが大いに役に立った。

富山から同行者二人は長野経由で大町へ帰り、私は直接大阪へ帰ることになった。従ってアイスアックスも大阪へ帰って来たが、何もすることがない。戸棚の隅でゴロゴロしているだけである。時々令夫人が石突きで石油の鑵をあけたり、立てつけの悪い襖をアックスを用いてこじあけたりする。山ですべてを意味するアイスアックスも、大阪郊外の住宅地では、かくの如く虐待されている。

ところで、私はアイスアックスが非常に好きである。時々酔っぱらうと戸棚から出して来て愛撫したりする。アイスアックスが登山のシンボルであるような気がするからである。元来私が、氷河の無い日本の山を、而《しか》も夏に限って登るのに（将来あるいは冬登るかもしれないが）大して必要でないばかりか、ある時には却って邪魔になるアイスアックスなんぞ買い込んだ理由は、実にこれなのであった。刀剣の好きな人が、日本刀に大和魂を見るように、私はアイスアックスに登山者の魂を見出す。それにまた、冬の夜長など、心しきりに山を思う時、取り出して愛撫する品としては、アイスアックス以外に何も無い。

登山者としての私は、道具音痴ではないから、あまり色々な物を持っていはしないが、それにしても若干ある登山具を、一つ一つ考えて見る、座敷に持ち込んで愛撫し得るものは、アイスアックスだけである。登山靴――これはツーグスピッツェの麓なるパルテンキルヘンで買った本場物には相違ないが、酒盃片手に泥靴を撫で廻すことは出来まい。ルックサック――これも登山にはつきものであるが、空の頭陀袋《ずだぶくろ》を前に置いた所で、何の感興も起らぬ。たかだか山寺の和尚さんみたいに、猫でも押し込んでポンと蹴る位が関の山であろう。飯盒《はんごう》――飯盒はいたる処で、私の為にふっくらした飯を提供してくれたが、さりとて食卓の上にのせて見ると、どうもしようがない。お箸でたたくとカチンカチン音を立てるから、赤ン坊はよろこぶが、一家の主人として威厳を保つ必要がある身分として、そんなことは出来ない。然らばロープか。ロープは一昨年の春、大阪の人西岡氏がいろいろ考えたあげくつくったものを百呎《フイート》ばかり、使って見てくれとて持って来られたのがある。ロープこそはアルプスのシンボルと言えよう。登山、ことにロック・クライミングには必要欠くべからざる品である。現にアブラハム氏の「コムプリート・マウンテニヤ」の第三章「登山具」を読むと、第一に登山靴、第二にロープ、次でアイスアックス、ルックサックなる順序に説明してある。また、かの有名なるウインパアが、マッタアホーン登攀に成功した話、下山の途中起った悲劇、それらに関してロープが如何に重大な役目をつとめているかと思えば、これこそ登山具中の王者とも言うべきである。だが不幸にして私は本式のロック・クライミングをやったこともなければ、実際ロープを必要とするような山を登ったこともない。その上、如何に山を思えばとて、直径五、六分もある太い縄を百呎、座敷へかつぎ込んだ日には、井戸替え屋の新年宴会みたいで、面白くも何ともない。

そこでいよいよアイスアックスが出て来る。アックスは鋼鉄を冠った鍛鉄である。柄はグレインの通ったアッシで出来ている。長さ三尺、重量は手頃と来ているから、よしんば振り廻しても大したことはない。右手に持ち、左手に持ち、あるいは柄の木理《もくめ》を研究し、アックスをカチカチ爪でたたいて盃の数を重ねて行けば、いつか四畳半の茶の間も見えなくなり、白皚々《はくがいがい》たる雪を踏んで大雪原に立つ気になったりする。寒風身にしみて嚏《くさめ》をし、気がついたらうたた寝をしていたなどというのでは困るが、とにかくアイスアックスは、我をして山を思わしめ、山を思えば私はアイスアックスを取り出して愛撫する。

一九〇二年のことである。モン・ブランの頂上から四人の登山者が下りて来た。内二人はスイスのガイドであった。グラン・プラトーと呼ばれる地点まで来た時、突然物凄い雪嵐《あらし》が一行を襲い、進むことも退くことも出来なくなって了った。止むを得ず、アイスアックスで雪に穴を掘り、四人がかたまって一夜をあかすことにしたが、気温は下降する一方で、ついに暁近く二人は凍死した。

翌日はうららかに晴れ渡った。残った二人は、とにかく急いで下山することにしたが、あまり急いだので、その中の一人が深いクレヴァスに落ちて了った。クレヴァスとは氷河や雪田に出来る裂目である。深いのも浅いのもあるが、この男の落ちたのは二百尺近くもあったという。そんな処に落ち込めば、命は無いものであるが、この人は不思議に、大した怪我もせずにいた。

一行四人が、今はたった一人になった。この最後の一人は、これは大変だ、どうしたろうと、しきりにクレヴァスをのぞいている内に足をすべらして、自分もまた同じクレヴァスに落ち込んだ。同じクレヴァスと言ったところで万古の堅氷に、電光のように切れ込む裂目である。もちろん前に落ちた男は、自分の仲間がクレヴァスに落ちて即死したとは知る由も無い。どっちを見ても氷ばかりの狭い場所で、早くあいつが麓に着いて、救援隊をよこしてくれればいいとばかり思いつづけた。だがその、救援隊を求むべき人は、今はもう死んでいるのである。これほど頼り無い、心細い話は無い。

ところでその地点から一万尺下に、シャモニの町がある。この町には非常に強力な望遠鏡が据えつけてあり、この日もある人が晴れ渡ったモン・ブランを山嶺から山麓まで、しきりに観察していると、ふとレンズに入ったグラン・プラトーの人の姿。どうやらクレヴァスを覗き込んでいるらしい。はてな、今頃たった一人で、何をしているんだろう、と思った次の瞬間、もう黒い姿は、どこをさがしても見えない。

グラン・プラトーのクレヴァスに人が落ちた。すぐ救助に行かなくてはならぬ。この叫び声によって救援隊は立ちどころに組織された。選りぬきのガイド達、手足まといの登山客がいないだけに足が早い。羚羊《かもしか》のように岩を飛び雪を踏んで、遮二無二に急ぐ。

一方、グラン・プラトーの上方に五、六人のガイドが、無事に前夜を送った登山者達と一緒に休んでいたが、ふと気がつくと麓から一群の人々が登って来る。只登って来るのなら何の不思議もないが、恐ろしく足が早い。とても普通の登山ではない。何か起ったに相違ない。応援に行こう、とばかり山を下りかけた。

数時間の後、救援隊とガイド達とは落ち合った。グラン・プラトーのクレヴァスに人が落ちたと言う。それでは一緒にさがして見ようということになって、さてグラン・プラトーに来て見はしたものの、果たしてどのクレヴァスのどの辺に落ちたのかハッキリしない。あちらこちら覗き込んでは呶鳴《どな》って見ても、一向返事がない。さては死んで了ったのか、さっき望遠鏡で見た時から、七時間余も経っている。よしんば即死しなかったにしても、もう死んだのだろう。仕方がない、帰ろう……と一同話し合っていると、どこか変なところで変な声がする。まだ生きている！　と急に元気を出して、又、あちらこちらと覗いては呶鳴り、呶鳴っては覗くうちに、とうとう落ちている場所を発見した。そら、ここにいる。縄を下ろせ。だが、どのくらい深いところにいるのか判らぬ。一番長い奴を下ろせ。かくて百五十呎が、スルスルと氷の裂目に呑まれて行った。すると下から声がする――まだ四十呎ばかり足りないと言う。そこで五十呎のをつぎ足した。都合二百呎である。

「よし、引っ張ってくれろ！」という声を聞いて、一同は力を合せて縄を引いた。二百呎の氷の裂目を、ブランブランと上るのは、危険至極である。氷の壁にたたきつけられたら、頭を割るか、足を折るか、とにかく碌なことは無い。だが、どこ迄も運のいいこの男は、無事に表面まで出て来た。

前夜、すくなくとも十時間は雪に埋った穴の中で凍え、二人に死なれ、たった一人でクレヴァスにうずくまること八時間、たいていの人間なら、もう山は沢山、ガイドなんぞするよりは、山麓のホテルで門番でもした方がいいと思うであろうが、この男はどこからどこ迄アルプスのガイドに出来上っていた。もう弱り切って、ヒョロヒョロしているにもかかわらず、「誠に申訳ないが、もう一度縄でしばって、クレヴァスに降してくれ」という。救援隊の声を聞いた悦しさに、つい夢中になって、アイスアックスをクレヴァスの底に忘れて来て了ったのである。懇望するままに、また二百呎の縄を彼の胴に縛りつけて、クレヴァスに降してやる。後生大事にアイスアックスをかかえ込んだ男が、再びクレヴァスの口に顔をだしたのは、それからしばらく経ってのことである。

この話はコリンスという人の書いた「マウンテン・クライミング」なる本に出ている。アルプスのガイド達は登山中如何なる事情があってもアイスアックスを置きざりにしてはならぬという不文律を、固く守るのだそうである。ちょっと面白い話だから、うそか本当か知らないが——まさかうそではあるまいけれど、コリンス先生の著述目録を見るとカメラ、ワイヤレス、飛行機、山、等、いろいろな物に関して本を出しているので、いささか当世流行の大衆向きライタアらしく、従って面白く書くことを目的としているから、ひょっとしたらこの話も又聞きぐらいかも知れぬ。——アイスアックスの話のついでに紹介する。

(『山へ入る日』一九二九年・中央公論社/『可愛い山』一九五四年・中央公論社)

山と酒

広い世間には一を読んで十を考える人が随分いるらしい。私がパイプの話を書くと、私なる者は朝から晩までパイプを啣《くわ》えっきりにしているに違いないと思ったり、酒が好きだとどこかに書いたのを読んで、私のことを年がら年中酒ばかり飲んでいる野郎と思い込んだりする。このような人がどうにかして、私が山に登ることを知ると、「お前のように酒をのんでも山に登れるかい」なんて質問をする。

山登りばかりでなく、如何なる運動にも、酒のよくないことは判っている。私とてもちろん登山の最中に酒をのみはしない。一日の行程を終えて山の小屋なり野営地なりに着いた時、若し酒があれば極めて小量を摂取するだけである。それにしても山と酒……但し私ひとりの経験にとどまるが……という問題を考え出すと、かなりいろいろなことがある。

そもそも私が一番最初に山に持って入った酒はウイスキーであった。そのウイスキーが何であったかを覚えていない。これは出発に際して父がいわゆる気つけとして、小さな平瓶にいれてくれたものである。

　気つけとしてウイスキーなりブランデーなりを山に持って行くことは、合理的であり、且つ必要である。水にあたって急に腹が痛くなったりした時、シャツであろうと手拭であろうとルックサックであろうと、何でもかでも腹にまきつけ、そして熱い湯をわったウイスキーかブランデーをグッと飲むと、たいていは治る。

　この故を以て十数年前、仙台の第二高等学校で第一回山岳部講演会兼展覧会をやった時、展覧会場の一隅にしつらえた「登山必要品」の中には、片パンやウェーファースやコールゲートの練歯磨と共にウイスキーの平瓶が一つ置かれた。片パン及びウェーファースには、およそ山に入っている間は、いつ、どんなことで、連れとわかれるかも知れぬ、たった一人で深山幽谷を迷って歩くような場合に陥るかも知れぬ、かかる時取り出して食うためで、決しておやつの代りにがりがり嚙《かじ》るべきものではないという説明書を、つけたような気がする。嚙るといえば鰹節も同じ意味で必要品に加えたように記憶する。コールゲートの練歯磨に至っては、実にびっくりすべきもので、その当時誰だったか日本山岳会の一員が、甲州の山で路に迷い、流れに従って下れば必ず里に出るとの信念を以て、ある渓流に添うて下るうち、一日二日三日と、ビスケットも食っちまい、ドロップスもしゃぶり尽し、ヘトヘトになった時、ルックサックの底にコールゲートの練歯磨が入っているのを発見、これを舐めては水を飲み、水を飲んではこれを舐め、ついに命を全うして里に着いたという話が伝わっていた。我々二高の山岳部幹事は、いたくこの話に感激し、さてこそ練歯磨のチューブを陳列したものである。

ところでウイスキーの話に立ちかえると、この展覧会非常な大盛況で、二日だか三日だか続いたが、これでいよいよお了《しま》いという時、ウイスキーの瓶を見ると、大分内容が減っているばかりでなく、変なあぶくが浮いている。誰か見物人が……恐らく二高の生徒であろう……そっと手をのばして喇叭《ラッパ》をやったに違いない。会が済んだら飲んでやろうと、実は心まちに待っていた我々幹事は、大いに憤慨した。飲んだ奴が判っていれば弁償させるなり何なり方法もあるが、それは判らず、第一きたないや、なんて言っていたが、その内に誰がのむともなく飲み始めて、とうとう空にして了ったことがある。

今年（大正十五年）の六月、百瀬慎太郎氏と二人、案内者北沢清志をつれて大町から富山へぬけた時、二人とも至って酒が好きなくせに、およそアルコール分を含んだものとては一滴も持たずに出かけたものである。何故またそんな真似をしたのかというと、すくなくとも私自身は、それまでさんざん酒をのんで、詰らない、下らない日を送っていたのだから、せめて山の中では酒精分は一切口に入れまいと思った。

これは誠にいい決心であったが、さて大沢の小舎に着いて炉で火が燃え、鍋で白い飯がフツフツいい出すと一杯やりたくなる。どこかに残っていやあしないかと、心は同じ両人が薄暗い蠟燭の光をたよりに、鼠の糞や埃で一杯の小舎の内をゴソゴソかき廻して、樽という樽、鑵という鑵をゆすぶって見たが、コトンともドブンとも音を立てぬ。泥まみれの瓶を見つけ出して、やああったぞとばかり、苦心惨憺、栓をぬいて嗅ぐと醤油だったりした。仕方がない、あしたは平で、日電の小舎には屹度《きっと》酒があるだろうと、その日はそのまま寝て了い、さてその翌日、針ノ木峠から蓮華の裏の大雪渓を通って平に着く。日が暮れて路が判らず、東信の空小舎を借りて一泊するのにも、若しやどこかに酒がありはしまいかと、キョロキョロした。次の日は対岸の日本電力の出張所で、手あつい歓待を受け、鮱《いわな》や熊の肉の晩飯となる。

一行三人、キチンと坐ると出張所長の宮本さんが、お酒を上げたいがあいにく切らして……と言われる。いいえ、一向不調法でして……と言いはしたものの、また実際酒があった所で、とても恐縮でそう呑めはしないにきまっているものの、とにかく世界中にこんな美味いものはあるまいと迄伝えられる黒部川の鮎が、ジジリ、ジジリと焼けて、その香が鼻を打つと、家にしあれば一升瓶だが、あの徳利にコクコクと移して銅壺につける。北ではあすこの酒場のおやじが、松竹梅、白鷹、菊正宗、都菊とそろえているのを、私が行けばむろん「菊」。徳利を持ち上げて、如何にももっともらしく底にさわって見る。南のあの家では桜正宗、青磁色の猪口で……と、実に意地のきたない話ながら大阪の酒が目の前にチラチラして、今頃酒をのんでいるであろうところの、日本国中の何十万人かが、皆不倶戴天の仇のような気がして来た。

その次の日は立山温泉どまり。刈安峠から尾根をつたって五色ケ原、佐良《ざら》峠、一日中雪の上ばかり歩いていた。そしてはるか下に温泉の低い屋根を見た時、我々は今夜こそ酒がのめるぞ！　と口に出して言った。若しまだ番人が来ていなかったら、錠前をねじ切って倉庫に入ってでも酒をのんでやろう等と、物騒な考えを起したりした。

温泉には番人と若い男と二人いた。だが、まだ時期が早いので、何の準備も出来ていない。ヘトヘトに疲れて口をきく気もしない身体を炉のわきに横たえながらも「おじさん、酒はあるかね」と聞いたものである。さあ、あるか無いか、蔵へ行って見なくては判らないという心細い返事に、済みませんが行って見ておくんなさい、若しあったら二合瓶を二本ばかり頼みますと言っておいて、ようやく掃除の出来た部屋へ行く。そこへ、温泉に入りに入った北沢が二合瓶を二本さげて帰ってきた。温泉というのが野天で、あつくて仕方がねえからスコップで雪を三杯たたき込んだという素晴らしいもの。（もっともこれは、まだ温泉場を開いていなかったからの話で、本式に始めればここから湯を引いた立派な浴場が出来る。立山温泉の名誉のために、一言弁じておく。）それはともかく、そら酒が来たというので急に元気づいて、見ればそのレッテルの色もあざやかな桜正宗である。早速燗をして飲んで見ると、うまくも何ともない。苦くって、ピリピリして、猫いらずを溶いた水を飲んでいるような気がする。三人かかってやっと二合瓶を一本あけた頃には、頭がガンガンして来た。二本目は封を切っただけで、番人たちに贈呈して了った。

あんなに飲みたかった酒が、どうして飲めないのだろう——我々は不思議に思った。だが考えて見ると相当な理由がある。第一桜正宗が非常にいい酒であるとしても、二合瓶につめられて大阪から富山へ送られ、それから何里かの山路を立山温泉まで持って来られる内には、多少どうかするに決っている。つづいて冬、どんな倉庫だか知らないが、いずれ雪に埋って一冬を送るのだから、酒の味それ自体もすこしは変ろう。だがそれ以外に、私たちの身体の状態が、どんな酒を飲んでもうまいとは感じないようになっていたのではあるまいか。

要するに日本酒は浅酌低唱というところ、小さな猪口を口にふくんで、気長にチビリチビリやるべき性質の飲料である。盃洗でひっかけたり、デカンショに合わせてあおったりするのは邪道である。衣食足って——礼節の方は知らぬが——銀行に特別当座預金でもあろうという泰平の逸民が、四畳半の投げ入れを見ながら、一杯一杯、「河豚汁や」を考えて、頭からピシャピシャやって飲むべきものである。

かくの如き日本酒を、立山温泉で飲んだ我々は、一体どんな「我々」だったろう。三日も四日も激しい労働をやって、而も紫外線の多いという高山の日光と雪の照りかえしとで、手や顔の皮がむける程まっ黒になっていた。自然のぼせる。唇には縦に罅《ひび》が入って、笑ったり、欠伸《あくび》をしたりすると血が吹き出す。口腔はネチネチして、いくら水やお茶を飲んでも平常状態にならぬ。両眼は雪眼鏡をかけていたにもかかわらず、やはり充血している。歯はみがかず鬚は生えっぱなし。こんな野蛮人にでくわしては、酒の方から忌避しても、一向不思議でない。

過激な筋肉労働をする人々が、一日の仕事を終えると、電気ブランとか焼酎とかいう強烈な酒を呑むのには、あるいはこれらの酒が日本酒に比べると安価で、早く酔いがまわるという原因もあるであろう。だが、あるいはそれ以外に、肉体の疲労が甚だしい時には、燗をした日本酒のチビチビ飲みが、何等の快楽を持ち来たさぬというような理由も存在するのかも知れぬ。

大正十三年の夏、黒岩直吉の兄弟と、針ノ木から鹿島槍まで行った時には、ウイスキーを一瓶持って行った。大瓶一本、山ではかなりの荷物になる。やめようかとも思ったが、何、俺が持ってゆくというので黒岩に頼んだ。第一夜大沢。天幕も張れ、飯も出来たという時コルクをぬいて、氷のような水に割って一息に飲んだ。冷たい水が胃の腑に達すると同時に、ふーっと、何とも言えぬ酔が出て来て、疲れが一時に消えて行く。飯もうまければ元気も出る。その後マヤクボ、棒小舎の乗越し、冷《つめた》ノ池と三個所で野営するごとに皆で――と言って、主に黒岩と私だが――一杯ずつやり、とうとう一本空にして了った。棒小舎乗越のウイスキーは、もう二年半になる今日、まだ忘れられぬくらいうまかった。元来、前夜はマヤクボで野営する筈ではなかったのに、雨が降って来たため急に予定を変更したのである。従って乗越に着いた時は、まだ日が高かった。早速天幕を張る。いつでも寝られるようにしておく。塹壕のような形をした窪地に火を焚いて、その上に太い枝をさしかける。黒岩の兄は近くの水溜りへ米を洗いに行った。同行者のT君は、如何にも光線が面白いからというので、写真器を持って天幕のまわりをウロウロしている。私はウイスキーの瓶と瀬戸引のコップとをさげて、黒岩の横に腰を下した。

コップを差出しながら「直吉さん、どうだね、一杯」と言うと、びっくりしたような顔をして、「そうかね、えれえ済まねえな」といいながら、底に一寸《いっすん》ばかり受ける。そいつをキュッ! 「うめえね」と手の甲で口を拭く。

私も一息にやってから、コロリと草の上に長くなった。この辺の草はまことに短く、そして柔かい。風もなければ鳥も鳴かぬ日暮れ時。足のさきでパチパチはねる枯枝の音を聴きながら、ウイスキーの酔が、適度につかれた身体中の筋肉を一つ一つ、ほぐして行くのを感じる。山に登るたのしみ！　私は前人未踏の所謂処女峰を征服しようも思わないし、エヴェレストの絶頂に日章旗を押し立てようとも望まない。かくの如き草の柔かい場所にねころがって、野営地をさがす心配もなく、飯をたく水に不自由もせず、ウイスキーの軽い酔を感じていさえすれば、私は満足する。

（『山へ入る日』一九二九年・中央公論社／『可愛い山』一九五四年・中央公論社）

山と女

酒の話のすぐ次に、女の話が出て来ると、すこし、よろしくないようだが、婦人と登山とについて心に浮ぶままを、ボツリボツリ書いて見ようかと思うのである。「婦人と登山」と言えば日本体育叢書の第十五篇「登山」において、著者田中薫君は「婦人の登山者の為に」なる見出しの下に、詳細に服装のことを書いている。どうもブラウスとかナイトキャップとかワンピースとか富士絹とか、いやにくわしいと思っていたら、今年の夏は婦人同伴鹿島槍に登っている。これではくわしいのがあたり前である。

閑話休題――と言ったところで私の話、ことごとく閑話ならざるはなしだが――ここに英国ケジックの住人、ジョージ・アブラハム氏の著「コムプリート・マウンテニヤ」は、日本にも沢山来ているから、たいていの登山家は知っているであろうが、一九〇七年の十一月に第一版を出し、翌年二月、ただちに第二版を出した。飛んで一九二三年に改訂第三版が出たことは、著者自身も書いているように、一般向きとは言えぬ登山なるスポーツ界ではエポックとも考えるべきである。然し別の考えようをすれば、この「コムプリート・マウンテニヤ」は、山登りの技術だけを書いた本なのではなく、いろいろなアネクドートや、エピソードが沢山入っているので、いわゆる読物としても面白く、従ってよく売れたのであろう。

それはとにかく、「コムプリート・マウンテニヤ」を開くと、先ずリッフェルアルプから見たマッタアホーンの写真、タイトルページ、それに続いて全一頁のまん中に小さく

TO
HER WHOM I MET
ON THE ROCKS

と、三行にわけて印刷してある。申す迄もない、デディケーションで、著者ジョージ・D・アブラハムはこの本を「岩の上で逢ったところの彼女に」ささげているのである。

私はアブラハム氏の私生活を知らないから、「岩の上」の彼女が誰だか、もちろ

ん判らぬが、このデディケーション、ちょっと気になる。気が利いているような、思わせぶりなような、変な文句ではないか。高等学校の山岳部員が感激しそうである。いや、事実、高等学校時代の吾人は、大いに感激して、いろいろと岩頭の彼女を空想したものである。だがその頃、富士や筑波はいざ知らず、いわゆる日本アルプスに登る女は至って少数であった。たまに登る人は奥さん方で、これでは著述をデディケートするわけにも行かない。

その後十数年、今日では大分女の登山者が増加した。女学生の洋服、女子スポーツの隆盛が今後ますます若い娘をして登山せしめるようになるものと思う。すると、これからさきの若い登山家たちは、「岩の上で逢った彼女」に、著書なり一生涯なりを捧げる機会を多く持つようになるので、これはまことにうらやましい話だ。何もここで婦人問題を論じようとは思わないが、元来登山なるものは、平素運動をしている人にとっては、その性の如何を問わず、大して過激なものではない。というより、登山は、プランの立てように依っては、比較的楽な、愉快なスポーツである。だから、夏休みなり何なりに、夫婦でルックサックを背負って山に出かけることはまことに面白いと思う。

余程以前、ウェールスの山、スノードンに登ったことがある。この山、高さは僅か三千五百七十呎《フイート》だが——それでもイングランドとウェールスでは一番高い——、実にいい形をしているので、普通「ブリティッシュ・マウンテンスの女王」と呼ばれている。殊にワッツ・ダントンの小説「エルウィン」に出て来るので、私は大分昔から、所謂憧憬《いわゆるあこがれ》を持っていた。

ところでこのスノードンは、ロック・クライミングで有名な山であると同時に山岳鉄道が麓から絶頂まで走っていて、おまけにその絶頂にはホテルが建っている。アブラハムの言によれば「絶頂に達する嶝《ガリース》の中の若干は、今や頂上ホテルのゴミ卸樋《シュート》になって了い、如何に登山術を心得た人でも、スノードンの秀麗なる北側面を殆ど絶え間なく落ちて来るジンジャ・ビアの空瓶や、鰯の空缶や、その他の物品を避けるだけの技能は持ち合わさぬ」のであり、また「ラスキンのいわゆる『山の憂鬱と山の栄光』とは不信心な旅行者の群をはこび上げる、キーキーいう煙だらけな山岳鉄道によって攪乱されている」のである。私もこの「不信心な旅行者」の一人として、ある美しい秋の日の午後、スノードンの峰に立った。別に弁解するのでもないが、その後一月足らずで日本へ帰る時だったので、金も無く時間も無く、とても悠々と山を登っている訳に行かなかったのである。

やがて汽車が出るというので、停車場の方へ足を運んだ時、突然横手の岩角から、かなり大きなルックサックとロープとを背負った男があらわれた。登山服、登山靴、汗ばんだ顔。ああ、ガリースの一つを登って来たのだなと思う間も無く、続いて今度は、まったく男と同じような身なりをした女が顔を出した。頭をキリッと絹のハンカチで捲いている。引きしまった身体つき、日に焼けた頬。その晩は恐らくホテルで泊るのであろう。下山する汽車には目もくれず、大股に絶頂の方に歩いて行った。

私と一緒の汽車で下りる人々は、いずれも不思議そうな、好奇的なまなざしで両人を見送っていたが、私はうらやましかった。時間さえあれば、金の方はどう都合つけても、エルウィンの路をたどってスノードニアを歩いて見たいと思った。

それから日本へ帰ってからのある夏。私は久しく登る機会を得なかった鹿島槍を再び訪れるべく、信州大町へ向った。暑い七月の終り、寝不足な身体を信濃鉄道のせまい窓にもたらせて、松本から大町まで、汽車の速度の極めて遅々たるのに、いささか癇癪《かんしゃく》を起こしていると、とあるステーションで、こちらの汽車を待避していた列車。キャー、ワーという黄色い叫び声にびっくりして見ると、丁度真向に当る車室は一杯の女学生である。鼠色によごれた上衣、紺のスカート、ナイト・キャップみたいな帽子、中には鉢まきをしている娘もある。「白馬登山の女学生が帰って来た！」と同室の地方人の話に、なる程この連中、白馬へ行ったのかと知ると同時に、汗くさい、日向っ臭い女学生数十名に、一どきに絶頂を踏んづけられた白馬が可哀そうになった。「岩の上の彼の女」は単数にかぎる。若し「彼女等」になるならば、せいぜい二人か三人までのこと。数十名の彼女等に取りかこまれた日には、如何なるLusty knight of Alpenstockも、たじたじになることであろう。

（『山へ入る日』一九二九年・中央公論社／『可愛い山』一九五四年・中央公論社）

山と煙草

酒の話を書いたからには、煙草のことも書かねば義理が悪い——という訳でもないが、筆のついでに一言して見たい。

G・W・YOUNG氏の編纂した「マウンテン・クラフト」は、いろいろな意味において私の愛読書である。読み物としての面白味からいえば、ジョージ・アブラハム氏の著書の方に遥かに面白いのがあるが、登山のテクニックに関する知識を得る点から見ると、このマウンテン・クラフトが一般的の役に立つような気がする。

話はいささか横路に入るが、ヤング氏がこの本に書いた緒言は愉快な言葉で始っている——「この本はマウンテニヤスの為に書かれたものである。而《しか》してマウンテニヤとは登山をする人だけを指すのでは無く、好んで山の周囲を歩き、好んで山のことを読み、且つ考える人の誰もをいうのである。」

私はこの言葉が非常に気に入った。そこでマウンテニヤなる英語は果して何を意味するのか、調べて見ようと思い、手近の辞書類をひっくり返して次の結果を得た。

第一に三省堂の「模範新英和大辞典」。これによると名詞の一が「山住みの人、山人《やまびと》」。二が「登山者」。別に「山に登る」なる自動詞があげてある。

次に中学校時代かに使用した斎藤秀三郎氏の「英和中辞典」を見ると「山国の人、山人、登山（業）者」としてある。三省堂のに比較すると自動詞以外は殆ど同じだが、ただ「登山（業）者」として、登山者と登山を職業にする者とをわけたところが面白い。

これ丈で沢山なのだが、どうせ乗りかけた船だと、机の引き出しに入っているのだしするから、ウェブスターのリットル・ジェム・ディクショナリイを引いて見ると、マウンテンには「丘より高い高所」と説明してあるが、「マウンテニヤ」は只かかる語があることを示してあるだけで説明はしてない。

そこで最後に英語の字引としてはこれ以上のものが無いといわれる、ジェームス・マレー卿の「新英語辞典」を、図書館に出かけて読んで見ると、

（一）山間の土民、あるいは住人。

（二）マウンテン党の一員。

る人。

（三）登山（マウンテン・クライミング）に熟練せる人、あるいは登山を職業とする人。

と、こう三通り出ている。第二を除くと斎藤さんのと同じになる。しかもこの（二）は、フランス革命時代の山岳党（la montagne）のことだから、この場合吾人とは無関係なのである。

かくの如くどの辞書によっても、マウンテニヤとは山間に住む人か、山に登る人かになるが、ヤング氏の緒言があるので、私もこんな風なことをマウンテニヤの為に書いていると意識することが出来て、甚だ有難いのである。

ところで道草ばかり食っていないで、煙草の話にうつると、「マウンテン・クラフト」の第一章が「管理と指導」「食料飲料」と二つ区分があって、その次に「喫煙」の項が出ている。この章はヤング氏自身が執筆しているが、同氏の意見によると、煙草を吸うとか吸わないとかいう問題は各人がそれぞれ決定すべきことで、別に一定の規則は立てられぬ。但し実際山を登りながらパイプを吸うことは「肺にとって不愉快、パイプ・ステムにとって費《ついえ》多し」と書いている。続いて次のような文句が現れて、大いに私をよろこばせる。私ばかりでなく、世のパイプ党、並びにマウンテニヤ達をよろこばせそうだから書いて見る——

「パイプは食物、飲料、あるいは睡眠の、よき一時的代用品となる。それは待つことのつめたき幾多の瞬間を慰め、困難に際しては心をやすめてくれる助言者になる。煙草を吸い得ること、従って登山者の真の親交を特長づけるところの努力なき沈黙中に彼自身を支持し得ることは、如何なる登山仲間も持っていねばならぬ資格である。」

この訳は、夏目さんの「巨人引力」みたいだが、意味は判るだろうと思う。またヤング氏が恐らくパイプを好むであろうことも想像出来る。パイプを吸うものは沈黙を愛する——これは登山家ばかりではない、誰でもそうである。もちろんパイプを啣《くわ》えたまま話をすることは出来ぬからであろう。

それはそうとして、まったく、目的の峰に達した時、ルックサックを下に置いてから、手頃の岩に腰をかけて吸う一服は、恐らく最もうまい煙草の吸いようであろう。ことに天気がよくて、遠近の山々がいわゆる手に取るように見える時なぞは、どの山が何だとか、どこの尾根がどうとかしゃべられると、うるさくて仕方がない。かかる時には、只、黙って紫の煙を空に吹き上げるに限る。

私はパイプとシガレットとを山に持って行く。シガレットは上衣のポケットに入れておいて時々吸うが、パイプはルックサックに入れて、大休みする時、例えば目的地に達した時か、昼飯の時かに吸うようにしている。一日中雪を踏んだり岩を匐《は》ったりして野営地に着く。先ず上衣を脱いで厚いスウェッタアを着込み、天幕を張ってから、パイプを啣えて焚火《たきび》の傍らに坐る時の気持は、ちょっと説明出来ない。説明を試みてもそれは山を知らぬ人にはピッタリ来まいと思う。かかる時、煙草を吸わぬ人が、しみじみと「ああ、俺も煙草が吸えたら……」と、よくいうことだけを記してこの稿を終えよう。

（『山へ入る日』一九二九年・中央公論社／『可愛い山』一九五四年・中央公論社）

雪線の下にて

ダグラス・フレッシフィールドの「雪線の下にて」—— Below the Snow Line : Douglas W. Freshfield ——名前は前から聞いていたが、実物は今日初めて手に入れた。別の用で丸善へ行ったらあったのである。コンステブル発行で、コンステブル式に高価だが、それでも私の貧弱な「山の図書」が一冊増したと思えばうれしい。うれしいといえば、この本の序文には、うれしいことが書いてある。前半を訳して見る。

——生涯を通じて私は山については、私のより厳格な教義と実行とを持つ登攀の友人達が「人の顧みぬ詰らぬことを拾い上げる」と称する者であった。私は雪線の上で登攀したり、エッチラオッチラ歩いたりしたのと同じぐらい屢々《しばしば》、雪線の下をぶらぶらした。私は体操術の範囲を含まぬ容易な登山に興味を見出した。私は時としてアイスアックスの代りにアンブレラを持って山へ行ったことさえあるのを自白する。一言でいえば私は登攀者であると同程度に旅人だったのである。
ところで、人はしょっ中最高の伴侶ばかりと一緒にいる訳には行かぬ。岩と雪とだけしか無いことが、単調に思われる時もある。人はヒマラヤやロッキースへ、ちょいちょい手軽に出かけることは出来ぬ。又、いつになったら霜の気に満ちたコーカサスの山々に再遊することが出来るであろうか。我々の親しきアルプスでも、如何な季節に於ても登るという訳には行かぬ。我々がヤンガー・ジェネレーションの為に、アルプスの冬季の魅力と富源とを発見して教えたことは事実だが、復活祭の休暇に於けるアルプスは僅かなアトラクションと多くの危険とを持っている。より低い場所は雪のマンテルを失って、而もまだ緑色ではなく、褐色の芝土の背地の上に、よごれた白色の筋と綴布とを見せる丈である。より高い雪の間では雪崩が重々しく落ち、そこ迄行く人は突然な、そして不面目な埋葬(a sudden and inglorious entombment)の危険を冒して行くのである。この季節にアルプスとピレネーとの両方を試みた私は、経験無しで以上を語るのではない。

——

「雪線の下にて」は一九二二年出版の本である。今さら新刊紹介ということも出来ないし、翻訳することは時間が許さぬ。つまり、ここに訳出した序文の上半部が説明しているような態度で書かれた本で、「日本の僻路」なる一章もあり、我々にも興味は深い。

この序文に「アイスアックスの代りにアムブレラを持って山へ行った」とある一事は私に二つの事実を思わせる。その一つはジェームス・ブライス卿がアムブレラを持ってアララットへ登ったこと――もっとも途中でアイスアックスに代えた――で、これはもう既に詳しく書いたから、ここでは書かぬ。その二は、百瀬孝男君と私とが番傘を持って槍ケ岳へ行ったことである。

孝男君は慎太郎さんの弟で、山を歩くことにかけては、昔の慎太郎さんに髣髴《ほうふつ》たるものがある。といったところで、昔の慎太郎さんも今の孝男君も知らぬ人には見当もつくまいが、簡単にいえば実によく歩き、よく頑張り、そして夜になると木の根草の根石の上、何でもかまわず癪にさわる程よく睡る人なのである。去年の夏、ある用事を帯びて、二人で上高地から槍の肩まで行ったことがある。実はもっと遠く迄行ったのだが、それは書く必要がない。ところが上高地を出かける朝、どうも天気模様が面白くない。今にも降って来そうに思われた。そこで、靴もはき、ルックサックも背負って了って、さて五千尺の玄関で丸山さんに、「丸山さん、番傘を一本かして下さいませんか」と申し出た。丸山さんは二人が清水屋へでも行くものと思ったらしい。用があるなら使いをやりますといわれた。いいえ、山へ持って行くのです、というと、いささか呆れたらしいが、それでも大きな番傘を一本かして下さった。

孝男さんと私とはその二、三日前、島々から徳本峠《とくごうとうげ》を越して上高地まで五時間あまりでかけつけた元気を以て——これはウソみたいな話だが本当である。二人ともかなり重いルックサックを背負っていた——雨傘を振り振り五千尺を出発した。牧場をぬけ、一ノ俣で弁当を喰い、さて槍沢の小舎を過ぎると沛然たる大雨である。有名なる私の「晴天防水」——雨が降ると役に立たなくなるレインコート——なんぞは何にもならぬ。二人は早速傘をひろげ、アイスアックスを結びつけ急造の屋根をつくった。アックスを地面に立て、石をひっくりかえして乾いた方を出し、それに坐って雨にけむる四方の景色を眺めながら吸ったパイプの味は、いまだに忘れられぬ。

この雨は、やがて小降りになったが、晩まで続いた。二人は相々傘で雪のまるで無い槍沢を登った。片袖濡れたる筈が無いとか何とか、鼻歌で槍を登るのは、すこし敬虔を欠いたやり方だったかも知れぬが、濡れずに済んで大助かりだった。大槍の小舎なんぞで入口をがらりと明け、今日は！　とすぼめた傘の滴を切る気持は、ちょっと面白かった。

殺生《せっしょう》小舎の下は急である。二人はいつか離れて了った。私は杖にすがって登ったが、孝男君は相変らず傘をさし、医科大学へ通学する靴をはいて、いやな石ころの上を「長いまつ毛がホオーッソリと」と、いやにセンチメンタルな歌を歌いながら元気で歩いて行った。

我々が番傘をさして槍ケ岳へ行ったことを以て山を冒瀆するものと做《な》す登山家――「より厳格な教義と実行を持つ人々」――もあるかも知れぬ。実は孝男君と私も、そんな気がしないでもなかった。気持の問題ばかりではなく、密林中や尾根は、とても傘なんぞさして歩けはしない。だが、上高地から槍沢を通って槍へ行く途中には、ウソみたいに良い路が多く、かつその日は風が余り強くなかったので、こんな真似も出来たのである。とにかくユニークな経験ではあった。

（『山へ入る日』一九二九年・中央公論社／『可愛い山』一九五四年・中央公論社）

ノアの山

ここに述べる迄もないが手近に聖書があるから書きぬいて見よう——

亦淵《またわだ》の源と天の戸閉塞《とじふさが》りて天よりの雨止《やみ》ぬ。是《ここ》に於て水次第に地より退き百五十日を経てのち水減り、方舟《はこぶね》は七月に至り其月の十七日にアララテの山に止《とどま》りぬ。

——すなわち「人の悪の地に大《おおい》なると其心の思念《おもい》の都《すべ》て図維《はか》る所の恒《つね》に惟《これ》悪《あ》しきのみなるを見たまへ」るエホバが、地上の生物すべてを洪水で亡そうとしたが、ノアの家族だけは方舟にのせて救った話。その方舟がアララテの山、アララット山の山巓にひっかかったというのだから、私はつい近頃まで、アララットなる山は上野の山か愛宕山《あたごやま》——どちらも東京の——くらいな岡だとばかり思っていた。ところが、ふとしたことで小アジアの地図を見ると、中々どうして、アララットは富士山なんぞよりずっと高い。欧州第一の高嶺、モン・ブランよりも高い。大変な山である。

これに興味を感じて、あれやこれや、本をひっくり返して集めた知識を、ささやかながらここに書いて見ようと思う。ノアの洪水の話、方舟がアララットに坐礁した話を知っている人は世に多いが、そのアララットの正確な所在地や高さを知っている人は余り多くはあるまいと思うから。

アララットはアルメニヤとトルコとペルシャとの三国が合する地点に聳えている。どんな風に聳えているか、私は見たことがないから困るが、何でもあの辺は一帯プラトーで、その最高地点が、アララットの大塊《マシーフ》になっているらしい。この大塊《マシーフ》は大体に於て孤立しているのだが、北西に当って六千九百呎《フイート》ばかりの col があり、それが火山性の山々の長い尾根につながっているのだそうである。

この col という語は、よく山の話に出て来る。峠を意味するフランス語だが、鞍《あん》部《ぶ》とでもいった方が判りが早いであろう。つまり二つの高い峰をつなぐ尾根の最低部を指すのである。

ところで、このマシーフから峰が二つ立ち上っている、その高い方が大アララットで、高さ一万七千呎（一）——「大きな、肩幅の広い塊で、円錐《コーン》と呼ぶよりも寧ろ円屋根《ドーム》と言いたい」と記述されている。低い方、即ち小アララットは一万二千八百四十呎、これは前者に比較すると形もよく、険しい面を持つ峰であるという。アララットの雪線は極めて高く、一万四千呎。降雨量がすくないのと、麓なるアラレックスの平原から乾燥した空気が吹き上げるからである。

山それ自体の説明はこの位にしておいて、アララットに関する伝説と登山の歴史とを簡単に紹介しよう。

アララットの伝説は、ノアの方舟に関するもの以外に何もない。然るに、幸か不幸か、私は基督教信者では無く、殊に聖書の歴史に関しては全然無知であるから、変てこな本を拾い読みしては間違ったことを書く恐れがある。むしろ別所梅之助先生の「運命以外の一路」の一節を拝借した方がよいらしい。別所先生はこの著述中「背景としての山」なるチャプタアに於て、次のように言われている——

スメリアの文明は、ユーフラテス、チグリス両河の流域に起れるもの乍《なが》ら、神々の怒りに洪水来りて、全地の人溺れ死せるをり、「人種の保存せる者」といふ英雄の、一家と共に難を船に避けて、遂に山に住んだといふ伝へがある。このつたへがバビロニヤのギルガメシの詩の中に収められて「生を見いでたる者」といふ英雄が、人皆の大水に土と化せるをり、御座船やうの大船をニシルといふ山につないで、生を得たとなり、それが更に旧約書中に入つては、方舟をアララットの山によせたノアの物語となつてをる。

如何にもそうであろう。大洪水がどんなに大規模であろうと、一万七千尺の山をかくす程の水が出たとは思われぬ。だが、それにしても、黒海とカスピアン・シイとのほぼ中間に、アラクセスの平原を北に、メソポタミヤの平原を南にしてよこたわるこの一大プラトー中、最も高く、最も荘厳な山を仰ぐ人々が、ここから我等人類の祖先が下って来たと思ったのは、無理のない話である。伝説はアララットの附近に、大洪水に関係のある多くの場所を持ち来した。エデンの園はアラクセスの谷に、ノアの妻の墳墓はマーランドに、という風にされている。またアーフユリにはノアが最初に植えた葡萄《ぶどう》の木なるものがあった。これは一八四〇年に地震があり、山の上から落ちて来た岩と氷と雪とが、アーフユリの村も、そこにあったセント・ジェームスの僧院も、また葡萄畑も押しつぶして了うまでは、見ることが出来たという。創世記の第九章には「爰《ここ》にノア農夫となりて葡萄園《ばたけ》を植《つく》ることを始めしが、葡萄酒を飲て酔ひ天幕の中にありて裸になれり」ということが記してある。素裸になって眠って了い、忰のハムに醜体を見られるのである。やがて「ノア酒さめて其若き子の己に為したる事を知れり。是に於て彼言ひけるはカナン詛《のろ》はれよ、彼は僕《しもべ》等の僕となりて其兄弟に事《つか》へん」と言っている。ハムはカナンの父であるが、ハムの父ノアは、自分が酔っぱらって醜体を演じながら、「カナン詛はれよ」もないもんだと言うような気がする。

それはどうでもいいとして、とにかくアララットはこんな山であるから、アルメニアの僧侶達は長い間、この山の「秘密の頂」には神聖な遺物があり、人間は登ってはならぬものと、信じていた。山の上に何か神聖な、恐るべき物があって、登ってはならぬという迷信は、大分方々にあったらしい。マッタアホーンの如きもそうである。麓の住人たちは、マッタアホーンの頂上には荒廃した都会があり、悪魔が住んでいるものと思っていた。地質構造上、この山は時々大きな岩片を落すが、それは悪魔の仕業だと信じていた。

最初にアララットの頂を極めたのはパロット教授の率いた一隊である。彼は一七九二年に生れて一八四〇年に死んだドイツ人で、当時ロシヤの政府に雇われていた。このパロットが一八二九年の九月二十七日「永遠の氷が形づくる円屋根《ドーム》」に立ったのである。第一夜を山腹の僧院で送って、翌朝、山の東面を登り、一万二千尺の地点まで行った時、険しい氷の斜面に出喰わして引返した。それで今度は北西の方からとっついて見た。第一日に雪線まで達し、翌朝は一同、昼までには山嶺に達するつもりで、大元気で出かけたが、又しても急な傾斜面にぶつかって、立往生して了った。この時は一万四千四百十呎の点まで達したと言われる。

パロットは第三回の登山を計画した。今度は人員も増し、道具類も前より多く準備した。それ迄の経験によって、氷雪の斜面は斧でステップを切って登り、それに天気もよかったので、絶頂を極めることが出来た。この時パロットが観察したところによって、アララットは火山であったこと、恐らくアジア大陸で一番古い山であること、ノアの遺物は何も無いこと等が判った。

これが一八二九年の話で、引き続き一八三四、四三、四五、五〇、五六、六八、七六、という年に登山が行われた。場所がらロシヤ人が一番多く登っているが、中にも一八五〇年にコーディケ、カニコヴ、モリッツ等が、ロシヤにつかえるコザックの一隊を引率して登山したことと、一八七六年に有名なジェームス・ブライスが、たった一人でブラブラ登山したことは、色々な点で人の注意を引いている。前者は非常な困難をしながらも——あと九百歩で絶頂という所で三日二晩を天幕で送ったりした――ついに大きな十字架と重い測量機械等を山嶺まで運び上げた。コーディケは彼の報告書の最後に「アララット登山がこれほど困難であることから考えると、どうもノアの方舟がこの山の絶頂に流れついたという説は本当らしくない。何故かというに、かかる急な、険しい雪の斜面を下るということは獣類の多数にとっては致命的であったに違いないからである」と書いている。御承知の通り、ノアは彼の妻、子、子の妻と共に方舟に入ったばかりでなく、鳥獣昆虫その他すべての「生物、総て肉なる者を」一番《つがい》ずつ連れ込んだ。そしていよいよ洪水がひくと、これらのすべてを率いて方舟から出、そして山を下ったことになっている。

これらの登山家が遭遇した困難に対して、ブライス卿――有名な歴史家、外交官なるジェームス・ブライスに関しては何も書く必要があるまい――のアララット登山は、あっけ無い程、呑気なものである。先ず武装したロシヤ兵士六人、案内者二人、通弁一人と、都合九人を引きつれて麓を歩いて行くと、恐ろしく暑い。そこで洋傘をさした。一万七千呎の山に登ろうという人が、洋傘をさすというのだから面白い。その日は八千八百呎ばかりのところで野営。翌日は何でも早く出発するに限るというので、夜中に起きて一時には登り始めた。傾斜はかなり急だったが別に大したこともなく、間もなく一万三千呎の点まで来た時、困ったことが起った。それは兵隊や案内や通弁共が、それぞれ異なる人種に属するのでお互に意思の疎通を欠き、仲間喧嘩を始めたのである。

この地方における人種、従って言語が複雑していることについては、ハロルド・レーバン氏も「マウンテンクラフト」——一九二〇年出版——に書いている。バベルの塔はこの附近にあったそうだが、今でもバクの市ではすくなくとも百種の異なる言語と方言とが使用されていると。

ブライス卿は、手のつけようが無いから、黙って仲間喧嘩を見ていたが、その中にどうやら話がまとまったらしいと思うと、もうこれよりは一足も上に登らないということである。そこで彼は「そんなら俺一人で行く」とばかり、アイスアックスを提げてスタスタ登り出した。外套も持たねば毛布もかつがず、あたり前のトゥイードの服を着た丈であったという。この調子で、寒くなれば上衣にボタンをかけ、霧の中を磁石を頼りに登って行くと、やがて岩の斜面に出た。恐ろしく寒い上に、霧がひどくて見当がつかぬ。迷いでもしたらそれっ切りだから、とにかくこれから一時間登って見て、どこ迄行くか判らぬがどこからでも引き返そうと思っていると、突然岩が無くなって平坦な雪田に出た。そこで、帰途に迷わぬよう、アイスアックスを引きずって、雪に跡をつけながら進んで行く内に、どうやら下り加減になった。こいつは変だな、と思っていると、この時パッと霧が晴れた。見るとアララット山の絶頂に立っていたという。

ブライス卿はこの旅行に関して Transcaucasia and Ararat なる著述をしている。雪線近く大きな丸太を見つけ、これこそノアの方舟の破片だろうと笑ったことなど、有名な話である。

最後にこの山、普通にアララットと呼ばれるがこれはもちろん聖書から来た名で、アルメニア、トルコ、ペルシャにそれぞれ異なる名を持っている。中にもトルコの Fgri Dagh は「苦しみ多き山」を意味し、ペルシャの Koh-i-Nuh は「ノアの山」を意味するという。「ノアの山」！　いつか一度は登って見たい山である。

（一）前に書いたコリンスは一万七千二百六十呎という数字を出しているが大英百科辞典によると一万七千呎。エンサイクロペディア・アメリカナも同様一万七千呎。ニュー・インターナショナル・エンサイクロペディアは「一万六千九百十二呎。但し別の測量によれば一万七千二百十二呎と書いている。更にマイエルのレキシコンによれば、大アララットが五一六五米で、小アララットが四〇三〇米。ラルースだと大が五二一一米で小が三九六〇米となっている。

（『山へ入る日』一九二九年・中央公論社／『可愛い山』一九五四年・中央公論社）

アルプスの思い出

ON HIGH HILLS : Geoffrey W. Young

　これはサブタイトルの「アルプスの思い出」でもわかる通り、著者ヤング氏の思い出の記である。高い丘というと低い山々のことみたいだが、出て来るのはモン・ブランといいワイスホーンといい、いずれもアルプス第一流の高山である。それをわざわざ「高い丘」といったのは著者の謙遜であろうか。それとも静かな炉辺でパイプをくわえながら思い出にふける時には、一万五千フィートを越える山々も高い丘のように思われるであろうか。如何に困難な嶮峻な山でも、一度その気まぐれな情緒を呑み込んでしまうと、高い丘として思い出に浮ぶものである。恐らくヤング氏――英国が生んだ偉大なる登山家の一人、また文筆の才にかけては比類すくない人――は、謙譲の念からばかりでなく、この親しみやすい表題を選んだものであろう。

この本は、単なる記録の連続ではない。自然の最も崇高なる産物「山」に登り、或はそのふところに抱かれる「人」が、山の容貌なり情調なりの変化に如何に反応《リアクト》するかを書いた本である。ヤング氏は「自分はこれを書く時、山及び山に登る理由に興味を持つ人々を念頭に置いた」といっているが、「我々が山に登る理由」を知りたい人にとっては登山路の説明や岩登りのテクニックは、それが如何に詳細を極めていようとて何にもならぬ。この点で我々はこの本が限られた登山家だけに読まれず、ひろく一般に、いわゆる「よき本」として愛読せらるべきだと信ずる。

「登山の一日を通じて経験の線はただ一本だが、それは我々が行いつつあること、我々が見つつあるもの、我々が感じつつあるもの、この三つのストランド（線）が撚り合って出来たものである。」序文に、このようなことが書いてある。この三つを同時に書き現すことは出来ないが、然しいずれも欠いてはならぬ。これでこの著に対するヤング氏の態度は不充分ながら了解出来ようと思う。「三つのストランドが撚り合って」……を読む人は、英国人が世界に誇る岩登り用のロープが、事実三本のストランドをより合わせてつくったものであることを思い出し、心地よく微笑する。

本文三百六十余頁、巻頭の「丘と男の子」から巻末の「最後のアルプス登山」に至るまでの十六の異なった章を含む。挿絵は二十四枚、口絵は「暁」と呼び、アルプスの雲海の写真、最後のは「日暮の雲」と呼び、暮れかかるマッターホーンのピークに吹きつける雲の写真、その他いずれも山を知る者にはなつかしい思い出の急激な苦痛を、山を知らぬ者には憧憬の念を起させるほど美しいものである。

この本で特に私が好きなのは、ヤング氏が描き出した山の案内者達の身体と心との肖像である。例えば「ヒョロヒョロして思いがけぬ所に妙な角度が見える身体つき」をしていながら「ひとたび岩に触れ氷を踏む」となると、「こんな調子の悪さがすべてなだらかな力のカーヴに変る」オーバーランドの山案内クレメンツ・ルッペン。それからヨセフ・クヌーベル——誰でもかれを好きにならざるを得ない——その他の簡単な、しかも要所をつかんだ写生。「我々が山に登る理由」の一つに、かかる案内者兼好伴侶があることを誰が否定しよう。

「我等に先立ちたる、我等と共にある、我等の後に来るべき、すべての登山者に」この本はデディケートしてある。が、その最後の条件にある登山家に向っても、ヤング氏は「我々がこうしたようにせよ」とも「我々がこうしたことをするな」ともいっていない。かれはただ Go ahead and do something というのである。それだけで充分である。

（『山へ入る日』一九二九年・中央公論社／『可愛い山』一九五四年・中央公論社）

アル中種々相

総論

このアル中は、アルコール中毒ではなくて、アルプス中毒である。アルプス中毒とは何かというに、それは登山者が登山中、又は時として都会生活（日常生活の意味）中に示す、一種のマニアックなシンプトンによって、それと知られる一種のマニアで、所謂《いわゆる》山岳病が肉体的で異常であるのに対し、これは精神的の異常である。従って精神的山岳病と呼んでもいい訳だが、アル中の方が人が間違いそうで面白いから、わざとこうしておいた。

以下、各項にわけて、アル中の各シンプトンを詳説するに当り、一言申し述べたいことがある。登山者の性癖を、あるいはメタルオンチとか、道具オンチとかに分類し、もってキャンプ・ファイヤの談笑の材料とすることは、決して新しいことではなく、すでに、すくなくとも、僕等の間にあっては、数年前から行われている。

僕は然し、それをここに蒸しかえそうとはしない。事実、その後の数年間における登山界の進歩は目ざましいもので、登山者の数が増すと共に以前は精々「オンチ」で済んでいたのが、今ではマニアになった患者が多い。だから、昔ながらのシンプトン以外に、新しいものが大分多くなって来た。

最後に、筆者としての僕の立場について、多少の説明をする。ある本屋さんの新聞広告によると、僕は「最もスマートな山男」だそうだが、そんなことはなく、僕は「最も懶惰《らんだ》なる山男」で、即ち山は登るよりも、その中腹の草原にねころがって、煙草を吸った方が遥かにいいと思い、且つそれを実行している。そんなことなら、山へ行かなくてもよさそうなものだが、僕自身がかなりアル中患者なので、どうもやはり、山へ行かぬと気が済まぬ。このような僕だから、かなりの同情と理解を以て、アルプス中毒のことを書き得ることと思っている。

アル中種々相

1　徒渉マニア

学名を Hydromania といい、恐水病の反対の親水病である。山中渓流にあえばジャブジャブと徒渉しなくては気が済まぬ。丸木橋なんぞ渡らず、石から岩へ飛んで落ちたりする。時に命を失うことあり。監視を要す。

2　道具マニア

学名をEquipomaniaといい、運動具店のカタログに出ている品全部、及びそれ以上を山に持ち込む患者である。金満家の子供が最もこの素質を持っている。生命には危険は無いが、人夫賃がかかる。

3　抱付マニア

性欲的に抱き付くのではないから、警察の御厄介になることは稀であるが、都会でこれを行う――例えば東京駅の東ジャンダルムに抱きついたり、自宅の石垣を深夜登攀したりする――とひっつかまる。

この患者は、自然的なると人工的なるとを問わず、岩さえ見れば抱きついて了うのである。学名をIVmaniaという。IVは即ちIvyで、蔦が岩にからむことは、先刻御承知の通りである。生命に危険甚し。

4　ケーザリズム

これは学名で通用する。ユリウス・ケーザルが、かつて、Veni, vidi, vici. と叫んだことから来ているので、高いものさえ見れば、敢然その頂角を征服せねば気が済まぬのである。主として山だが、立木でも、煙出しでも、屋根でも、土手でも、ゴミためでも、何でもかまわぬ。山麓或は都会では、ヴィーナス山脈を征服したりする。

5　国粋マニア

学名 Ducmania は、恐らくムッソリニから来ているのだろう。新しい名である。この患者は日常生活では洋服を着、靴をはいているが、いざ山へ入るとなると、草鞋《わらじ》、脚絆《きゃはん》、股引《ももひき》、ドンブリ、半纏《はんてん》、向う鉢巻で、ルックサックの代りに山伏が使用するような物を背負い、山頂快晴ならば日の丸の鉄扇を振って快を叫び、霧がまいて来ると梅干をしゃぶり、いよいよ路に迷うと鰹節を囓《かじ》り糒《ほしいい》を噛む。

6　外国マニア

学名はない。5と反対に何から何まで外国製品を使用し、霧がまいて来ると酸っぱいドロップをしゃぶり、路に迷うとサラミを囓り、ドッグ・ビスケットを噛み、キャンプでは、味噌汁のかわりにビーフ茶を飲み、キャベツにマギ・ソースをぶっかけて食う。5と6が同じ場所で野営すると面白い。

7　リーダーマニア

リーダーの責任の重大と、隊員が絶対服従を守らねばならぬこととを痛感する余り、途中で隊員が無断小便しても怒りつける患者。

8　迅速マニア

俗称スピードマニア。七月一日午前六時松本着。六時三分松本発信鉄《しんてつ》にて七時三分大町着。途中汽車弁を食い、大町から自動車で大出着。七時三十分。直ちに歩き出して午後零時五十分大沢小舎通過。午後五時十九分針ノ木峠の頂上から二丁下まで行って、へ、た、ば、っ、て、了い、上から下りて来た越中の人夫に荷物ぐるみ背負って貰って午後七時大沢小舎着。ヘドを吐き青くなる。

9　落着マニア

学名を Nombilism といい、シンプトンとしては非常に屢々《しばしば》立ちどまり、景色に感心し、煙草を吸い、写真をうつし、靴と靴下を脱いで素足に風をあて、小便をし、だべる。同行者あまりに早く歩けば、「近頃耳に入れた」猥談を好餌として引きとめ、人が一日で行くところに三日費し、これでなくては山の面白味はわからぬと放言する。

10　地図マニア

Mappanism　――断然五万分一の地図を信用し、地図に万一間違いがあると、深い谷にまぎれ込んで了う。単独マニア患者に多い。

11　単独マニア

真に山を理解するには単独登山に限るというマニアックで、どこへでも一人で出かける。従って荷物多くなり、時にペシャンコになることあり。

12　メダルマニア

この患者は近来激減した。やたらに何々山岳会に入り、そのメダルを帽子や襟につけて歩く病人で、ドイツ・タイプである。

13　セオリスト

学名を theoromania と呼び、中年者に多い病気である。とにかく、とても理論にくわしく、岩登りをやったことが無いのに、マウエルハーケンと木製楔《くさび》との関係を知っていたり、氷河を歩いたことも無いのに、クレヴァスに墜ちた時の処分法を論じたり、進んではシェンクのピッケルの力学的優秀点を知っていたりする。

少々うるさいが勝手にしゃべらせておけば他人に害は加えない。

14　謙遜マニア

セオリストの反対で、何でも知っているのに、何も言わず、ニヤニヤしている患者。薄気味悪し。

15　縦走マニア

学名 Onoemania ——初めから二番目の o には、ウムラウトが着くのが本当だが、そんな活字はあるまいと思って e をつけておいた。この患者は、とにかく尾根ばかり縦走して歩くのであって、毎年、白馬——唐松——五竜——鹿島槍——針ノ木——蓮華——烏帽子——野口五郎——三俣蓮華——黒部五郎——上ノ岳——薬師——鷲岳——雄山——大汝——別山——剣……といったような計画を立てるが、費用や時間の関係でうまく行かない。はじめから、費用も時間も不足であることを知りながら、計画を立てるところが、即ちマニアである所以で、これを実行している人は、普通の、立派な山岳家である。

16　本マニア

Bibliomania はアル中に限った訳でもないが、要するに山の本をウンと集め、洋の東西と時の古今を問わぬ。これは奨励すべきマニアである。

17　感激マニア

何にでも感激して了うのである。山に感激し、雷に感激、雷鳥に感激し……そこ迄はいいが、山の案内者がみな英雄で、山であった女がみな美人で、山小舎の主人がみな聖人みたいに見えるに至っては、立派なマニアックである。

18　非感激マニア

これはまた、何にも感激しない。至って詰らなそうに見える。而も毎年山へ入るところから考えると、まんざらでもないらしい。

結　論

鬼も十八、番茶も出花という十八に達したから、ここ等でやめにしよう。まだこの他にいろいろあるが、あまり微に入り細を穿つと、自分の悪口を自分で書いているような、所謂自ら墓穴を掘ることになる。御退屈さまでした。僕も、メランコリックになって了いました。病人のことばかり書いていたので……。

（『山・都会・スキー』一九三一年・四六書院／『可愛い山』一九五四年・中央公論社）

山へ

一

私は丸善へ行くと、たいていの場合、先ず第一に伝記のところを見、次にエッセイの部を眺め、新刊書の棚の両側に目を走らせ、それが済むとお隣のスポーツの部を瞥見する。先日、といっても二月前だが、この順序で最後のスポーツへ到達したら、時しも頃は若人の心が高きに向う晩春なので、山の本が沢山来ていた。私はその中の一冊、To the Mountains つまり「山へ」というのに特に目をつけ、取り上げて頁をパラパラ拾い読みすると、マルセーユのライセンスド・クオータアのことや、貨物船のことばかりが目についた。妙な本だと思って買って帰ったが、事実これは妙な本で、而も面白い本である。

二

特にこの表題に注意を引かれたのには、大きな原因がある。去年私は主として山に関する雑文を集め、「山へ入る日」という題をつけた小さい本にした。この表題に相似ている。私のこの本の名については、あるスマートな現代的青年が、「これは足下が山へ入るその日のことを意味するや、又は西へ沈む太陽を意味するや」と質問した。それは本を読めば判ることだから買って読み給え……と、私は答えたが、青年は単に会話を社交のために使用したものと見え、その後、本は買っていないらしい。

閑話休題、「山へ」の著者はアンソニー・バートラム、小説家で芸術批評家、「ソード・フォールス」「ペーター・パウル・ルーベンス伝」等の著述あり……と書いて来ると、如何にも調べ上げたようだが、これは同書のジャケットに書いてあることで、これだから本の上被い紙はやたらに棄てるわけに行かぬ。事実世間でいわゆる「物知り」なるものは、雑誌の広告や、新聞の切抜きや、あるいは往来でくばるビラみたいな物を沢山集め、他人が忘れたか、又は全然看過している種類のインフォーメーションを、豊富に持ち合している人間であるらしい。

三

「山へ」の山はツーグスピッツェである。著者はジェレミーと呼ぶ友人と一緒にこの山に登るのであるが、途中いたる所で何かにひっかかっては、以前の経験を思い出し、横路へ入り込んで了《しま》う。トリストラム・シャンデー、ちょっとあんな調子だが、もちろんあんなに七面倒ではない。以前の経験というのが、いずれも旅のそれで、しかもカフェーやビヤ・ガルデンの話が多い。山の本としてはこれ丈でもいい加減変っていて、いわゆる「厳格な、教義と実行とを持つ」登山者並に山岳文学者は、寛大な微苦笑を以て、「他愛ない」という前に、先ず憤慨しそうであるが、読物としては確かに面白く、殊に著者が旅行しながらこの本を書いていることが意識的に明瞭に出してある点、甚《はなは》だ愉快である。

四

文壇の現状では、あんな物は許されまいが、昔ある文士が十何枚かの原稿を依頼され、机に向いはしたものの何も書くことが無い。締切は迫っているし、これを書かねば米櫃は空のままでいなくてはならぬ。何とかしなくてはならぬと困っていると、遠くで工場の汽笛が鳴ったり、天井で鼠が騒いだり、そんなことを、べんべんだらだら書いて雑誌に発表したのを読んだ覚えがある。あれ、或いは写生文とでもいう性質のものだったかも知れぬが、今度の「山へ」にも、追々と本が出来て行く過程が書きしるしてある。

五

二百七十頁ばかりの本で、その百五十六頁に来て、初めて「山へ」という題がきまる。場所は目的の山、ツーグスピッツェを一目に見るパルテンキルヘン。内容的にいえば、第五章「葡萄酒と食物とについて」の第十三節。著者は原稿を書いている内に、かつてロンドンのコヴェント・ガーデンで食った朝飯のことを読者に知らせたくなる。ジェレミーの言葉で第十二節は終っている——

「そうかい、そんなら君のその下らぬ話を、何でも構わないから読者に話して了えよ。それが済んだら寝ることにしよう。」

第十三節　コヴェント・ガーデンの朝飯

「考えて見ると話すだけの価値は無さそうだが、要するに、ある時コヴェント・

ガーデンで朝飯を食っていたらね、僕の真向いに、まるで無言劇の野蛮人が使用する藁の腰巻みたいな、だらりと下った髭を生やした男がいてね、茶托からコーヒーを飲んでいるんだ。見ると髭が何本か、心配のある触手みたいにコーヒーの表面を漂っている。と突然この男が――おめえの飲んでるなあ、そりゃ茶じゃねえかい？といった。僕はその通りだと白状した。すると――コーヒーの方がどんなにいいか判らねえ。飲んでみな……っていって、茶托を僕の唇にさし出した。かなたの岸には依然髭が漂流している。だが君、僕あそのコーヒー飲んだよ。飲まないわけに行かないじゃないか。いや、まったく、恐ろしいことだった。」

「で、話というのはそれだけかい？」

「ああ、これだけだよ」

「そうかい」と彼は立ち上りながらいった。「僕あ寝るよ、あした僕等は山へ行くんだからね。」

「そうだ、それが……」と私は勝ち誇っていった。「僕のタイトルになるんだ。」

「何がさ？」

「山へ。」

六

この本は著者とジェレミーとがツーグスピッツェの登山を終えて、ホッホ・アルム・ヒュッテという山小舎へ帰って来たところから始まり、前に書いたような経過で、再びこの山小舎へ下りて来たところで終っている。小舎には「小父さん」と呼ばれる太った老人や、学校の先生や、若い娘や、案内者のイシドルやがいて、二人の英国人を愛想よく迎え入れ、盛に麦酒をのんではドイツ式の歌を唄っていると、案内者が一人入って来て、何か話す。すると——

奇妙な沈黙が起った。不安な気分である。微笑は消え去り、真面目な調子の会話が行われた。そこで小父さんが我々のところへやって来た。彼さえも真面目な顔つきをしていたが、これは何故か悲哀的なものだった。

「登山家が四人ツーグスピッツェで行方不明になったのです」と彼はいった。「案内者は捜索に行かねばなりません。昨日の晩方以来行方不明なのです。」

「どこで?」私は真顔で訊ねた。

「ヘレンタールへの路でです。氷河の上で路に迷ったに違いないということです。霧が起って来ましたからな。」

「そうですね。知っています」と私はいった。
ジェレミーと私とは顔を見合せた。

七

二人が危険な氷河を外れると殆ど同時に、霧がまいて来たのだった。だから二人は思わず顔を見合せたのである。ツーグスピッツェは頂上に大きなホテルがあり、またケーブルカー（もっともこれはエリアル・ケーブル）で容易に頂上に達することが出来るが、而も危険な山で、毎年相当な人数が遭難する。

八

山の麓のパルテンキルヘン——
「バヴァリアとビヤ」と私は考えながらいった。「これ以上美しい言葉の組合せを見つけることは困難だろう。バヴァリア——山岳——刺繍したシャツ——波をうつ羽根——太った、陽気な娘たち——ゲミュートリッヒカイト——。ビヤ——ああそうだよ。」

私はグーッと麦酒を飲んで、絶対的幸福を感じた。人間が絶対的幸福を感じることは極めて稀だと思う。人間は時々幸福を感じなければならぬのだと考え、そしてどうやらこうやら幸福だということにして了うが、全人間が否抵抗的に完全に、素晴らしく光り輝く幸福に照り映えるように思われることが、如何に稀であるか。私は山から離れていては、殆どこんな経験は持たぬ。山以外では、これほど豊富な感情がコンセントレートすることは出来ない。山では完全な肉体的健全、つまり我々の骨と血と肉との力と驚異の意識があり、我々を昂然たらしめる所の継続的努力があり、激流やそそり立つ峰々が構成する荘厳との親交があり、足がかりの正確な形や構造、我々がすがりつく草の一群の正確な性質、岩と氷とガレとの正確な触感……それらを鋭敏に理解する点に、自然との親交があり、また誇るべき孤独（中略）山巓と、暑い太陽と、冷たい風との狂喜、空気の天蓋を支持する冷静な峰々の驚異がある。

だが、こんなことをいっていても役に立たぬ……

ある男が、あるドイツの娘について苦情をいった事がある。山巓に着くと彼女は、「ああこれは美しい、これは驚くべき景色だ。私はソーセージを喰わねばならぬ」

と叫んだというのだ。

だが、如何にも彼女は正しい。立ち上って ツベコベやるのは、索条鉄道で登って来た者達だけだ。本当に登攀し、本当に勝った者は、まったく腰を下してソーセージを食う……

九

山に近くいて感じる本当の幸福。バヴァリアとビヤ。数年前の私自身を思い出す。五月、私はたった一人でパルテンキルヘンを訪れた。朝十時頃着いて宿屋に荷を下すなり、窓の真向いに聳えるツーグスピッツェからドライ・トア・スピッツェ迄の山容に、私は狂喜して写真をやたらにうつした。午後は足ならしに、重い靴をはいて四里の路を歩いた。晩には色の濃い、味の濃い麦酒を何本かあけた。このベルリン出来の靴のおかげで右足の腱を痛め、ツーグスピッツェにはとうとう登れなかったが、それは後の話で、要するに最初の一夜を熟睡したその翌朝である、私は山腹の牧場へ行く羊のベルで目を覚ました。

何百か何千か分らぬ程の鈴の音がする。カラン、カランと朗らかなテナアに交って、チリン、チリンと甲高い、然し澄んだソプラノが聞える。時々犬が狂喜したように吠えて、性急にカラカラチリチリと乱れる他、ある一定のリズムを持って際限なく聞えて来る。しばらくは夢心地であったが、やがて明け放した窓から冷たい朝風に送られて、桜の花の香が忍び込んでいるのに気がつく。そこで目を開くと、身体を起す迄もない、ツーグスピッツェが聳え立つ。私は生きていることを感謝した。

当時の旅行記に、私はこう書いた。否抵抗的な、完全な、素晴らしい幸福でなくて、これが何だろう。

（「山と溪谷」一九三〇年七月号／『山・都会・スキー』一九三一年・四六書院／『可愛い山』一九五四年・中央公論社）

針の木のいけにえ

松本から信濃鉄道に乗って北へ向うこと一時間六分、西に鹿島槍の連峰、東には東山の山々を持つ大町は安曇《あづみ》高原の中心として昔から静に、ちんまりと栄えて来た町である。もちろん信州でも北方に位するので、雪は落葉松の葉がまだ黄金色に燃えている頃からチラチラと降り始めるが、昨年（昭和二年）は概していうと雪の来ることが晩かった。が、来るべきものは来ずにはおかぬ。十二月二十三日の晩から本式に降り出して翌日も終日雪。その翌日、即ち二十五日の朝、信濃鉄道の電車は十一人の元気な若者達を「信濃大町」の駅へ吐き出した。いずれもキリッとしたスキーの服装に、丈夫なスキーを携え、カンジキを打った氷斧《アイスアックス》を持って、大きな荷物はトポガンにのせ、雪を冒して旅館対山館に向った。彼等の談笑の声は炬燵《こたつ》にかじりついていた町の人々の耳を打った。ああ、早稲田の学生さんたちが来ただ！町の人々はこういって、うれしく思うのであった。ここ三年間、毎年冬になると雪が降る、雪が降ると早稲田の学生さん達が大沢の小屋へスキーの練習に入る。で、今年が四度目。雪に閉じ込められて、暗い、淋しい幾月かを送る町の人々にとっては、この青年達が来ることが一種の興奮剤となり、かつ刺激となるのである。

対山館のあがりかまちに積まれた荷物の質と量とは、山に馴れた大町の人々をも驚かす程であった。食糧、防寒具、薬品、修繕具その他……すべて過去における大沢小屋籠もりと針の木附近の山岳のスキー登山とから来た尊い経験が、ともすれば危険を軽視しようとする年頃の彼等をして、あらゆる点に綿密な注意を払わしめた。人間は自己の体力と智力とのみをたよりに、兇暴なる自然のエレメントと対抗しようとする時、その準備についてのみでも、ある種の感激を持たずにはいられない。この感激が人を崇高にし、清白にする。この朝大町に着いた若い十一人は、かくの如き感激を胸に秘めた幸福な人々であったのである。

対山館の宿帳には左《さ》の如く記された。

近藤　正　二十四

渡邊公平　二十一
河津静重　二十一
山田二郎　二十三
江口新造　二十二
富田英男　二十三
家村貞治　二十三
上原武夫　二十
有田祥太郎　二十一
関　七郎　二十三
山本勘二　二十二

この宿帳に早大山岳部員の名前が十一人そろったのはこれが最後である。年がかわって、宿帳に書き込まれた名も激増したが、そのどのページを繰っても、家村、上原、関、山本四氏の名は見あたらない！

荷物を置いて身軽になった一行は、八日丁《ようかちょう》の通りを東へ、東山の中腹にある大町公園へスキーの練習に出かけた。狭いけれども雪の質は申分ない。一同は心ゆくまですべるのであった。テレマーク、クリスチャニヤ、ジャンプ・ストップ……近藤リーダアは時おり注意を与え。もっと右に体重をかけて！　腰はこういう風に曲げるんだよ！　長い二本のスキーが、まるで身体の一部分みたいにいうことを聞いて、公園の処女雪には何百本の見事なスプールが残された。

大町の盆地をへだてた向うには籠川入りが吹雪の中で大きな口を黒くあけて待っていた。川に添って岩茸岩まで二里半、畠山の小屋まで三里、大沢の小屋まで五里、そこから夏でも三四時間はかかる針の木峠にさしかかって頂上を極めると、右には針の木岳、左には蓮華岳……スキー登山の素晴らしいレコードをつくった去年のことを考えて、心の踊るのを禁じ得なかった人もあろう。

その晩には信鉄沿線の有明村から案内者大和由松《おおわよしまつ》が来て一行に加わった。大和はスキーが出来るので、大沢の小屋で一同の用事をすることになっていたのである。

二十六日の朝九時頃、ガッチリと荷物を背負った一行は、例のトポガンをひっ張って、大町を立った。大和を入れた十二名に大町の案内人黒岩直吉のほか三名が加わり(この四人は畠山の小屋まで荷物を持って送って行ったのである)バラバラと降る雪の中を一列になってあるいて行った。見送る町の人々は彼等が一月の十日頃まっ黒になって帰って来る姿を想像しながらも、年越の仕度に心は落ちつかなかった。

十一人を送り出した大町は、またもとの静けさに帰った。霏々《ひひ》として降る雪の下で、人々は忙しく立ち働いた。二十七、二十八、二十九、三十日の夜は殊に忙しく、対山館の人々が床についたのは三十一日の二時を過ぎていた。家内では鼠も鳴かず、屋根では雪もすべらぬ四時過ぎ、雪まみれになった二つのフィギュアが対山館の前まで辿り着いたのを知っている人は誰もなかった。

二人は叫んだ、二人は戸を叩いた。「百瀬さん、百瀬さん、起きて下さい」――何度叫んだことであろう、何度叩いたことであろう。夜あけ前の、氷点下何度という風は、雪にまみれた二人を更に白くした。「百瀬さん、百瀬さん!」

布団の中で百瀬慎太郎氏は目を醒ました。深いねむりに落ちていたのであるが、声を聞くと同時に何事かハッと胸を打つものがあったという。とび起きて大戸のくぐりを引あけると、まろび込んだのが大和由松、「どうした?」という間もなく近藤氏が入って来た。

「どうした?」「やられた!」

遭難当時の状況は早大山岳部が詳細にわたって発表した。要するに大沢小屋に滞在して蓮華、針の木、スバリ等の山々に登る予定であったが、雪が降り続くので登山の見込みがつかず、僅に小屋の外で練習をするにとどまった。然るに三十日は、雪こそ多少降っていたが大した荒れではないので、すこし遠くへ出かけようと思って針の木の本谷を電光形に登って行った。そして十一時頃赤石沢の落ち口の下で(通称「ノド」という狭いところ、小屋から十町ばかり上)第五回目かのキック・ターンをしようとしている時(渡邊氏はすでにターンをおわり右に向っていた)リーダアの近藤氏が風のような音を聞いた。雪崩だな! と直感して、「来たぞ!」

と叫ぶ間もなく、もう身体は雪につつまれていた。
近藤氏の「来たぞ!」を聞いて最も敏感に雪崩を感じたのは恐らく山田氏であろう。反射運動的にしゃがんでスキーの締具を外そうとしたが、もうその時は雪に包まれ、コロコロところがって落ちてたという。

何秒か何分かの時がたって、スバリ岳方面から二十町ばかりを落ちて来たらしい雪崩は、落ちつく処で落ちついた。十一人全部埋ったのであるが、河津、有田両氏は自分で出られる程の深さであったので直《ただち》に起き上り、手や帽子の出ているのを目あてに、夢中で雪を掘って友人を救い出した。近藤氏は片手が雪面上に出ていたから自分で顔だけ出した所へ二人が来たので、俺はかまわないから他の人を早く掘れといった。そこで山田氏を掘出す。近藤氏は山田氏に早く大和を呼んで来いといった。山田氏は凍傷を恐れ、ゲートルを両手に巻つけて、雪の上を這って小屋まで行った。

(雪崩れたばかりの雪の上は、とうていあるけるものでない。四つばいにならざるを得ない。自然両手は凍傷を起こす。山田氏がこの際それに気がついて、ゲートルを外して手に巻いたとは、何という沈着であろう。また、顔は出ているとはいえ、刻一刻としめつけ、凍りついて行く雪に身体の大部分を埋められながら「他の人から さきに掘れ」といった近藤氏のリーダアとしての責任感は、何と荘厳なものであろう。私はこの話を聞いて涙を流した。）

小屋では大和がゴンゾ（藁靴）をはいて薪を割っていたが、山田氏の話を聞いて非常に吃驚《びっくり》し、ゴンゾのままで飛び出しかけて気がつき、直にスキーにはきかえ、スコップを持って現場にかけつけた。そこでは山田氏を除く六人が狂人のように友人をさがしていたが、何にせ最初に出た河津氏と、最後にスキーの両杖の革紐によって発掘された江口氏（人事不省になっていた）との間は三町余もあり、雪崩の幅も四十間というのでとうてい見当がつかない。一同は二時半頃一先ず現場を引上げて小屋に帰った。

（この日午後、更に赤石沢から雪崩が来て、スバリの方から落ちて来た奴の上にかさなったという。これに加うるに雪は降り続く。死体捜査の困難さも察し得よう。）

とにかく一刻も早く急を大町に報ぜねばならぬ。そこで近藤氏と大和とは残っていたスキーをはいて三時半頃小屋を出た。夜半には大町に着く予定であったが、思いの外に雪が深く、斜面に来てもスキーをはいたまま膝の上までズブズブと埋ってしまうという始末。二人は無言のままラッセルしあいながら、おぼろな雪あかりをたよりに午前三時半頃野口着、駐在所に届けて大町へ、警察署に立ちよってから、対山館へ着いたのが四時過ぎであった。

時刻が時刻だから、火の気というものは更にない。百瀬氏はとりあえず二人を食堂に招き入れて、ドンドンとストーブに石炭を投げ込んだ。話を聞くと小屋に残して来た生存者六名中、江口氏は凍傷がひどいので心配だが他の人々は大丈夫だ。埋った四人はとても助かるまい。が、掘り出すのは容易だろう。とにかく人夫を二十人至急に送ろうということになった。

大町は電気に打たれたように驚いた。八千五百に余る老幼男女がひたすらに雪に埋《うずま》った四名を救い出すことのみを思いつめた。こうなれば暮もない。正月もない。人は黎明の雪を踏んで右に左に飛び交った。警察署長は野口に捜査本部をうつし自ら出張、指揮をとった。署長の命で小笠原森林部長、丸山、遠藤両巡査が現場に向って出発した。対山館で集めた人夫十一人と、警察から出した二人とが先発した。慎太郎氏の弟、百瀬孝男氏はその朝関から来た森田、二出川両氏と共に、凍傷の薬、六人分の手袋、雪眼鏡等（いずれも近藤氏の注意によって）をルックサックに納めてスキーで出発。三十一日に大沢に入る筈の早大第二隊の森氏は大町に残り、近藤、百瀬両氏と共に百方に救援の電報を打つのであった。

スキーで出た三人は四時半畠山着。あとから来る人夫たちの指揮を孝男氏に託し、両氏はひた走りに走って八時半大沢小屋に到着した。その時の有様は想像に難くない。同時に警察側の三氏、野口村の消防組六名も大沢に着いた。

孝男氏は畠山小屋で待っていたが大町の人夫が来たので八時出発、十一時に大沢小屋についた。非常な努力である。

一方大町には各方面から関係者が続々と集まって来た。長野県を代表して学務部長と保安課の人とが来る。深い哀愁にとざされて関氏の遺族が到着する。松本から島々を経て穂高岳に行く途中の鈴木、長谷川、四谷の三先輩は、急を聞いて三十一日晩大町にかけつけ、直に現場に向ったがその夜は野口一泊、翌日大沢小屋に着いた。

あくれば昭和三年一月元旦である。空はうららかに晴れ渡り、餓鬼から白馬にいたる山々はその秀麗な姿をあらわした。町の人々は、然し、正月を祝うことも忘れていた。

朝の空気をふるわせて、けたたましい自動車の号笛が聞えた。松本から貸切りでとんで来た大島山岳部長の自動車である。対山館には「早大山岳部」なる札がはられた。いよいよ対山館が組織的に本部となったのである。

山では五十余名の人夫がスコップを揮《ふる》って雪を掘った。雪崩の最下部から三十間の幅で五尺掘るのであるが、凍りついた雪のこととて、磐石の如く堅い。作業は思い通りに行かぬ。平村の消防組が三部協力してやったのである。大町の人夫は糧食その他の運搬や、炊事等につとめた。

対山館では大島部長を中心に、遺族の人々がいろいろと発掘方法を考えた。鉄板を持って行って、その上で焚火をしたら雪がとけるだろうとの案も出た。ポンプで水をかけたらよかろうと考えた遺族もある。山の人々は同情の涙にむせびながら、それ等の方法の全然不可なるを説いた。雪はとけよう、だが、とけた雪は即刻凍ってしまう。さぐりを入れるために数十本作って現場に送った、長さ二間の鉄のボートが、何の役にも立たぬというではないか。やっとのことで一尺ばかり雪の中に入れたと思うと、今度はもう抜き出すことが出来ぬという始末ではないか……。

一日はかくて暮れ、町には関で練習中のスキー部の連中が大町にかけつけた。二日からは大雪、それを冒して大町警察署長の一行が現場に向った。山本氏の令兄も行を同じくせられ、自らスコップを握って堅氷を掘って見られたが、何の甲斐もなかった。

発掘方法も相談の上変更し、深さ七尺ずつを三尺おきに溝みたいに掘って見たのである。然し掘る一方雪が降りつむ。スキーの尖端、靴の紐だに現れなかった。

二日には近藤氏を除く六人の生存者が、無理に……まったく追い立てられるようにして、大沢の小屋を離れた。なき四人の体軀を自ら発見せねば、何の顔《かんばせ》あってか里に下ろうとの意気はかたかったが、なだめられ、すすめられ、涙を流しながら、踏みかためられた雪をあるいて野口まで下り、そこから馬橇《ばそり》で大町へ向った。

如何なる困難に出あうとも、四人のなきがらをリカヴァアせねばおかぬとの志は火と燃えたが、たたきつけ、圧しつけ、凍りついた雪は頑強にその抵抗を継続した。遺族の人々も現場に赴いて、まったく手の下しようのないことを知った。かくて三日、作業を中止するに至ったのである。後髪ひかれる思いとはこのことであろう。大沢から畠山、岩茸岩、野口と、長蛇の列は蜿々と続いた。そのあゆみは遅かった。

三日の晩、遭難者中の四人が先ず帰京した。その状況は当時の新聞紙に詳しい。

四日、関氏の遺族八名は籠川を溯って岩茸岩附近の河原まで行き、ここで山に向って香華をささげた。感極まったのであろう、誰かの啜り泣きをきっかけに、一同はついに声をあげて泣いたという。

五日朝、ドンヨリと曇った雪空の下を、関氏遺族一同は大町を引上げた。停車場まで送ったもの、百瀬孝男氏を初め、大和由松、大町の案内者玉作、茂一、直吉等。続いて大島山岳部長が帰京。晩の七時三十分の電車では近藤、山田、富田三氏および他の部員全部が引上げた。ピーッという発車の笛は、人々の胸を打った。針の木峠の下、大沢小屋の附近に埋《うず》もれている四人の胸にも、この笛の音は響いたことであろう。

大町はもとの静けさにかえった。人々は炬燵にもぐりこんで、あれやこれやと早稲田の人々を惜んだ。八日、九日、見事に晴渡った山々を仰いでは、あの美しい、あの気高い山が、なぜこんな酷《むご》いことをしたのだろうと、いぶかり合うのであった。

（『山へ入る日』一九二九年・中央公論社）

旅から旅へ

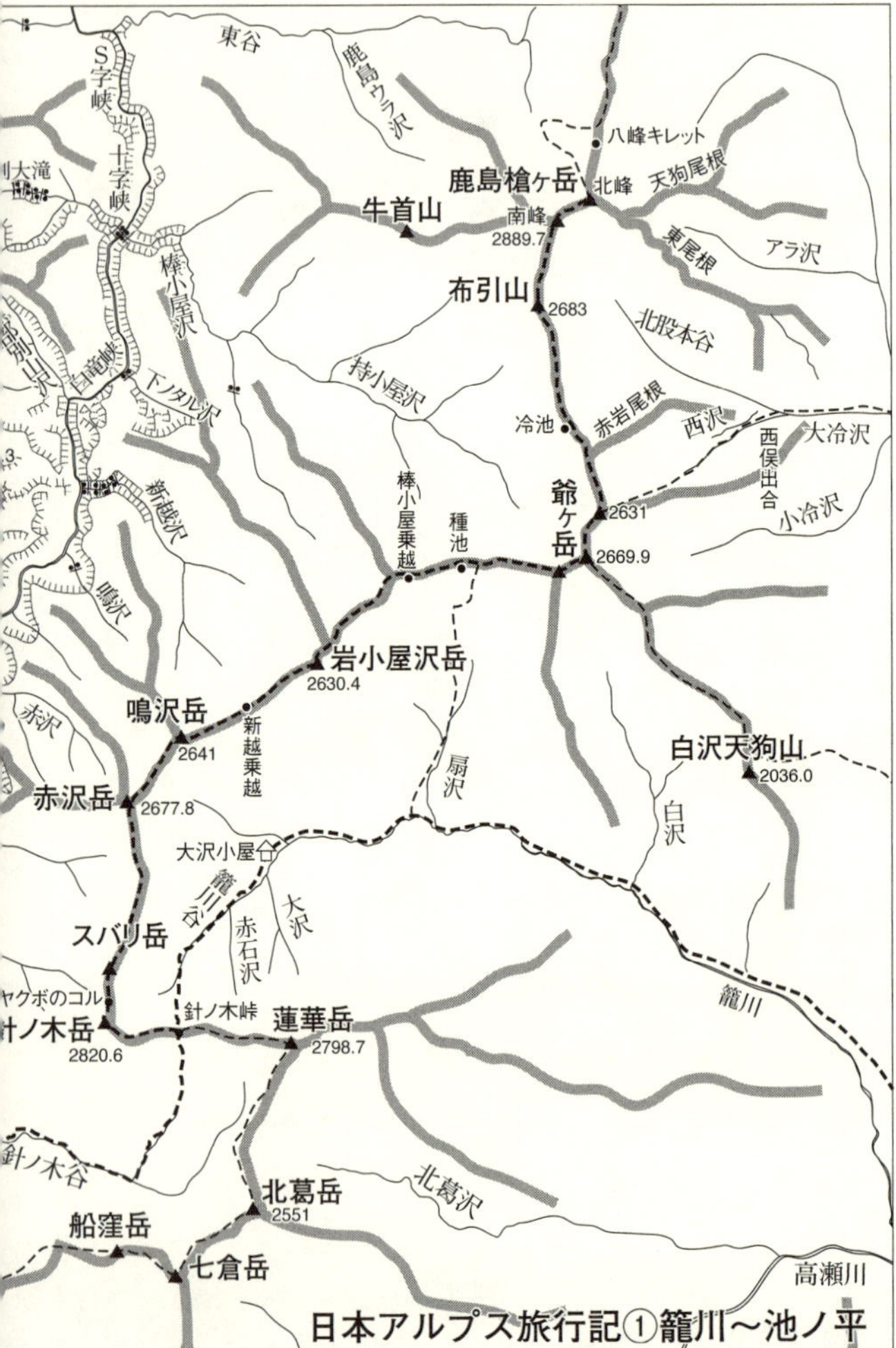

日本アルプス旅行記① 籠川～池ノ平

↑197ページへ続く

大窓
池ノ平山
2555
仙人山
2202
仙人池
南仙人
2173.3
西仙人谷
小窓尾根
小窓
池ノ平
池ノ谷
小窓雪渓
北股
仙人池
早月尾根
立山川
三ノ窓
剱沢
小又川
毛勝谷
剱岳
3003
三ノ窓雪渓
八ッ峰
二股
長次郎谷
源次郎尾根
北
2284.3
東大谷
前剱
2813
平蔵谷
南股
黒部別山
大日山谷
剱沢
別山沢
真砂沢
大日岳
2501
奥大日岳
2606.1
剱御前
2776.8
室堂乗越
別山
2880
別山乗越
内蔵助平
称名川
真砂岳
丸山
天狗平
室堂
富士ノ折立
2999
天狗山
3015
大汝山
御前谷
一ノ越
国見岳
3003
弥陀ヶ原
2620.8
浄土山
2831
雄山
追分
龍王岳
2872
松尾峠
鬼岳
2750
タンボ沢
獅子岳
2714
御山谷
ザラ峠
湯川谷
立山温泉
鷲岳
2625
黒部川
五色ヶ原
中ノ谷
鳶山
2616
刈安峠
平ノ小屋
越中沢岳
2591.6
木挽山
2301.2
南沢
0
1
2
3
4
5km

日本アルプス旅行記②池ノ平〜飯森

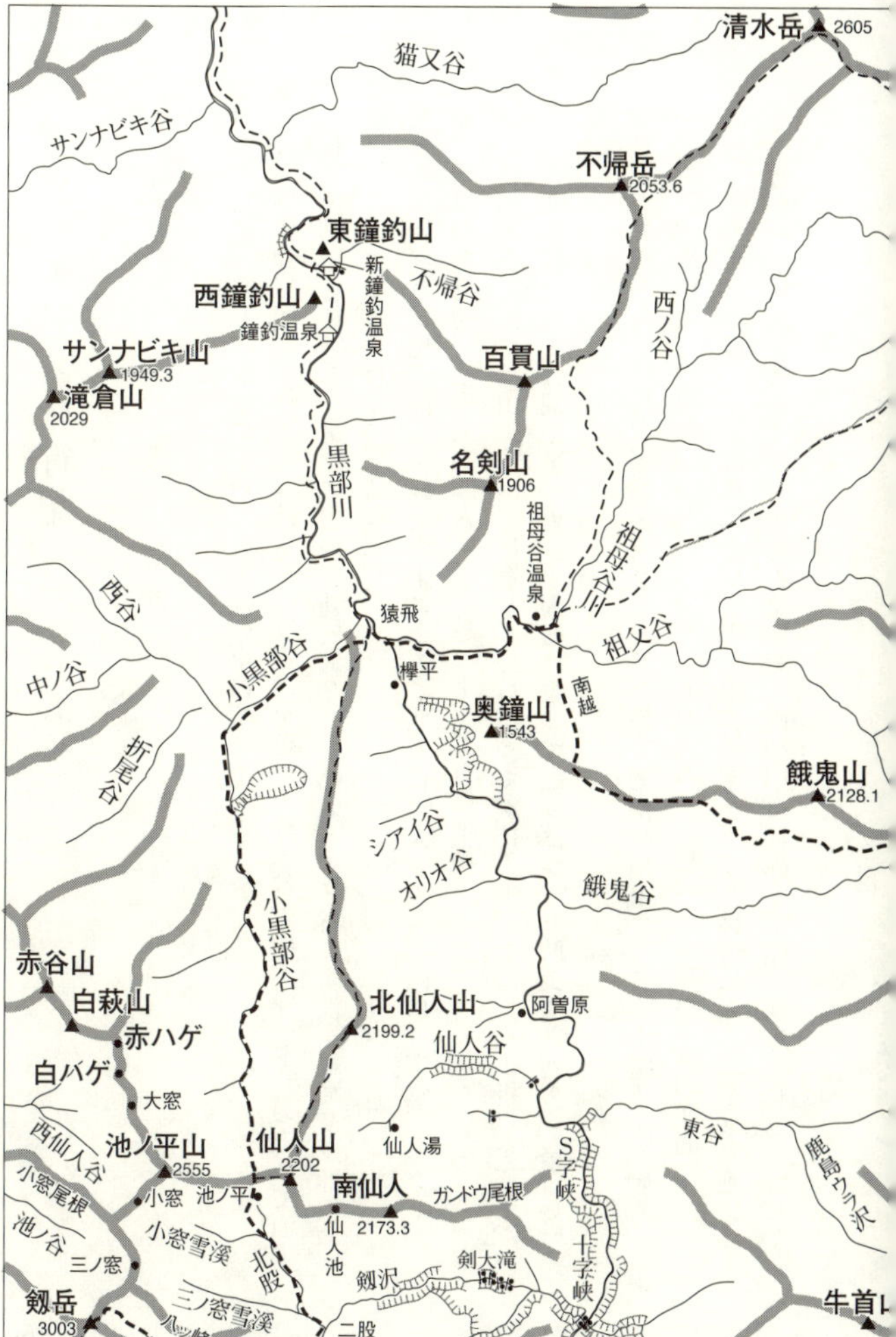
清水岳
2605
猫又谷
サンナビキ谷
不帰岳
2053.6
東鐘釣山
新鐘釣温泉
不帰谷
西鐘釣山
鐘釣温泉
西ノ谷
サンナビキ山
1949.3
百貫山
滝倉山
2029
黒部川
名剣山
1906
祖母谷温泉
祖母谷川
西谷
猿飛
祖父谷
中ノ谷
小黒部谷
欅平
南越
奥鐘山
1543
折尾谷
餓鬼山
2128.1
シアイ谷
オリオ谷
餓鬼谷
小黒部谷
赤谷山
白萩山
北仙人山
2199.2
阿曽原
赤ハゲ
仙人谷
白ハゲ
大窓
東谷
西仙人谷
池ノ平山
2555
仙人山
2202
仙人湯
S字峡
鹿島ウラ沢
小窓尾根
南仙人
2173.3
ガンドウ尾根
小窓
池ノ平
池ノ谷
小窓雪渓
仙人池
三ノ窓
北股
剣大滝
十字峡
剱沢
剱岳
3003
三ノ窓雪渓
牛首
八ッ峰
二股

↑195ページより続く

日本アルプス旅行記（一九一五年）

七月十六日―大町発。籠川に沿いて針木峠《はりのき》の下にて一泊。
十七日―早朝野営地発。針木峠（針木岳に登る）を越え、針木谷大南沢の「ド」の上にて泊。
十八日―黒部川を徒渉し、ヌクイ谷峠（苅安峠？）を越え、中ノ谷の雪渓を経てザラ峠泊。
同日中に五色原を歩行し、鷲岳に登る。
十九日―早朝出発。鬼、龍王を経て浄土に至る。此所に人夫一人の案内にて宝堂《ほうどう》、ミクリが池、地獄谷を見物、他の人夫四人は一ノ越に下って野営準備。
廿日―早朝出発。直に立山（雄山）に登り、一行揃って参拝の上、大汝、富士折立を経て、十二時別山着。三人は別山裏の雪渓を匐松《はいまつ》に乗って辷《すべ》り落つ。二時長次郎谷の「落合い」着。
廿一日―人夫三人を伴い長次郎谷を登り、熊岩を経て劒岳《つるぎ》の頂上に至る。十時下山を始め、十二時野営地出発。劒川に沿い三ノ窓の所より左に入り、更に右に別れて池の平着。
廿二日―午前八時出発。小黒部鉱山を経て小黒部谷の雪を下りて林道に入る。猿飛の絶景に心に奪われ、釣橋を渡りて夕方祖母谷《ばばだに》温泉着。廃屋中を掃除して寝。南越《なんこし》を登り、峠にて最後の adieu! を劒岳に送り、二時半大黒鉱山着。事務所に泊めて貰う。

廿四日—早朝発。大黒を登り雪渓を下りて平川に添い、飯森にて糸魚川街道に合し、九時大町着。

一　針木峠

私の胸は非常な expectation で一杯になっていた。割合に楽な雪を登ってくる間はそれ程でもなかったが、マヤクボの近所の岩でカンジキをつけてからは、もう一分でも一秒でも早く、峠の頂に立って見たくってならなかった。

左右の岩には如何にも高山らしく曲った白樺の太い幹が見える。駒鳥は絶えず可憐な高音を張っているけれども、それより強く私の心をそそるのは、すぐ眼の前に高い雪のスカイラインであった。

右から針木岳(二八二〇)の一つの尾根、左から蓮華岳(二七九八)の長い尾根、この二つの青褐色から一段下って、思切って強くグーンとばかり横一文字にひっぱった雪の線、それに接して凄いほど青く澄んだ空——早くあそこまで行って見たい。あの一枚の板のような峠に立ったら、あの向うにはどんな越中の国がひらけているのだろう！　山のぼりの人の心には、何時も「世界がどんなか知りたいな」のアルネの心が潜んでいた。嶮《けわ》しく意地悪そうに、此方と向うを隔てている高い山、あの山があるために、自分の谷には日が射すのが遅いのだと思う子供はもしあの山を窮めたならば、向うにはきっと緑の牧場がひらけているだろう。温かい日が若葉に微笑んでいるだろう——。

前から聞いていたが、今年は特別に雪が深いので昔、加賀の藩士が作ったという一間幅の道も見えない。昼に近い太陽は上から、またそれを反射してかたまった雪は下から、顔と手をジリジリと焼きつける。でも一里に近い雪を歩いて来たので、指の先はソロソロ痛んでくる。汗もあんまり流れない。人夫五人はあとからくるのだが、ところどころが棚のようになっているので下は見えない。われわれ三人は無言で歩いた。カンジキをはいていても、ともすれば辷る。

頂に近くなるとまた恐ろしく急になる。おまけに雪はやわらかくなっているので、カンジキがよくきかない。お仕舞には Zig-zag に登ったが、それでも不安心で足場をきったところもあった。

時々やすんで息をつく。ふりかえると爺（二六六九）が大人しく後姿を見せる。

その細長い残雪になつかしみを覚えて、粗いスケッチをノートにとった。

波のように立った雪の壁を一気に飛越えると、土が露出している。先に行った湯本が鳶《とび》を振りまわして「素敵！　素敵！」と叫ぶのにつり込まれて、思わずかけ出して見ると。

とうとう自分は期待の心の満足を得た。何より先に眼についたのは雪の中から飛出した鎗《やり》（三一八〇）の姿で、その天に向って突出した拳固のような線と輪郭には、誰の眼も吸い寄せられてゆく。遥か右手に近い黒岳（二九七八）は座りのよい優しい形と大きな美しいカールとによって、特に自分の眼を引く。他の山々は、或は丸く、或は尖って、渦巻きかえる雲の中にすくすくと現れている。物凄い黒部の谷を隔て、眼の前に、立山つづきの雪の多いのも悦ばしい。同行の二人がスケッチに忙しい間に、自分は匐松《はいまつ》のむせかえるような香に身をひたして横になった、ときどき越中の方から涼しい風が吹いてくる。静かな Zephyrus の呼吸はチングルマの白い花、イワカガミの桃色の花をそよがして、そうしてあつく熱した自分の頬をも吹いて行った。十一時に近い峠の静けさと、気持のいい暖かさとは、どうしても春の旅を思わせる。五十年の昔、海のない山の信濃の国へ、豊かな海の産物を運んできた牛の鈴音は、今はもう聞かれなくなった。針木と蓮華とはその音をも知っている。そうして今もこうやって、一夏に幾組かの若い旅人を迎えている。

下の谷ではカッコウがしきりに鳴く。しきりに鳴く。自分はやがてウトウトしてきた。このままに長い夏の日を寝暮したならば、夢には蓮華と針木との対話を聞いたかも知れぬ。ふと眼が覚めて見れば、人夫はもう到着して、ちょうど弁当をだしているところだった。

二　針木岳

食事を済ませてから、三人は静馬と茂一を案内にして針木岳に登ることとした。匐松を分け分けゆく空身の二人の早いこと！　とても一緒についてゆくことはできない。去年とちがって、今年は意外のところに雪があるので、きまった通路を取ることもできない。急な雪渓を横切ったり、匐松に足をすくわれたりして、一時間あまりもかかって、やっと一時四十分に頂上へと着いた。後をふりかえると、駒草の多いという蓮華は何か自分に話しかけているように思われる。向うには立山山脈の山々、劒（二九九八）、池ノ平と、これから自分が歩こうというところが見えている。

富山の若い者の崇拝の中心になっている雄山（二九九二）、人間には登れないものとなっている劒岳、ねがわくは十日の旅路を安らかに守り給えと、自分はこの針木岳の頂で、一行八人のために心からの祈を山神にささげたのである。

下りはまた非常に悪いザクを横切る羽目に陥ってしまった。大分の時間をとられて、間もなく信州側の草地へと出る。雷鳥の雌が子供を沢山につれて遊んでいた。苦もなく捕まった雛の一疋《いっぴき》は、自分の掌の中で可愛らしい黒眼をキョロキョロさせていたが、何となくいじらしい心地に誘われて、またそっと柔かい草の上に置いてやる。

雷鳥ほどかあいらしいものはない。どんな遠くへ逃げていっても、口笛をピヨピヨとやると、きっと帰ってきて悲しそうに鳴く。バタバタと追かけると、二三間とんでは下る。また追う、また飛ぶ。岩角をはねたり、匐松の中に飛込んだり、ザクを飛越したり、山に馴れていることは非常なものだ。

峠を下りにかかったのは、もう三時過ぎであった。まがりくねった細い路を、暗い狭い谷に下りてゆくのは、登りとは大分気持が違う。ところどころの雪渓を人夫ははずしてゆき、われわれは面白半分にすべって下る。鳶を後方に突張って、二三間かける中に、うまくすべり出す、すべり切ると、白樺の枝に入る。空は美しい。人夫はまだ来ない。

名はなつかしい白樺でも、ここのは幹は太く、下から曲がりくねっている。でも温かい日にあこがれて、真すぐに天を向く若い枝、我儘らしくクルリクルリと少しの風にもひるがえる葉、白い幹、丈夫そうな、そしてしなやかな樹は宛《さな》がらに「山の人」を表象しているのではあるまいか。

薄雪草の白い花を踏んでゆくと、サッサッと岩にかかる水音がする。一つの峠にかかる万年雪の一つは、東に流れて籠川となり、北安曇の野に入って高瀬川を合する。池は西に溶けて針木沢を流れ、名も黒部の凄いゴルジを北に日本海へとそそぐ。

三　大南沢附近の夜

本当なら今日は平の小屋まで行ってしまう筈なのだが、昨日帰ってきた玉作の注意もあり、作十郎もいないこと故、大南沢の下のすこし上の岩小屋で今夜は泊まることにする。

針木谷は左右の峯々谷々から落ちる水を合せて、大分大きくなっている。石に激し岩に狂うその激流から六尺ばかり上の林と岩の間、一坪あるかないかの平地を、いたどりを切り熊笹を薙いで、天幕を張る。儀一がその天幕を張ってから、鍋を下して飯を洗う。静馬はふきを沢山とってきた。茂一は得意になって火を燃している。

やがて暖かかった岩も、つめたくなってきた。深い谷のこととて日はとっくにかくれてしまって、何だか黒い鳥がバタバタと飛ぶ。卅分ばかりの間に家もできた。飯もできた。焚火のそばで、お菜を作ったり、茶をほうじたりすることが、妙にうれしい。それに谷の林の近くでありながら、天気がいいので虫がすこしも出て来ない。小田原提灯二つを天幕の紐にブラさげて、トロトロ燃える火を真中に、アルミニウムの弁当箱から腹一杯につめ込む。

山では飯を焚くと、まず第一のその真中のところを取って、鍋の蓋にのせて、高い清いところに置く。これは山の神様にささげるので、食事がすんで後みなでいただく。山ではそれがすこしも馬鹿げていない。

飯がすむとねむたくなる。ねむくなれば寐《ね》るばかりだ。一面に厚く草を敷いた上に糸立をならべ、その上に冬シャツだの、スウェッタアだの、ありたけ着込んで毛布をかぶる、下が痛かろうが、上が寒かろうが、そんなことはすこしもかまわない。

耳の近くの雷のような水音も、気味の悪い野鳥の声も一向苦にならない。夢もないねむりが静かに自分たちを襲う……ふと気がついて、懐中電灯で支柱にまきつけた腕時計を見ると、八時半、天幕の口から首を出すと、黒い葉の間から大きな星がピカピカと光った。

四　黒部川と五色原

黒部川の徒渉はつらかった。橋もかけられない急流で、いつもならば、針金三本を命の綱にした旅人が、猿のように小さな籠にかじりついて渡る所だった。幸か不幸か、その大事な針金が切れたばかりに非常にいい経験を得てしまった。朝ならば渡れる。昼頃からは雪消《ゆきげ》で水が増して困難だ。まして晩方は濁りに濁ってあぶないとは、昨日途中で逢った玉作の話であった。

朝早く野営地をあとにした一行は、だんだん水量を増してゆく針木の渓流を、右岸から左岸へ、左岸から右岸へとザブザブ渡りつつ下へくだった。狭い谷から見上げると、空は相変らず澄んで、雲は影さえ見せない。ところどころの白い岩に水がよどんで、岸の若楓の葉を映した景色も忘られない。大南沢で一息ついて氷のような水をのむ、真正面に五色原の面白い傾斜が雪をかぶったのが見える。山に接した空の部分は、殊に青く、殊に澄む。

やがて大河の岩に激する音が聞えて、谷がひらける。明るい光線の下を、わが黒部は何か怒った姿で、しぶきを上げて走り下っている。水の少ないせいだか、無鉄砲のせいだったか、初めて見たこの河は、それほど恐ろしくもない。寧ろきれいな、浅い谷川だ。それでも人夫は皆な荷を下してがやがや相談をはじめた。仕方がないから荷を解いて、すこしずつ持って行こうという。木を切って二三人ずつ行けばいいという。あすこが浅いという。いや、こっちを行けばいいという。

知らない中に、すこし上の方で湯本がザブザブ渡り出した。面白いから来いという。自分も面白半分、着物をすっかり着たままで、河に入って見た。水は恐ろしくつめたい。流れも中々早い。そうして相当に深い。人夫たちはあきれたと見えて、止めもしないで見ている。二人は鳶を上流の方につっぱって、一足一足に力をこめて、とうとう渡ってしまった。諸井も裸になって、リュックザックの中に着物を押し込んで渡って来た。渡ると広い砂地で、細かい、柔かい砂の一つ一つが、気持ちよく日に焼けていた。すっかり裸になってなにもかも乾かす。あたたかい風が吹いて、小鳥が鳴きしきった。その内に儀一も渡ってきた。巡査と思った人も下の方から岩を伝ってやってきた。見ると少林区のお役人様であった。早速人夫を一人かりて荷を取りに行って貰う。

荷まで渡ったのが十時、火を起して、着物を乾して、ついでに飯を焚いて昼飯にしてしまう。大きな柳の木の下の平な岩を見つけて、八人の家族は、何の話を大声に語りつつ、今日に特別に賑かな昼飯をすました。

やがて出発。二三間も行くと平の小屋がある。いつもは品右衛門という老人が岩魚を釣っているのだが、今年は作十郎というそれのムスコが代りに行っている。それも昨日玉作と一緒に大町に帰ってしまったから、用はない。

路は登りになって苅安峠にかかる。黒部の谷の立派なことは、自分のようなヘナチョコには形容できない。暑い日中を峠の頂に着く。眼の前には雄山があらわれる。細いしめった路が、ここからドンドン下って、ザラ峠の下まで自分達を運んでゆくのである。岳わらびとか獅子頭というような羊歯は路の両側に一杯にその葉をひろげている。太陽はところどころに光の斑を落す。そして自分の踏んでいる土は、一体何という湿気と弾力とを持っているのであろう？　ザラ峠もすっかり雪であった。人夫をはるか下に残して三人はひたすらに登る。幅の広い傾斜の緩い雪渓は気持よく登れる。右の岸に沿って登ってゆくと雪の中から白樺が出ている。こういう風にして、高いところの白樺は曲ってしまうのである。その白樺よりも、もっともっと強く自分の眼を惹いたのはまっかないたどりの芽であった。

春のはじめ、黒い、柔かい土から一寸顔を出して見せる草の芽、しゃくやくの紅、ダフォディルの緑、何とも言えぬ Child Like なその形に無限の生命を見出す。それと同じな、否それよりも余程強い、生きんとする力は、それ、そこに、固い冷めたい厚い雪を破ってあらわれている。何という可憐さで、而も何という力強さであろう。この雪の壁をつきやぶったものは果して何だろうか？　何がこの紅と、このなめらかさを与えたのだろう。或る非常な恐怖と喜悦とが自分の心に溢れた。自分は雪にひざまづいて、いたどりの芽をながめた。涙はいつの間にか自分の眼に充ちていた。

頂に近いはくさんいちげの中で、われわれは休んだ。岩つばめがごく近くをスーッスーッと、とんぼがえりをしてゆく。山の午後の空気はあくまで静かだ。

＊

今夜は五色ケ原で泊るつもりであったが、雪が多くて駄目だから、ザラ峠の頂（二三五三）に近い小さな窪地に天幕をはることにした。五色ケ原と鷲岳とは静馬と茂一を連れて行って見た。

その五色ケ原はザラ峠から南にひろがっている緩い傾斜地で、鷲と鳶の二つがその西をなしていた。緩い傾斜にもって行ってムクムクとふくれたようにこの二つの山があることと、草花と、残雪の美しいことによって、何とも言えぬ印象を与える。われわれは匐松の丘を登って行った。登ると、右手は切って落としたような崖で、谷底を湯川が流れていた。この崖に沿うて更に登る。強い西風に何度か帽子をとばされかけながら、雪を越したり草を歩いたりする。あるところでは南京小桜の赤い小さな花に狂喜の叫をあげた。あるところでは去年の天幕のあとをも見た。鷲の最高点（二六二五）に立った時は四時、強い夏の日もようやく勢を収めた頃である。

遥かに眼をはなてば槍は例の鋭いピークに斜にくる日光をうけて、かたえには削ったような穂高の方をわずかに見せて、傲然と嘯《うそぶ》いている。近くの薬師の美しいカールに心ゆくばかり楽しんだ眼は、更に如何にもその名にふさわしい笠の規則正しい三角形を見る。遠く、殆んど空の色のように見える富士の霊峰から、何の不平を畑にふく浅間山、さては振り返る立山の山々、眼のきわまるところ富山湾、能登半島のへこんでいるところは七尾であろうか、うねうねと帯のような常願寺、射水《いみず》、神通《じんづう》の三川、富山市は鼠色のきたない埃としか見えない。すぐ下には立山温泉がチョコナンとしている。

泰山に登って天下を小とする。その小なる天下の中の更に更に小なる家屋に住って、泣き、笑い、怒り、悲しみ、恋し、食い、眠る。それが何だと威張ったところで下らない。

風がだんだん強くなる。霧もムクムクと湧いてきた。水鼻をすすりあげながら、また匐松を泳いで帰る。

五　浄土まで

夜中に風向が変った。摂氏八度という寒い空気の流れは、遠慮もなく我々の天幕に吹きつける。中では行李やリュクザックをまわりに置いて、外からは匐松の枝を当てて置いた為めに、風は入って来ないけれど、揺ることは夥《おびただ》しい。あわてて飛起きて、鳶を柱にくくりつける。夜は花王石鹸のような月が強い風にいよいよ澄んで見える。兎が天幕の近くまで草を食いに来た。

七月十九日朝！　月の薄れる四時というに、起きてしまった。寒くて堪らない。湯本はもう起きて人夫の一人と火に当っている。毛布をかぶったまま、天幕からはい出して火のそばに近寄った。

する中に皆も寒い寒いと言いながら、起きて来る。寒いことも寒いが、しかし透きとおるような上天気、今日の山歩きもまずいい工合だと言って出発する。ここでも雪のために例年の通路を見出し得ず、ひどい所を歩いたが、中にも鬼岳で人夫に分れた三人が五六間の短距離ではあったが、本式の岩登りをやった時はかなり怖ろしかった。一寸下を見ると、まっ黒な岩が五十度に草地につづいている。それが廿間位で、下は一面の匐松。手と足とを等しくはたらかせて草につかまったり何かして来たのが、一寸足をすべらすか、または手でつかんでいる岩片が抜けでもしようものなら、手も足も役に立たなくなってしまう。それでも中学の時、仙台の近くの海岸の崖で石をつかんだまま十四五間すべって、海の中に叩き込まれたことさえある自分には、そう大して恐ろしいとも思わなかった。寧ろ面白かった。

竜王を越すと浄土（二八七二）になる。ずうっと左の方にのびた一つの尾根にブリキに木をはりつけた戦捷《せんしょう》記念だか何だか立っている。ヒョイと下を見下すと室堂が見える。雄山、大汝、別山が急にこちらに傾いて谷を作る。その谷底に三百人を容れ得るという室堂が、凄く青いミクリが池や、赤ちゃけた地獄谷と一緒に見られる。いつもならば室堂に泊ることにするのだけれど、今年は早くってまだ開いていないから、雄山と浄土との間の一の越に野営することとして、人夫四人をすぐにそっちにやり、我々はまた静馬を案内にして、幅の広い雪渓を一目散に室堂をめがけて飛下りた。わきによって見ると、男が二人鍋を洗っている。別に声もかけずそのままミクリが池に向う。半分以上雪におおわれた青い水の凄さは何とも言えぬくらいで、プランクトンを曳く勇気などは丸でなくなってしまった。殊に岸近く、青い青い水の中に真っ白な雪の層が見えるなど、全く身体がふるえるほどの凄い景である。そうしてこの盆地の三方をとりまく山々の雪の多さ、一方ひらけた西に流れてゆく川の硫黄くささ。むかしの人が地獄として畏れたのも無理でない。地獄谷ではボロボロに腐った石が奇麗に円形をなしていて、そこから煮えくりかえった泥がブクンブクンと噴いていた。若しも紙数がゆるすならここに面白い和製 Orpheus を紹介したい。

江戸の人という他はすっかり忘れた。その江戸の人がその最愛の妻を失った。日が立てば立つほど恋しさはいやまさる。気も狂わしくなったと思う。時に人の噂に聞けば、越中は立山の地獄谷では死人に逢えるという。逢いたさのあまり、その江戸の人は誰にも明さずに、一人ぶらりと家出をして、はるばると立山くだりまでやってきた。

当時ここには悪い、併し頭のいい坊主がいて、このような人達を死人に逢わせるのを商売にしていた。お客がやって来ると、まず逢いたいと思う人の外部にあらわれたこと凡《すべ》てに関して細かい説明を求める。そうして面会料というような形式の下に莫大な金をしぼり取ってから、どこかへ行ってその死人によく似た人間をめっけ出してくる。いよいよ約束の日が来ると、坊主は会いたい人をひっぱって地獄谷まで行く。わきかえる煙や血のような水の色に大部胆をひやしていると、その煙の向うを、烟のように自分が逢いたいと思っているその人だ。あっと思う間に、もう見えなくなってしまった……。

さてその江戸の人も同じ手にかけられた。坊主の方でも精々勉強してよく似たやつをひっぱって来た。白装束で向うをフラフラと歩く。はっと胸にきた男は、驚いて止める坊主をつきとばして畑の中に飛込んでゆく。女はだしぬけなので吃驚《びっくり》して逃出す。男が夢中でおっかける。とうとう捕えて見れば、たしかに自分の妻に違いない。無理やりにグングン江戸までひっぱってきたが、女も江戸へきたいという魚心はあった。それで江戸で仲よく一生を暮らしたとさ。

＊

如何にもスキーによさそうな雪の坂を上って、一の越に出る。また雪をすべって天幕に着く。この夜は星が美しかった。夜中に天幕の外にきた兎を「しゃつらまえる」というので、跣足《はだし》のまま飛出して風をひいた。

でも、この露営地は今迄の中で一番よかった。所々の大きなすべっこい石だの、やわらかい草だの、中でもうれしかったのは白いしゃくなげの花で、雪を辷って天幕について見たら、誰がやったのだか、牛鑵の中に雪をつめてそれに満開のこの花をさしたのが入口の所においてあった。

六　雄山

Heller wird es schon im Osten
Durch der Sonne kleines Glimmen,
Weit und breit die Bergesgipfel
In dem Nebelmeere schwimmen (Heine)

この日も朝早く起きる。昨夕匐松にのってすべって遊んだ雪をのぼり切ると、すぐにザクになる。雄山の登り口である。

富山の少年は立山に登らなければ一人前でないと言われるそうだ。毎年夏になると、何百人となくここへ来て室堂へ泊って朝食前に雄山へ登るのだという。神主を先頭に立てて南無有難やと登る勢いと言ったら、貴方方に見せたい位だという。雪もないザクをザラザラ登ってゆくと、すぐ頂上につく。三角点と神社はすこしはなれている。参拝してから気がつくと、神社の前は一面の丸い石でコロコロしている。

ここから先は馬鹿にラクで、大汝、富士の折立を通って、昼頃別山（二八八〇）

に着く。昼飯をすませてから茂一をつれて、別山神社へ行った。

神社のところから見ると、劒は谷一つへだててすぐ眼の前だ。茂一がしきりに説明する。その帰りには、湯本と諸井の来るのに、でっくわす。ふと見ると、別山の北側の大雪渓がずいぶん急ではあるが、下がわりあいに平で、雪も多い。

「あの雪渓を芝橇《しばそり》ですべったらどうだろう。」とんでもない悪戯心《いたずらしん》が首をもたげる。

「やってごらんなさい。怖くなけりゃ」

話は早速きまる。茂一は荷を下したところへ飛んで行き、山刀を取出した。石川さんの芝橇を作ると言った時には、静馬は流石に変な顔をしたけれど、丁度二人が帰ってきて、俺達もやると言いだしたので、とうとう儀一と三人で橇を一つずつ作りはじめた。

橇は仙台でドイツ人の先生に教わってやったから、いくら急でも早くても、恐ろしくはない。やがて手頃の匐松の枝四五本をくくりつけ、その上へ草鞋《わらじ》をしいた立派な橇が出来上った。人夫達は傍のザクを下りるという。勿論そっちの方が傾斜がゆるいからこわくはないが、つまらない。自分は橇と鳶とをかかえて悠然と雪渓の上に立った。ちょっと下を見ると恐ろしく急だ。

さっき神社のこっちの方で見た通り、この雪渓には二つの段がある。一つは尾根に近く、それに並行して（風の関係だろう）出来たもので、尾根から三間ぐらい下にある。上からここまで、傾斜は勿論非常にゆるいが、そこからは刳《えぐ》ったようになっている。そのまま四五十間も下ると、心持ち上っていて、またガクンと落ちる。今度は前ほどに急ではないのがずうっと下までつづいている。

だから自分は橇にまたがった時には、二三間さきの雪の線しか見えなかった。

「カンジキははいているし、鳶はもっているし、ええ畜生！　どうともなりやあがれ」

と力まかせに尻で前を押すと、ズルズルとすべり出す。はっと思う間に、ズシンと胸がひびく。眼の下に、ひろい雪があらわれる。急速力ですべっていたやつが、急に右にまがる。めんくらって左の足をつっぱると、カンジキがはずれて、後の方へ行ってしまう。左手で枝をつかまえて右手で鳶を打つ。きかない。きかない。きいた！　と思うと手がぬけて鳶だけ残る。何だか無茶にころがって顔だの手だの雪だらけになる。その中にとまったのを見ると、第二の段の上まできていた。

上を見るとキラキラした雪の途中に鳶が見える。橇には雪が沢山くっついている。

「湯本。」と自分はどなった。

「何だあい。」高い、見えないところで返事がある。

「途中に俺の鳶があるから、とってきてくれえ。カンジキをよく締めないとあぶないぞうっ！」

雪と空の境にポツリと黒いものが見える。ずうっとすべり出す。一生懸命で鳶を打っている。止まった。俺の鳶をひろった……眼が痛い。

やがて諸井の足が見える。湯本はわきまで下りてきた。何だかあぶなっかしいなと、二人して言っている中に調子づいた諸井の橇は素敵な勢で走り出す。や、しきりにとめようとしている。こわくなったな、と思う間にふいと諸井の腰が浮いた。カンジキがきいたからたまらない。頭から雪の中へたたき込まれる。その勢ではね出す。雪だらけになって辷ってくる。

二度目の段は三人とも奇麗にすべり下りた。丁度右側のザクの上の方に人夫が出てきて、「ホーイ」という。こっちも「ホーイ」。

この雪渓は更につづいて劔谷に行く。この日の午後から翌日夕方、即ち池ノ平にゆくまでは、殆ど全く雪の上を歩いていた。一同が第三の段、即ち別山裏の雪渓が、剱沢の雪渓に合する上のところで落合ったのは一時——出かけたのは十二時よほど過ぎていた。ここでいよいよわれわれは緑色の橇と別れた。

大きな平蔵谷を過ぎると、曲った長い長次郎谷へとくる。むずかしい岩のわきに天幕を張る。自分はそのまま寝てしまった。

夏シャツには涼しすぎる風と、人夫の高声とに起こされて時計を見ると、五時に近い。太陽は向うの剱の一つの岸に沈みこもうとして、妙に明るく雪の谷を照している。カッコウと時鳥《ほととぎす》は下の方で、駒鳥は近くで、岩つばめは上で、孰《いず》れも夕の歌を口誦《くちずさ》んでいた。

やがて夕飯のすんだ頃は、日は全く沈んでいた。自分は一人岩角にすわって、暮れてゆくあたりの景色を見まわしたが、その中に自分の双の眼はある一点に釘づけにされてしまった。そこには高い高いピークの一つには、まだあかあかと日の光がさしていた。雪の谷こそ、あかるいけれど、一歩入り込んだ沢はもう暗い。その暗い沢に沿うて眼を運んだ時、わずかの草とまっすぐな一本の白樺とに被われた峯の西面に、今日の日の光はまだためらっていた。

そこには風が吹いている。大きな立派な太陽のその glance をまともに見ることの出来ぬほどに、内気な可哀想な、あの白樺よ。自分は北欧の詩人の書いたOeyvindを思った。窓に寄りかかってボンヤリ外をながめる彼の眼には、何度も何度もフィヨルドの夕風にふるえる白樺が見えた。笑いたい時に笑い、泣きたい時に泣くこの幸福な男の子の心持を、今、自分はつかみ得た。すべての面倒臭いことをすてて、すべての過去と未来をすてて、ただこの現在だけに生きる自分は、誰はばからず笑うことが出来る。そうして、そうして……。

そうして自分は今日こそはじめて暮し甲斐のある暮しようをしたと、自らうなづいた。身を切るような朝日に起されて、霧の海の中から頭を出す山々にGuten Morgen! を叫び、雪をのぼり雪を下り、気持ちよく疲れた身体を横えてねむる。眼さめれば高い高い嶺では、最後の太陽の子のやさしいCaress に細い白樺が身を震わす。空は菫色に匂う。やがて星があらわれて、自分は自分の廿才《はたち》の七月二十日の夜を、静かに心地よく、毛布にくるまっているのだ。Guten Abend! Guten Abend! 山よ今宵こそは自分は全く自然と一致した。

七　劒登山

二十一日の朝はうららかに晴れ渡った。

昨夕一ばん遅くまで輝いていた一つのピークは、はや黄金色の朝日をうけて、それが妙に心をそそる。劒は我々に取っては始めてなので、だれの顔にもある種の決心の心が浮かんで見える。例のカッコウとホトトギスと駒鳥。二人を残して六人が、摂氏十度という寒い風にふかれつつ長次郎谷の雪渓に、カンジキの歯をくいこませたのは、六時半であった。

見上る左右はすごい岩壁、平な岩を重ねたようなやつが西へ西へとかたむいている。長次郎谷はくの字形をしているので、頂上は見えない。スウェッタアにくるまって、タオルを帽子の上から顔にまいて黙ってのぼって行く。はじめの中は傾斜もゆるいので、鳶の用は殆どない。ザクリザクリと六人のカンジキが耳になれて気持ちのいい音を立てる。我々は全くの空身である。茂一は茶を入れた水筒を、儀一と静馬とはリュックサックをしょった。昨夜の野営地には石コロがあって背中が痛かったが、つかれていたので、実によく寐た。今朝の飯はこげたが、却っていい香だと思った。食って歩いて出して寐て、それでも自分はやっぱり人間だ。自分は決して一個の肉塊にならないつもりだ。自分は始終考えていたから。

何しろ身体の工合はすこぶるいい。下は万年の雪、上は Himmel so blau, Himmel so rein! 所々に立派なグレーシャア・テーブルに似たもののあるのに腰をかけたり、鳶でなぐったりしてして登る。

岩を一つまわると、眼の前に日が落ちている。キラキラと無数のこまかい星を含んだ雪の光。闇の谷から光の国へ来たような気がして、半ば躍りながら、光る雪まで飛んでゆく。苦しい息を鳶に休んで見下すと、いたずら者どもが盛に雪渓の上にころがり落ちた石をつき落している。落された石は凄いバウンドで雪の上を落ちてゆく。

スウェッタをぬいで、儀一の背中へ押込んだ頃は、我々は大部登っていた。そろそろ顔がほてる。唇が割れ出す。眼が痛くなる。その痛い眼を上にむけると、熊の岩があらわれて、雪渓の終りも遠くはないらしい。絶頂は分らないが、あの辺だろうと思われた辺りは、辻村さんの幻灯にあったグロース・シュレックホーンを思出すような岩のかたまりで、所々に雪のひかったもの凄さ。その岩と雪と空との二つの色が何とも言えぬ真面目さを示している。

八　劒の絶頂

傾斜がだんだん強くなる。一足一足鳶をうって登るけれど、雪がもうやわらかで、ともすれば辷る。見上げもせず見下しもせず、ただ一息に一足、一息に一足、休みもしなければ急ぎもしないで登ってゆく。正しい一列になって電光形にのぼる。『一息いれねえか』と一人が言うと皆な立ち止って足場をうまく切り、鳶を横えてその上に尻をすえる。なつかしい北東の山々は、ようやくその顔を見せはじめた。

表面をひっかいて真白な雪をほり出す。雪だけ食っては口があれてたまらないから、キャラメルも一緒に投り込む。ベタベタになっていたやつがコチコチになる。真黒な男が六人、真白な雪の上にすわって口をモガモガやっている態《さま》といったらない。

熊の岩は、広い雪渓の中につき出している二つの岩塊で、その間は四五間もあるだろうか。この間をぬけてゆくと、素敵に急になる。六十度、九十度の法螺《ほら》を通り越して人夫の中には、こうなっていると仰むけさまに手の裏を見上げて見せるやつさえもある。日本の雪渓の中で、一番大変だともいう。たしかに大変である。

足場を切り切りのぼる。のぼりながら股の間から下を見ると、ぞうっとする程の傾きだ。すべるまいと言う心は、自分をしてより深く鳶を雪の中にうちこませ、カンジキをしてより深く雪の中につきこませる。海にいるものは地球の表面からはなれよう、はなれようと手足をうごかし。山に立つものは地球の表面にかじりつこう、かじりつこうと手足をうごかす。

やがて雪も終る。カンジキと鳶とをほおり出して、直ちに岩にとりかかる。岩を二三間のぼると、向う側はきり立ったような絶壁で、はるか下には白雲が雲の間から光っている。頂上はここから左の上方に当っている。遠くから見ては、とりつきようもないような岩壁でも近づいて見ると、何かしら手がかり、足がかりがあるもので、我々は間もなく劒の絶頂に立つことが出来た。太い針金でひっぱった一本の棒——第一回に登山した連中の名をかいた板のたたきつけてある——の下に立ったのが、九時二十分であった。

頂上は何の面白味もないただの岩片だけであるが、見渡す景色はすこぶる雄大である。惜しいことには、西が曇って海がよく見えなかったが、山と来た日には申し分なしで、所謂北アルプスなるものの中の主要なるものは、皆な見えたし、浅間、富士、白山、それから南アルプスの北岳の仲間、来たばかりの立山は眼の前へはいつくばっている。

平らな岩にねころんで鼻歌をうたっていると、風が吹く。皆な夢中になって前に来た人達の名刺をさがしている間、自分はこうして Whymper の事を考えたり何かしていた。

名刺は鑵の中に入っていた。出して見ると附属出身のものが、総登山者二十何人かの中に十人もいた。自分達の名刺もしまって、折からムクムクとまい上った雲をバックに、記念撮影をやる。それから約三十分ばかりはお茶をのみ、菓子を食い、無闇に大きな声で話をした。

九　岩角の大桜草

下りは上りより恐ろしかった。前にのめりそうで危なくなって仕方がない。それでも熊の岩から下は、茂一と二人で走りつづけたので、たった一時間で天幕につく。残った力《りき》と良《りょう》はつまらなそうな顔をして、煙草をふかしていた。早速飯をたかせて皆なの帰りを待つ。三十分ばかりして皆な帰ってきた。

午後一時ここに別れをつげて、劒沢の雪渓を下る。途中二箇所立派なクレヴァスがあったので、大分時間をとったが、間もなく細長い三の窓を左に見て、ここに入りこみ、直ちに右手に小窓の雪渓にうつる。このとき傍の岩の角に大桜草の紅を見てよじ登ったが、春のような心持が、うれしくも荒んだ心に起った。

熊笹につかまってひどい崖をのぼり切って、池の平に出ると驚いた。一面の雪で、池なんかどこへ行ったか影さえも見えない。仕方がないから崖の白樺に腰をかけて、人夫の来るのを待った。まだ早いから小黒部鉱山まで着けば着けるが、などと話し合っている間に、皆な吃驚しながら、雪を踏んでやって来た。

結局、白樺の崖の中に一坪ばかりのやや平なところを見つけて、そこの竹をはらったり、白樺の根を切ったりして、天幕をはった。六時になって、我々が猿のように枝の上や根の上にとまって夕飯を食っている時、鉱夫が大勢やって来た。この鉱山は水鉛を出すという。越中なまりの言葉つきは面白いけれど、顔が Dickens の作中に出て来る貧民のようなので、あんまりいい気持がしない。

夜は一面の霧！

すこしはなれて見ると、太い白樺の幹の間からぼんやりと躍る火が洩れて、ジプシーの生活を思わせる。

一〇　小黒部谷へ

足が冷たい。

眼をさますと、天幕の外へ膝から下が出ている。草のしとねが傾斜していたので、寐ている間にすべったものと見える。急いでひっこませると、靴下には一面のこまかい霧の球――。

時計を見ると五時半だ。天幕の中はあかるい。そうっと紐を解いて外へ顔を出すと、一面の霧と露。――けれども朝風は男らしく白樺を吹いている。

しっとりしめった白樺の根に腰を下して、火にあたる。すぐわきにふうろ草の牡丹色がなよなよと風にゆれている。あつい番茶を吹きながら飲んで、今日からは楽だなどと話し合う。実際針木を越して。立山を歩いて、劒に上ればもう用事はない。もう六日も立った事と思うと、あの美しい山々がたまらなく恋しくなって来る。

七時には出発が出来た。すこし雪を上ると、白樺の林にぶつかる。ここが小黒部谷と劒谷との分水嶺になっているので、ここからは下る一方である。新しい飯場の前からまた長い雪渓にかかってカンジキをはく。

ときどきひどいクレヴァスにぶつかって、その度に岩壁をへつったので大分時間をついやした。大窓の落合でカンジキをぬいでからは細い路を、岩角をつたわって歩く。丸木橋だの、つなのはしごだのを、猿のように渡って、与左衛門谷の下についたのが十時半。

深い谷の底ではあるが、白い石と白い砂が多いため恐ろしくあつい。足袋の間に砂が入ったり何かしたのを出そうと思ってちょっと日影にすわったのが大休みになった。一同は悠々と川で身体を洗ったり、飯を食ったりした。

やがて歩き出す。路は熊笹といたどりの間にひらけて、そこに南平の小屋を見る。空には白い雲がムクムクと湧いて、そうしてこのくさった小屋の前にはマムシの生々しい死骸がすててある。さながらにイリュージョンをぶちこわされたような感じがされる。

その中に立派な林道に出る。川は遥か下になって、その水音がカナカナと涼しい日暮しの声と一緒に耳をなぶる。二十分ばかりして、眼の下に黒部の本流を見た。

何といって形容してよいか分らない。ガラスをこなごなにぶちこわしたようだと言おうか、緑青を雪にまぜたようだと言おうか。そのすごい水流が、ここは黒部の谷でも殊にゴルジ（gorge）で名高い猿飛びを我物顔にわき立ちかえっている。

そのまま川にそって溯ると、釣橋がある。いやにゆれるので、一人ずつ渡ることにしたが、下を見ても別に眼もくらまない。皆な渡った頃、俄かに天が曇って大変な夕立がやって来た。それも晴れて祖母谷についたのが五時。半分こわれた化物屋敷の上段の間にゴザをしいて今宵の宿とする。砂をほって入った河岸の温泉は面白かった。

翌日は南越を越えて雲にかくれた劒に最後の gruss を送って、二時頃に大黒鉱山事務所についた。一晩世話になって、翌二十四日は早朝出発。大黒山にのぼり、霧の中を雪渓をすべり、飯森に出たのが二時。諸井は用があって馬車で帰ったが、我々が青木湖畔で最後の晩飯をくったのが四時半、中綱湖から雨が降り出し、湯本と私はゴザ一枚なのでサルマタまでグショヌレのやけくそまぎれに大町まで走りつづけた。

諸井は翌日帰京。私はどうしても山が忘れられずに、その二十六日からまた対山館の百瀬君と鹿島槍と爺を訪問した。

これで自分の山の旅は終った。二十九日朝、白い糸魚川街道がまだねむりから覚め切らない中、あたりの空気をふるわせる円太郎馬車のラッパ。その馬車の中に、長い足の置場に困りつつ、雲から半身を出した鹿島槍を何時迄何時迄と見送る自分を見出したのである。

（「学生」一九一五年十～十二月・冨山房）

初夏のバヴァリア高原

ミュンヘンを出てしばらくすると汽車の線路は大きな湖水の岸を行く。窓から見ると鏡のような水面に岸のタンネが黒くうつって、朝霧がまだいくらか漂う。はるか向うに白いものが見えるのが、雲か山かはっきりしない。山があってもいい見当である。然し山にしては輪郭が覚束ない。

汽車は湖水から離れたり近づいたりして、南へ南へと走る。湖水に近づく毎に窓から見るとヨットがだらしのない帆を上げて浮んでいたり、白鳥が二三羽泳いでいたりする。恐らくレールは湖水の長い方向に沿っているのであろう。向う岸は近いがいつ迄も湖岸を離れない。

ふと気がつくとさっき迄雲のように見えていた白い物が、急に強いアウトラインを持つ山になっている。一面の雪で、それが朝日に輝いているのである。いよいよ山と気がつくと同時に私の胸は怪しくときめいた。古い昔の恋人である。何年かすてっぱなしにして置いた恋人である。

今でも覚えている。かつて信越の山を歩き廻った頃の事。夜甲武線で新宿を立ち、寝苦しい一夜を笹子のトンネルで暮し、うとうとする間もなく夜が明けるともう信州に入っている。目の中に煤のとび込むのもかまわずに、窓から首を出して眺めまわす。ふと空に山の姿を見出すと、もういても立ってもいられなくなって、埃だらけな車室の床板をどんどん踏みつける。同行の友人とあれは何だ、それは何んだと話しあったり、どこの谷には雪が多いとか、うまく林蔵の手があいていればいいがとか、まるで夢中になって喋り散らす。

二三年つづけさまに、大町を起点終点に、あの辺の山を歩いた。三月四月、南の風が吹きはじめると同時に、地図を出して赤鉛筆で予定線を作る。針木《はりのき》をこしてこの小屋で泊ろうとか、別山裏からすぐに剣の尾根へかかって見たいとか、其の頃一年中、山の事を考えて生きていたようなものである。

まことにその頃の私は、lusty knight of Alpenstock であった。匐松《はいまつ》と石楠花《しゃくなげ》のからんだ所に身を投げて、一万尺に近い雪の峠の嶺の真昼の日光を除けもせず、昼寝をしたり、一段二段その段の下はえぐれている為下も見えぬ別山裏の雪渓を横っ倒しにころがって落ちたり、色々なことをやったものである。それがある夏衰弱しきって大町へひょっこり現れて、親しい友人と白馬に向って以来、山とはまるで没交渉になって了ったのである。私も友人も白馬ははじめてではない。其頃は登山者が多くて白馬などはもう山の部に入れていなかった。しかるに雪渓下の小屋まで行って、どうしたものか二人とも急に下界に帰り度くなった。やっとの思いで眠れぬ一晩を過ごして翌朝早く四谷へ下る。そこから馬車で大町へ行く途中、はるか北方に雨飾《あまかざり》山が秋近い空に浮ぶのを見て、なぜか二人はひどく感傷的になった。その翌年早々私はもう日本にはいなかったのである。私の行っていた米国東部には山らしい山はない。

その時から六七年になろうか。時々は登山して有名になった人の話など聞いても一向感興が起らなかった。私は黙っている山よりも生きていて苦しむ人間の方に多くの興味を持つようになった。興味の範囲を脱して自分がその苦悩の中にはいっって行く事もあった。こうして私は、いつの間にか山なるものを全然忘れて了っていた。

所が突然ここで山を見て、昔のような感情が胸に浮んだ。私は鼻に迫る、軽い乾いた空気を感じ、頬をこがす雪の上の日光を感じ、昼寝の唇に触れるつめたい石楠花の花弁を感じた。山へ！　山へ！　と我知らず床板を踏んで叫ぶ。暁の風に鞭あげてゼーゼンハイムに向う若いゲーテの心待も、こうかと思われる。

然しその次の瞬間、私は再びかたいシートに腰を下して、かつてどこかで読んだような気のする詩の断章を考えているのであった。夕、谷は濃紫に暮れて行く時、紅の光にすすけた赤熱の鉄となって空に浮ぶ小さな山の嶺。という文句である。暁の風に鞭あげるゲーテの心は白熱である。小さな紅の嶺を夢に見るのは、余程熱がさめてからのことである。現在の恋と過去の恋との差別はたしかにそこにある。過去まっしぐらにフレデリイカに向う時のゲーテの心には息をする余裕だにない。過去も未来もないのである。然し夢に山を見、我を呼ぶ山の声を聞く者には、淋しい諦めと心細い望とがある。どちらにも強い憧憬はあるにせよ、その憧憬に血と水との相違がある。しかも血は若い、燃ゆる血であり、水は痩せて冷い秋の水である。

パーテンキルヘンへ着いたのは十時頃であったろう。停車場を出るなり先ず私は右手に屏風のように聳える山々の雪の多いのに驚かされた。ドライ　トアの連山などは、すっかり雪でうまっているし、ツーグスピッツェのカールは溢れんばかりの雪である。同時に高原らしく乾燥した空気が私をよろこばせた。どこもかしこも気持よく乾燥している。その乾いた空気の中を広い大道が一本。両側の歩道はセメントで固めてあるが中央はまだ地のままである。汽車から吐き出した多くの旅客をのせた馬車が走って埃を立てる。馬車を御して行くのは土地の人であろう。頭にすっぽりと小さな帽子をかむり。その帽子から長い羽がなびく。たいていの人は上衣をぬいでいる。白いシャツに赤と緑の派手なネクタイ。革でつくったズボンは膝の上までしかない。ズボンつりも革で、胸の辺で横に一本幅二寸位のラシャ地にこれも緑と赤の絹糸でエーデルワイスの花や何かをぬいとりしたのをつけている。ズボンつり全体が、正面から見るとH型になる。

ズボンは膝の上まで、その膝から二寸下って靴下が、踵のまた二寸上で終る。くるぶしと膝はむき出しで、其の間に短い円筒形の物をはいているのである。半靴を素足にはく。至って面白いのはティロールの風俗である。

いずれも日と雪とにやけて、丈夫そうな顔をしている。その顔も面長な、髪の毛のやわらかい、しまったタイプである。

女もまた緑と赤とが勝った木綿地を着ている。自由に頸と腕とを出して、丸くえぐった襟、腕のあたりはぴったりと仕立ててあるので盛り上った乳が健康らしい。腰をぎゅっと黒びろうどの細帯で締めて、それから短いスカートになる。万事きちんとしていて、だらしない所はすこしも見えぬ。

停車場から村までは大部みちのりがある。路に面して所々に大きなホテル風の家があるのを見ても、パーテンキルヘンが、夏は山登り、冬はウインター スポーツに、独逸《ドイツ》のみならず、時としては欧州全国の人々を多勢に集める事実を裏書している。然し私の行く可き家はこの辺の新しいのと違って、もっと向うの、本当の古い村の中央に建っているのである。

停車場前に発する広い路は、突然細い路に丁字形にぶつかる。ここからが愈々《いよいよ》村である。丁字の中央に大きなカスタニアの樹、まだ花は咲いていないが、蕾はすっかりふくらんでやがて六月の空の下に、鮮かな白と緑の色を見せることであろう。根本に近く粗末なベンチが円形に、幹に打ちつけて、しつらえてある。左手は墓地。右の角の家は鍛冶屋であった。つきあたりは、この辺から小さな店が並ぶ。

幅の狭い路を右に曲ると目の前に大きな立札がしてあって、独逸ティロール山案内組合の広告と知られる。只でさえ見廻す三方は山、殊にその一方は富士山位の雪の山である。それに加うるに、案内者の名前が立札で立っていては、益々山に登り度くなる。

丸石を敷つめた道路を、牛の車が通る。馬車が通る。大変な混雑の内をしばらく行くと左から小川が流れて、その両側に道がついている。川が大道と合する所に古い鉄製のマリアが噴水になって立つ。四角い石を積み上げて井桁にしたのである。子供が井桁にのって遊んでいた。

さてこの川に添うて山手にだらだら上る道の美しさは思いがけぬものであった。桜の花の満開である。勿論日本のそれのように、紅色を帯びていないが、高原の澄んだ空気に咲く花とて、純白である。それがものの五六町も水をはさんで咲き乱れる。それから二三間の道路を隔てて、村の人の住宅になる。白い壁に、梨の樹か何かを、八手の葉のように延して、ぴったりとくっつけて植えた家がある。開け放した戸口から物を焼く香のする家がある。ごたごたと並んでいはするものの、流石に山村の、水に臨んでは何かしら趣を備えている。

まだ夏の季節には早いので、私の行った家は殆んどがら空きであった。三階の部屋に通された。目の下が村、村をへだてて平地、前山、それから先は、例の山である。真正面がツーグスピッツェ、独逸第一の高山である。高さに於ては富士山とほぼ同じであるが、ああ孤立してはいないので、雪の量も多く、また険しい岩が多いので、如何にも荒々しい感がする。丁度その大きなカールに日が当って、氷河がきらきら輝いて見える、それに続いて左がアルプスピッツェ。どこか調子が鹿島槍に似ている。こちらからずーっと尾根が続く、その最高点に山小屋が黒く見えるのがたまらなく心をそそる。尾根はそこから急傾斜をして下り、直ぐに雪渓にとっつくらしい。アルプスピッツェから、左の方のドライトアスピッツェ迄、これはまた何という雪であろう。何という薄い、とがった、尾根であろう。私は夢中になって、ものの三ダースばかり写真をとった。そうして昼飯も食わずに、戸外へとび出したのである。

ツーグスピッツェへ登る路は、先ず二本である。一つはラインタールの谷を伝うので、これは割合に楽な代りに、大迂回をするので恐ろしく時間がかかる。麓の村から十二時間もかかって小屋につき、翌朝カールにとりかかる。もう一つはヘレンタール、地獄谷と云う名からして恐ろしい。あたり前の人なら、七八時間で頂まで行く事が出来る。然しこの路はずい分危険であって、途中岩壁の腹を、二尺置きに打ち込んだ鉄の大釘をつたって、渡ったり、垂直な岩を、これはワ冠形の鉄を打ちつけた奴を、四本の足で、のぼったりすると云う。従てこの山では毎年必ず人が死んだり怪我をしたりするのである。

伯林《ベルリン》で、私が知っている家、息子四人、娘四人という大家族であった。戦が始って、男は四人とも従軍し、娘も或は看護婦になり、或は戦地酒保のかかりとなり、六十以上のお母さん迄寒い露西亜《ロシア》国境に近く、軍人家庭《ゾルダーテンハイム》を受持って出かけると云う有様であった。長男の妻君はこれも開戦と共に赤十字に入って、早速第一戦線に立つ。次男は最初の時のクリスマスの前夜、フランスの或る所で戦死をし、三男は四年間に、一度は飛行機から落した爆弾が打ち上げた何百噸《トン》と云う土や石の下敷になって死にかけ、一度は頭の頂上の骨片を一寸四方ばかりえぐりとられて、二週間ばかり生死不明の床に横る。只丈夫なのは長男と、飛行将校になった四男、（これは初めから軍人であった。）だけであった。

このかすり傷一つ受けなかった長男が、一九一八年、即ち講和が出来た年の夏七月、久振りで休暇を取り、妻君と一緒にパーテンキルヘンに来たのである。二人とも戦争前に何度ツーグスピッツェへ登ったか分らない。この時も早速登りかけて途中、岩から落ちて死んで了ったのである。勿論妻君も一緒である。よくは分らぬが前後の模様から察すると、余りよく知り過ぎて山を莫迦にしていたものらしい。勿論案内者は伴わず、二人とも、殊に細君の方は、至って薄着をして出かけたのが、例の岩壁を渡っている最中に突然雪嵐に襲われて、前へも後へも行けなくなり、凍えた果に手をすべらして、下の氷河へ落ちたらしいという。生前から非常に仲のい夫婦であった。そして二人とも山が好きであったが、とうとう二人そろって、山で死んだ。

探し出した死骸は麓の村の教会に埋めてある。私は、自分自身が山が好きで、いつそんな目に逢うかも知れぬと思っている上に、予て知っていた人のこととて、宿について荷物を置くなり、靴をはきかえて、二里の路を墓参りに出かけたのである。

路は山の麓を添うて走る。丸い石の多い磧《かわら》を、灰色がかった水が急いで流れる所は、どこも同じ景色である。だんだん行くに従ってツーグスピッツェが近くなり、ついには頭の上へ被いかぶさる程になる。裸の岩はあく迄黒く、雪はあく迄蒼白く、そうして山のアウトラインに接する空は濃紺色、たたいたら鋼鉄の音を発しそうである。そこに柔かい草、桜草やたんぽぽの咲き乱れた小天地がある。百姓家が五六軒、教会が一つ。その教会裏の墓地に、この夫婦は埋っている。夫婦ばかりではない。殆ど全部が山で死んだ人の墓である。梨の花の真盛り、鶏の声が聞える。ツーグスピッツェは何の心もなく見下しているのである。今迄に何人を殺したか。またこの後、何人を殺すか。山はそんな事に関係なく泰然として立っている。

墓守の老人に、手真似身振で、墓を掃除して草花を植え込むように頼んで、金をすこし置いて来る。

其の晩は、只でさえ汽車の一夜で疲れていた上、四里の路を、重い靴を穿いて歩いたので、非常に気持よく眠た。その翌朝である。

何百か何千か分らぬ程の鈴の音がする。カラン、カランと朗らかなテナアに交って、チリン、チリンと、疳高《かんだか》い、然し澄んだソプラノが聞える。時々犬が狂気したように吠えて性急にカラカラチリチリと乱れる他、ある一定のリズムを持って制限なく聞えて来る。しばらくは夢心地であったが、やがて明け放しの窓から冷たい朝風に送られて、桜の花の香が忍び込んでいるのに気がつく。そこで目を開くと、身体を起す迄もない、ツーグスピッツェが聳え立つ。私は生きている事を感謝した。

二日目の朝、他所に行っていた宿の息子が帰って来た。まだ年は二十をあまり越していまい。背の高い、日に焼けた、時々にたりと所謂 Grin する、気のいいらしい男である。これが山案内として、親父の跡をついで、今は一人前やっているのである。庭の日向に草を敷いて色々と話す。こちらもまだ独乙《ドイツ》語は余り達者でなし、向うはバイエルンの方言で話すのだから、意志の疏通を欠く事が度々ある。然し目の前に地図をひろげて、鼻の先に実物の山を控えて、山の話をするのであるから、至って話が早い。今年はまだ雪が深いから雪眼鏡が要ると云う。氷斧《アイスアックス》も持っていなければなるまい。今頃出来るのには、いいものはないから自分のを貸してやろうと云う。ずい分辛いだろうが、貴下なら大丈夫だろうと云って又気の良い笑をもらす。結局ロープなの、氷斧なのを持って来て見せる。最後に貴下の靴では駄目だ。と断案を下す。

そう云えば私の靴は全く駄目なのであった。靴ばかりではない。右足も駄目になりかけていたのであった。最初の日に石にのりかけて踵を曲げた時から妙に足に当る。それ以来実は痛いのを我慢していた。それですぐに下の靴屋へ行って恰度いい靴があったので、鋲を打って貰う。

所がこの日まだ鋲が打てないので前の靴をはいて裏の山へ出かけたのが祟って、其晩右の腫が脹れ上ってしまった。医者に来て貰うと腱がよれて何とかしたのだと云う。看護婦上りの女に右足を巻いて貰って、それを薄い雨外套で包んで寝たが一晩中痛みが去らない。とうとう一週間というものは跛を引いて其の辺を歩き廻る丈で、其のうちに山を見ると口惜しくって涙が出そうになって来たから、もう帰ることにきめて、オーバアアマガウの受難劇を見て、ミュンヘンに出た。

然し考えれば考える程パーテンキルヘンは好い所である。桜の花。群をなして、犬に導かれて朝夕牧場へ往復する牛や山羊の鈴。マリアの噴水。迫る山々の雪。晩方になるとカスタニアの樹の下のベンチに腰をかけて、長いパイプで、臭い煙草を吸う老人ども、ルックサックに鍋や鋸やを一杯ぶら下げて、大きな氷斧を提げて山へ行く樵夫の何人。更に緑の地に赤い花を散らした木綿の衣服に、健康な胸と日に焼けた頬を持つ若い村の娘だち。私はもう一度パーテンキルヘンへ行き度いと思う。そうして、同じ死ぬならツーグスピッツェの氷河へ落ちて死んで、同じ埋められるのなら、山ふところの小さな教会の墓地に埋めて貰い度いと思う。

（『旅から旅へ』一九二三年・大阪毎日新聞社ほか）

キッケルハーン

目の下から濃い霧が、もうもうと渦巻いて上って来る。夏の日の夕方とはいえ雨雲が低いので、ここには人もいない。霧をすかして四五間向うに小さな家が一軒見える。これが例のかと思いながら近づくと、旅行者をあてに急造したらしい、青いペンキ塗りの茶店みたいな物であった。

男がひとり、扉に鍵をかけている。人が来ないので今日は早く麓へ下りようというのであろう。ゲーテの小屋はと尋ねると、無愛想に、この路を行けば二分間だ、と答えて顎で細い路を示す。

何という好い路だったろう。今迄のように幅の広いのとはまるで違って、僅二三尺しかあるまい。気持よい弾力を持った黒土、両側はしっとり水を含んだ樅の木である。樅もここのは背が低い。二間位しかあるまい。若木なのか種類が違うのか、山全体に生えている大きいのに比べると、葉も細かく、何となく物なつかしい感がする。その下萌は満天星のような灌木、秋ならば美しかろうと思う。所々にすべっこい岩があって、その近所は枯れた針葉の上をありどうしに似た植物がはびこる。

この辺一帯、蜘蛛の巣のように細路が通っていると見えて、時々立止まって考える必要が起る。何しろ一寸でも広い方へ行けば間違いないと、なるべく幅のひろい方をよって進む。二分が五分になり十分になる内に、急傾斜に山を下りはじめた。これはいけないと後戻りをする。ふと側の木に、何か小さな木片が打つけてあるのに気がついて背のびして見ると、古い、腐ったような板に、ゲーテ　ホイスヘンとして、その下に矢が書いてある。

矢の方向にだらだらと下りると物凄いような霧のかたまりが襲って来た。麓から四十五分、息もつかずに登って来た路が、平どころか、いささか下りになって、余程身体が楽になった時である。寒さが身にしみて、思わず首をちぢめた。

突然目の前に化物のような家が現れた。近づけば一向大きくない。屋根のとがった、物置みたいな小屋である。ドアが閉っているので鍵でもかかっているのかと思いはしたものの、ためしに押して見ると苦もなく開く。

小さな窓がひとつ。その外には何もない。内も外と同じ木造で、其の壁には一面の楽書である。どこかに詩が書いてあるに相違ない。さがして見ようと思っても、もう薄暗いので何も分らない。只伯林《ベルリン》在住ウイルヘルム　シュルツが何年何月ここに来たとかヘルミナ　シュミットがどうしたとか鉛筆やペンでごたごた書いてあるのばかり見つかる。内には御丁寧にナイフで頭文字を彫刻したのさえある。

隅の方の階段を上って見る。もう暗くて、おまけに寒くて、心細くなるばかりである。窓からは相変らず霧が吹き込んで来る。

Über allen Gipfeln ist Ruh!

木々の梢にそよぎだになく、小鳥は森に沈黙を守る。秋の夕陽に浮かぶチウリンゲンの山々丘々を眺めたゲーテの心には、またとない落付があったであろう。しばしは人も我身も忘れたであろう。しかしその非人情の境に、長くいる事の出来なかった彼である。自然は憩い、自然は休む。然し人は苦しい恋に生き、辛い思い出に生きねばならぬ。それ等の重荷を下して、この山地の嶺のような、透き通った平和を得るのはいつであろう。果してそんな平和が人に来るであろうか。さまよい人の夜の歌、「只持てしばし、なれもまた、やがていこわん」と結ぶ。この人の世に誰か「ただ待てしばし」といわないでいられよう。あの山越せば、また谷に下りるばかりである。逢えば別れるばかりである。あの山越して、只その越しただけに満足していられる人、逢って幸せでいられる人、こんな人達はそれでもいいが、ゲーテのように山の向うの谷まで見え、逢う前から別れる時のことを考えてしまう人間は、只まてしばしを繰越して、何か目に見えぬ、耳に聞えぬある憧憬を追うだけなのではあるまいか。さてこそ別れないでもいい女の何人かと無理に別れてその心に傷をつけ、とても出来上りっこない恋をフラウ　フォン　シュタインと何年も続けたのではあるまいか。ゼーゼンハイムの朝の歌からマリエンバードのエレギイに至るまで、待てしばし、なれもまた、の連結ではあるまいか。

霧に巻かれている最中には、ただ一分も早く麓に下りたいと思うばかりであった。その霧も中腹までくると、もう晴れて、目の下にチラチラとイルメナウの灯が輝やいて見えた。すべるようにして町まで下りる。ゲーテが最後の誕生日を祝ったという古いホテルの薄暗い食堂の一隅に足をのばして私はいつまでもいつまでもWanderers Nachtlied を心に浮かべた。真の満足からくる永遠の平和、それは矢張り彼岸に達してからのことであろう。初めから苦しむために生れて来たとあきらめでもつけるに限る。三途の川の向うには、酒もなかろう、恋もなかろう。苦しんで酔うのも、酔って苦しむのも、結局大した違いはない。生きている内、真剣に苦しみ、真剣に酔ったゲーテであって、はじめて、わずか四行の内に、人間五十年の苦痛と希望を打込むことが出来たのであろう。などと考えてくると、いつまでもビールのコップが空にならぬ。キッケルハーンは霧で、ゲーテの小屋は落書きで結局面倒な汽車の乗りかえを何度もしてワイマールから立寄ったのが莫迦げていたようだが、麓の宿屋では、私も本気になって世の中というもののことを、あれやこれと考えて見た。

（「サンデー毎日」／（『旅から旅へ』一九二三年・大阪毎日新聞社ほか）

高きに登る心

登山ということを考えると、私の心には一つの詩と一つの絵とが浮んで来る。どちらも有名でどちらも独逸《ドイツ》のものである。詩とはゲーテの "Über allen Gipfeln ist Ruh„。絵とはハンス　トーマのゼーンズフト、即ち「憧憬」である。

ゲーテの「さすらい人の夜の歌」に関しては、今更ここで紹介する必要もあるまいと思う。

すべての峰の上にいこひあり
木々の梢に風はそよぎだにせず。小島は森に黙す。
只待てしばし汝もまたやがて休ふを。

ゲーテがこの詩をつくった場所は、チュウリンゲンのキッケルハーン。一七八三年九月二日、この山の頂に建てた小屋の板の壁に、鉛筆で書きつけたといわれる。

キッケルハーンは高さ八六一米、而も附近一体が山地であるから、麓の町、イルメナウからは三十分ばかりで頂上に達することが出来る。いくつもいくつも同じ位な高さの山が、同じように何の変てつも無い丸い形をして、同じように大きな樅の木を茂らして起伏している中に、やはりこんもりと盛り上った大人しい山である。イルメナウはワイマールから遠くなく、同じイルムの河に沿うているので道路もまたよい。ゲーテは好んでここへ来た。現に今でもイルメナウに立っている、ガストハウス　ツーム　レーウェンでゲーテは一八三一年八月二十八日に、彼の最後の誕生日を祝ったのである。

「さすらい人の夜の歌」を、私は余程以前から知っていた。山が好きで、ゲーテが好きな私は自分勝手に、この詩のまわりに、ある光景を築き上げていた。ゲーテホイスヘンの存在を承知していた私が空想した景色は、次の如きものであった。

粗末な木造の小屋がある。その左右と後とには、タンネの木が生えているが、前は広けている。小屋に打ちつけた一枚板のベンチがあって、ここにゲーテが腰をかけている。

小屋の前は二三間で絶壁になっている。その深さは分らない。谷には雲が満ちているからである。その幾重の雲の波をへだてて、はるか向うに、高い、永遠の氷雪をいただいた山の峰々が、小さく、鋭く、夕日を受けて透明な薄紅に輝く

……

このような景色を空想していた私はキッケルハーンの頂上へ登って、いささか狐につままれたような気がした。何がさて、麓のイルメナウが海抜四七七米、八六一米のキッケルハーンは僅か三八四米の登りである。而《しか》も頂上から見た景色は、前にもいったような穏かなものである。絶壁は勿論無い。霧は多かったけれども、その上に出ている山の頂は、やはり丸い、こんもりした、タンネの森。久遠の氷雪もなければ鋭いピークも無い。要するに只平和で、穏かで、鋭いところ、偉大なところ、人を威圧するような所は更に無かったのである。

狐につままれた感は失望となった。何だ下らないという気持になった。勿論チュウリンゲンに入るなり、私はそこに「久遠の氷雪」を頂く山があろうとは思っていなかったが、キッケルハーンに登る迄は、何かもうすこし大きな景色があるかと思っていた。同じ北独逸でも、同じくゲーテに縁のあるハルツの山の方が、まだも

うすこし大きな所を持っている。

ゲーテは伊太利亜《イタリア》へも行った。アルプスも知っている。それにどうして一体こんな詰らない景色に対して、あれ程の傑作をしたのだろう。せめてこれが南独逸の山、オーストリアとの国境に聳えるツーグスピッツェの峰でも眺めてつくったものなら、私の感興も、もうすこし探く起ったであろうものを……私はこんな風な考えを抱いてキッケルハーンを下りた。失望と妙な腹立たしさを感じていたのである。

然るにその晩イルメナウのガストハウス　ツーム　レーウェンの食堂で、あまりうまくないビールを飲んでいる内に、私の考がすこしかわって来た。どう変ったかは後で述べる。ここでは只その後「さすらい人の夜の歌」を考える度に、やはりゲーテはあのキッケルハーンの頂にあってこそ、かかる詩をつくり得たのだと感心こそすれ、決して失望を感じぬことを申し述べるに止めよう。

話はゲーテからハンス　トーマに移る。彼は一八三九年、シュワルツワルドのベルナウで生れた。その性格、芸風に関しては、私はここに説く時間を持たぬのみならず、美術研究を専門にしていない以上、喋々《ちょうちょう》することは避けようと思う。只、素人としての私は、彼の作品のオリジナルなり、又はリプロダクショシなりを多少知っている。それによってハンス　トーマは、しっかりした筆触を持った画家で、彼の作品にはどことなしに、土から生れて土に育った民謡の気分が現れていることを感じた。

トーマの「憧憬」は有名な絵である。知っている人も多かろう。画面を四分して、その右下にたくましい裸体の男が、僅にあらわれた岩角に立っている。右足はぴったりと岩を踏むが、左足は踵を上げて、つまさきで立つ。男は広く拡いた両手を高く挙げる。彼の手から一寸とはなれぬ所に、ファンタスティックな鳥の尾がある。ファンタスティックといったがこの絵に描かれた五羽の鳥は、まことにファンタジイが生んだものである。鶴のようにも見えるし、鳳凰のようにも見える。紅の嘴、緑の長い頸。翅や尾は虹を油で溶いて心の赴くままにブラッシを染た色である。これ等の鳥は、なよなよと、今にも地に落ちん姿で飛ぶ。

浅黄色の空には白い雲が浮かんでいる。それによるとこの画は初夏の真昼を描いたものらしい。然し強い光線はどこにも現れていない。男は岩に立っているが、その岩には男の影が無い。

驚くべきは谷間の色である。画面の半分以下の所を褐色の岩山が横に切っているが、それと、若者の立つ岩角との間の深い渓谷は、只ハンス　トーマのみが出し得る如き紫色で充ちている。谷の深さは、はかり知られぬ。岩山の向うは平原か、無数の岩山か、それは分らない。只一面に三つの原色が交りあって、紫がかったやわらかい色を出している。

これでトーマの画、「憧憬」の説明は終った。要するにここに描かれた景色は、アルプスでもない。トーマの故郷、シワルツワルドでもない。勿論ゲーテが、「さすらい人の夜の歌」をつくったチュウリンゲンの景色でもない。

ゲーテは実在の人物であり、トーマの描いた裸体の若者は芸術の作品である。よってこの二人をならべて比較することは無理である。然しゲーテがキッケルハーンの頂に坐っている所を脳裡に描いて——あの崇高な、到底我々と同じ人間とは思われぬ程、神に近い顔をしたゲーテを、木造の粗末な小屋の前に坐らせて、黒く樅の茂ったチュウリンゲンの山々の、静かな夕暮を思う時、ゲーテもまた我々が心に持つ想像の製作品になり得よう。こうしてこの二人を前に置いて、しばらく考えて見度い。

元来人は何故に山に登るのであろう。運動のためもあろうし、科学研究のためもあろう。然し今日、高山植物なり、地質なり、山中の小湖のプランクトンなりを研究に山に登る人は極めてすくない。又運動にはなるが、本当の体育という事を考えると、一年に一回、突然急激に身体を使い、気候の変化が著しい所へ行って、雨に打たれたり、土の上に寝たりすることは考えものである。勿論中には登山が流行するが故に山に登る人もあろう。下らぬ話である。とにかく大部分の登山家は只何となく山に登り度いから登るのであろうと思われる。

私も何となく山に登り度くって登っていた。然しその後いろいろと、山には登らずに考えている内に、すくなくとも私自身は、無意識ながら、次のようなことを望んで山に登っていたのではあるまいか、と思うようになった。

人を忘れ、己を忘れ、緊張し切った、白熱の、一心不乱の心境に達し度いが為に、私は山に登るのであった。申す迄も無い、山はすべて原則としてピラミッド型をしている。下が広くて上がせまい——せまいのではない、上はあるポイントで終っているのである。このポイントが絶頂である。

いずれの山にしても登る路は多い。いずれも麓から初まっている。麓にはいろいろな物がある。都会があろう、村落があろう。そこには酒もあり、女もあり、醜い争もあり――所謂《いわゆる》浮世が存在する。何も麓が醜いというのでは無いが「すべて」を抱擁する麓には浮世があり、浮世は元来醜いものなのである。

醜い浮世！　我もまたその醜い浮世の一員ではないか。胸に手を当てて考える時、我自らさえもこの浮世を、如何に醜くしているかに驚き戦《おのの》かざるを得ない。何故この我は一体、醜い行為をなし、醜い思いを抱いて浮世を醜くするのであろう。浮世にはあまり「かかわり」が多いからである。我々には、その「かかわり」を棄て去ることが出来ぬからである。棄てる可く、あまりに弱く――または余りに強いからである。

然し、とにかく山へ行こう。山は我々を待っている。足にはリライアブル――正に全身をあげて信頼するに足る靴がある。岩角を攀じ氷を踏み、また雪解の水が泡を飛ばして流れる丸い石を飛んで、更に己を裏切らぬ靴がある。手にはティロールの鍛冶屋が、之を一生の芸術品とばかりにきたえた氷斧がある。背中にはリュックサックが、気持よく両肩に重味を感じさせている。心臓は、調子よく運動をなし、又高原の空気に触れた血は、活き生きと身体中をめぐっている。我々は高い山嶺を望んで、全身に緊張を覚える。「あの峰へ、あの朝日に輝く一点へ！」この時吾人の心に、何の邪念があるか。何の「かかわり」があるか。何の「わずらい」があるか。

やがて我々は谷に入る。ここから峰は見えない。只蔭影多く、しめやかに、以前の興奮は去って吾人は黙々歩む。

谷を過ぎると、山によっては雪田があろう、雪渓があろう、氷河があろう。または切り立った岩壁があるかも知れぬ。吾人が心と身体とを労することは一通りでない、が然し、それと同時に我々は、山がだんだん細くなって行くことを感じる。ピラミッドの頂点に近づきつつある。針のようにとがった絶頂を見上ぐると我々の心も、また白金の針の如く鋭く清く、そこに何等の「わだかまり」の存在するを許さぬ。たとえばカナディアン　ロッキイス中のヴァジン　ピーク、ガイキーが、あまり鋭くて雪の積むことを許さぬ如く、我等の心もまた緊張の極に達して、浮世とか人生とか、人間苦とかいうものの触るるをさえも拒むのである。

かくてついに目的の山頂に達した。息もつかずにここ迄登って来た吾人はゲーテをトーマの若者とを考えねばならぬ。

トーマの若者はどうしたか。前にもくわしく述べたように、彼は絶頂の岩角に立って、そして空を見上げた。すると空には虹色の鳥が飛んでいる。高きを望んでこの世の最高峰に立った彼は更に高きを望んで、胸を張り両手を挙げ、片足をつま立てて、この浮世の物ならぬ七色の鳥を捕えようとする。ラオコーンの例を引用する迄もない。彫刻と絵画は不断のムーヴメントを、その一点をとって水平的に横断したものである。だからトーマの若者は、かくの如き状態で立っている。然し詩と音楽と、また我々の想像とは、不断のムーヴメントを無限に従って行くことが出来る。吾人はトーマの若者が、次の瞬間にどうなったかを知ることが出来る。

彼は七色の鳥を追って、一心不乱にこの岩山を攀じて来た。そして絶頂まで来たが、まだ鳥には手がとどかぬ。つまさきで立った……手を思い切りのばした。まだ駄目！　次の瞬間の彼は、足をふみ外して、岩角からまっさかさまにころげ落ちるのであろう。而も落ちて行く、その刹那の彼は、たしかに憧れて来た鳥を、しっかりと胸に抱きしめているものと信じているに違いない。あるいは百尺竿頭一歩を進めて、若者はバランスを失うことも恐れず、岩角で飛び上ったかも知れぬ。そして実際鳥を捕え、それと同時に下へ落ちたかも知れぬ。どちらにしても、ハンストーマの若者は、この絵にあらわれたる「次の瞬間」においては、昔の仙人の如く飛行自在でない限り、下へ落ちて死んで了わざるを得ないのである。

一方ゲーテは、どっしりと腰を下している。トーマの絵があく迄ファンタスティックであるのに反して、この秋の暮、キッケルハーンから眺めた景色は、どこ迄も落ついた現実である。ファンタジイを催すような者もなければ、氷河もない。勿論虹の色をした鳥などは飛んでいない。あたりは只静に、山も林も鳥も休息している。

ゲーテはこの時三十四歳、トーマの若者と同じように若い。而も何という相違であろう。ゲーテとても憧憬を持っている。而も彼の憧憬の対象は虹色の鳥ではない。彼が求めてやまなかった所のものは「心のいこい」である。永遠の休息である。生きんとする力はゲーテに強く働いた。なまけているゲーテを見た者があるか。

ゲーテは常に働いていた。常に心をつかっていた。常に情熱に生きていた。それだけ彼には「永遠の休息」を求める心が強かったのである。

「永遠の休息」を求める方法は、人間だけが知っている。曰く自殺である。ゲーテもいく度か自殺ということを考えたであろう。併し彼は、ロッテに分れたウェルテルには自殺させたが、自分はしなかった。あせらず、急がず。彼は待った。「只まてしばし」である。いく度か人世の山の絶頂に立った彼は、トーマの描いた若者ならば、岩角をはなれて飛び上るところを、その瞬間に至って「まて、しばし」とばかり腰を下し、憧憬の鳥をすてて山を下るのであった。ゲーテの一生を知る人は、私のこの言葉を了解するであろう。知らぬ人には無数に存在する彼の伝記の一つを読まれんことを僭越ながらおすすめする。「ウェルテルス　ライデン」のロッテだと倣《みなさ》れているシャロッテ　バフ。

Es schlug mein Herz-geschwind zu Pferde

Und fort, wild wie ein Held zur Schlacht !

とばかり、ストラスブルグから馬を飛ばして訪れた、若い美しい娘フリーデリケ ブリオン。有名なフラウ　フォン　シュタイン。さてはマリエンバードのトリロギイを書くに至る迄、ゲーテの心がひたすらに、情熱の山をのぼりつめた事は、数かぎり無い。而も、いつでも「ワルテ　ヌール」であった。

かくの如き一生を送ったゲーテが再キッケルハーンへ来たのは一八三一年の夏、彼が八十二歳の誕生日である。壮健な彼とても、流石に年は争われなかった。麓のイルメナウからゆっくり登って行って、頂上の小屋に着く。何心なく板の壁を見ると、そこには五十年昔に自分が鉛筆で書きつけた、「さすらい人の夜の歌」が、いまだに残っていた。ゲーテはこれを読んで、しばらく黙っていたが、やがて、Ja warte nur, balde ruhest du auch !（然り只待て。やがて爾《なんじ》もまた休《いこ》うを！）とひくい声でくりかえしながら、流れる涙を指で押えたという。まことにこの日が、彼の最後の誕生日になったのである。

所で結論は？　結論はない。私は山に登ることが好きである。好きで登っている内に何だか右のようなことを思い出したから、それを書いたというにとどまる。高い山でもよければ、低い山でもよい。とにかく絶壁に立って、ハンス　トーマが描いた「憧憬」とキッケルハーンにおけるゲーテとの事を考えて見ると、吾人は何かしら不思議な感がする。更に、淡々として水晶の心を持っていた芭蕉が、臨終の床で弟子から「辞世を」といわれて、「昨日の句は昨日の辞世今日の句は今日の辞世」と答えたことに思い至ると、吾人は今さらながら「人の心」の不可思議に感激せざるを得ないのである。

(『むだ話』一九二六年・春陽堂)

リトロスペクト

息もつかずに雪渓を登って行った彼は、その頂が、切り立ったようになっているので、すこしためらったが、やが右手へ、ステップを切ってななめに、岩の露出した奴にとっつくと、ものの二三間スルスルと登って行って、とうとう峠のてっぺんへ来た。

信州側はこの大雪渓である。風と太陽との気紛れから、雪のはじまりは、さっきといったように、約五六尺の幅で棚のようになっている。そこから帆立貝の内側のように、一寸えぐれて麓の方まで、一里に近い雪の渓。越中側は、大きいことをいう人々が、よく魔境とか、神秘の谷とかいう黒部の渓谷で。突然ズサリと斧で切ったような絶壁に、曲った白樺や、桂の木が繋っている。

峠の絶頂は長さ七八間、幅二三間、こまかい砂土である。ここに立った若者は、谷の向うに見える山々に、一寸うれしそうな顔を見せたが、立った儘《まま》リュックサックを地面に落すと、右に落ちて来る尾根を、匐松《はいまつ》につかまって登りはじめた。

「雲雀《ひばり》より上にやすらう」という峠には、腰かけ茶屋の二三軒もあろう。但し、この峠は鷲よりも上にやすらう位の高さである。疲れた者は土の上か匐松の上かで休まねばならぬ。その代り風は涼しい。涼しさを通りこして、冷たい位である。もっとも真昼の太陽がカンカン照りつけるから、風邪を引く心配はなかろう。

露出した土の左右は、即ち山の背である。左の山は高く、右の山はいささか低い、低いけれども全山、ほとんど岩で、如何にも不機嫌に見える。左の山は、高いが丸っこい。傾斜面には草も生えている。いくつかの雪渓も、また見事に延びている。

若者は、この右の山へ向って匐松を分けた。ガサガサ、十間近くも登って行くと匐松と石楠花とがもつれ合って、誠に気持好さそうな、自然のベッドをつくっている。そこ迄行って立ち止まった彼は、さっき登って来た雪渓を、斜に見下す。すると白い雪の上に、奇妙な姿が二つ。あの切り立った雪の壁の下あたりを、蟹のように左へ匐って行く。

「成程、ああして左からとっつくんだな。あの方が楽な訳だ」……ひとり言をいいながら、若者はドサリとあお向けに匐松と石楠花《しゃくなげ》とのカウチに横になった。身体の重味を受けて、からみ合った枝は、すこししなったが、もともと重い雪に押えつけられることには慣れ切った高山の植物である。しなやかに曲って、小枝一本が折れるでもない。

左の方から大廻りをして、露出した土を踏んで来た二人は、地面にころがるリュックサックと氷斧とのわき迄来て、重い荷物を下した。一人は案内で、一人は人夫である。

「先生はどけえ行った」一人が腰から樺の皮でつくった煙車入れを引きぬいて、きたならしい煙管《きせる》に「はぎ」をつめながらいった。

「さあ、ああ、あすこで休んでるだ」もう一人が、同じく取出した煙管の吸口の方で右の尾根を指した。

黙りこくって五六分。綺麗な山の空気を、頭髪の臭い女工がつくった「はぎ」の煙で、ほんのすこしばかり汚した二人は、やがて立ち上った。一人がまっくろな薬《や》鑵《かん》を出すと、一人がそれを受取った。そして

「先生のアルペンをかりるかな」といいながら、地面から氷斧をひろい上げて、す

ぐ下の雪を取りに行く。もう一人は、何時の間にやら、匐松の、白く枯れた枝を沢山ひろって来て、火をつくった。

蔓につかえる位、一杯に雪を盛った薬鑵は、うまい具合に曲った枝にひっかけられて、火の上へかざされた。はみ出した雪がすべり落ちて、ジューッと音を立てる。

「先生を起すべいか」

「何、湯が湧いてからでいいだ」

二人は又黙ってしまった。時々思い出したように、煙管に火をつける。

「善七のお方なあ、気の毒なこっちゃねえか。嫁に来て四日だのに、へえ、コロリと死んじまっただあ。」

「うん」

またしばらく沈黙が続く。山燕が一羽、ヒューッと羽音を立てて頭の上を飛んで行った。

若者はいつの間にか気持よく眠っていた。はじめの内は帽子を頭にかぶせて日光をよけて、いろいろな事を考えていたが、やがて山越しの風と、虻のつぶやきとに誘われて、ウトウトと眠りに落ちて行った。

彼は自分の学校の、独逸語《ドイツ》の教科書にあった、ある小説のことを考えていたのである。恐ろしくロマンティックな小説で、高等学校の生徒としての彼は大いに喜んで読んだものである。何でも若い男が伊太利亜《イタリア》へ行って、ある庭園で昼寝をする。そうすると若い、美しい貴族の娘がこれを見て、オリフェイスのアリイを唄って起すというのである。何もこんな山の中で、美しい女がいるとは思わぬが、とにかく取止めもなく、そんな事を考えていたのであった。

下で山の案内と人夫とが、嫁に来て四日目に死んで了った善七の女房の話をしている一方、上では若者が匐松にからまってロマンティックな小説のことを考えている内にウトウトと眠って了ったのである。

あたりが静かになった。下の連中もウトウトしているのであろう、話し声も聞えない。只時々山越しの風が吹いて来る。

その静寂を、さらに乱さぬ程度で、小さい小さい声が聞えた。

「今年もまた来た。」こういったのは薄い、白い、石楠花の花であった。

「ああ」匐松の花が、重い金の冠をかたむけていった。

「それで……」石楠花の花は何故か、ためらいながらいった「今年もまたここへ来て昼眠している」

「よっぽどここが好きだと見える」匐松の花は考え深く応じた。

「ここが好きなんじゃないよ。お前達が好きなんだよ」思いもかけぬ下の方から、細い、すき通った声がした。いわかがみの声である。

「あらっ」石楠花の透明な頰に、さっと紅の色がさした。

「生意気をおいい。お前なんぞの知った事じゃ無いんだから。」――流石に匐松は強くいい切った。

いわかがみはこうきめつけられて、只さえ小さい身体を一層小さくした。

その時、クックッと忍び笑いを先に立てて風が元気よく吹いて来た。風は気紛れな、悪戯者である。「よいしょ」とばかり。石楠花の花を、ペタリ若者の頰に押つけた。日にやけた若者の頰は、汗ばんで熱つかった。その血色が透いて見えたものか、その汗が、しっとりとねばったものか、花はしばらく起き上りもせずに、頰に触れたままでいた。そして蒼白い弁《はなびら》には、血の色が浮ぶのであった。

「アハハハ。うれしいか」

もう向うの方へ行って了った山の風が叫んだ。

花はようやく起き上ったが、口も利かずに下を向いた。


いつとはなしに眠ってしまった若者は、二度三度、熱した頬に、ひややかな、やわらかい唇の触れるのを感じた。この暑さに、何という冷たさであろう。この岩角ばかりの山になんというやわらかさであろう。ああ、山にいるのではない。自分は家の中にいる。風が窓から入ってくる。麻の上被を敷きつめたソファに、ころりとねている。この香は？　やわらかい。白い手が、首にからんだ。胸が踊る。また冷かな、やわらかい唇が……


「あら笑っている。うれしいのか知ら」石楠花は叫んで、ハッと下を向いた。匐松の花も、思わず若者の顔に見入った。

「日にやけて、日にやけて。毎年屹度《きっと》山へ来る人。一昨年も、昨年も、今年も。来年もさらい年も来るにきまっている……」

「ウフフフフ」また風が吹いて来た。

「さあ、たんと頬ずりをしときな。」ピタリと石楠花の花が若者の頬に押しつけられる。風は横っとびに三十間、四十間、山の中腹から声をかける。「もう来やあしないから！」


石楠花は蒼くなった。匐松はハラハラと黄金の花粉を散らした。

「なんだって？」

風は答えぬ。山のいただきをヒューッと越して、もう向うへ行ってしまった。

「どうすればいいのか知ら」

「どうしよう」


若者はまだ眠っている。花は顔をつき合わせて心配そうな目を見合った。

「駄目だよ、お前たちは」いつか帰って来た風がいう。「山ン中にばかりいて何が分る。いいか、麓には人間がいる。男も女もいる。俺は知ってるけど、この若い奴にも、やがて若い女が出来る。無理な恋だよ。山にばかり来て、お前達と遊んでりゃいいんだけど、そこが人間の浅間しさよ。自分から無理な真似をして……而も対手は女だ。うそばかりでかたまった女だけど綺麗だぜ。もう来年から来やしないよ。」珍しい長談議をやった風は岩にしがみついている駒草の、顎の下を一寸くすぐって、また向うへ吹いて行った。

「旦那、お茶づけにしよう！」下の方から大きな声。

「先生！」

旦那ともいい、先生とも呼ぶ。呼ばれた若者は、いきなり立ち上がった。「ああ腹がへった」と下りて行く姿を見送って、石楠花も匐松も、また品の悪いいわかがみも、何だか悲しそうに首をたれた。

（『むだ話』一九二六年・春陽堂）

峰を伝うて

又しても信州大町へ来た。まことに「又しても」である。所謂《いわゆる》日本アルプスは南にも北にも登山口は多いが、私はいつも大町へ来る。神の住む所といわれる神河内も、温泉のある中房も、さては便利に立山へ入れる富山も、私はまだ行っていない。これからさきは、益々行く気がしまいと思う。何もこれ等の場所を、喰わず嫌いしているのではない。写真を見たり、話を聞いたり、記行文や宣伝記事を読む度に、行こうかなとは思うものの、さていよいよ大阪を立つとなると、どうも大町へ引きつけられてしまう。

登山根拠地ばかりでなく、登った山、登り度く思う山も非常にすくない。私は今から十年ばかり前に、すこし山に登った。日本アルプスで名を知られたうちで、僅五つか六つの山である。アルプスの盟主と呼ばれる槍も、ここばかりはロープが無いとあぶないといわれる穂高も、私は知らない。勿論遠くから眺めて、「いいな」

と思ったことはあるが、さて行くとなると、第一、いつも大町へ来て了うので億劫だし、それに大して行き度くもなくなって来る。

私は山岳征服心を全然持っていない。研究心もない。突破心の如き、更に無い。だから多くの山に登っていないし、また山の名前、高山植物のこと、小屋の存在、その他は一向知らない。勿論名前だけはたいてい知っているが、さてどの山が何なのか、それが分らない。

こういって来ると、自らの無知蒙昧を誇っているように聞えるが私にはそれで差支えない。私は好きな所へなら何度も来る。好きな山なら何度も登る。また研究心の悉皆《しつかい》無いことを自慢するようにも聞えるが、私は山を愛するのであって、研究するのが目的ではないから、所謂山岳家なる資格をとるのには不便であるし、まかり間違って山に関する講演などを頼まれると甚だ閉口するが、自分としてはこれで充分満足していられる。

ここに述べる迄もなく、最近十年間に登山は非常に盛んになった。今こうやって大町にいると、松本から汽車がつく度に必ず幾組かの登山者が来る。これが大町はチブスが大流行だとの誇大新聞記事によって、大分人が減じての現象である。それから登山を純粋の科学として研究することも、近来メキメキと勃興して来たらしい。靴の底に打つ鋲《びょう》も、クリンケルとかトリコニイとか、氷斧のバランスは頭から何吋《インチ》だとかいうことが。盛んに語られるのを耳にする。山へ登る為に大町へ来るのが一夏に多くて五組か六組、また道具といえば外国の本や、カタログで見た写真によって、ほぼかくの如きものであろうと鍛治屋に註文して氷斧をつくらせた十何年前に比べて、何という相違であろう。勿論登山の普遍化、登山具研究の発達は結構なことである。然しそれに伴って、どこか退歩した、堕落した所がありはしまいか。これは決して登山家の心持をいうのではない。私は登山を商売にする人々、即ち各登山口の関係者や、登山用具店の間に、つまらぬ嫉妬や、狭量な競争などが行われていはしまいか、若しありとすれば、誠に悲しいことと思うのである。それにつけても益々私は同じ山に登って見度くなる。十年前の心持を、くりかえして味わい度くなって来る。

十年という年月は、決して短くはない。その時、針の木から立山へ、劒に登って小黒部、祖母谷、大黒という旅行をした私と、一緒に行った五人の人夫のなかで、三人まではもう押しも押されもせぬ一流の案内者で、今では一人ずつ、あるパーティを案内して諸方へ行っている。また一人、当時非常に将来があると思っていたのが、女房を持ったためにか、恐ろしく臆病になって了ったということもある。然し、とにかく昔の話は面白い。一種の自己中心主義には違いないが、それでも何だか、余り人の多勢登らなかった昔の山の方が、美しかったような気がする。山は、人の心に、今よりも、もっともっと、自分の心を打明けたような気がする。山も今のように多勢人が来ては、果して誰が本当に自分を慕って来るのか、誰が流行だから来るのか分るまいと思われる。こうなれば、もともとコケットでない山は、すべての人に微笑を送ることをなさず、すべてに向って固く心を閉じてしまいそうである。

然し、何という得て勝手な考えであろう！　老人が徒《いたずら》に若者をののしる態度と、私のこの心持とは、全く同じではないか。山、山というものの、私は果してどれ程よく山を知っているのであろう。こんなことをいう資格が、果して私にはあるのであろうか。

とにかく私は明日から山へ入る。十年前に行った山である。洒落《しゃ》れていうのではないが、何だか昔の恋人に逢いに行くような気がする。

今年は人がすくないというが、それでも十九日の朝の対山館は、大変な混雑であった。彦根の学校の人が十三人、住友山岳部の人が四人、それに各案内人夫が数人ずつで、あの昔風につくった大きな土間には、まっ黒になる程人の影が動いた。

荷物の仕度が出来たとのことで下りて行った私は、一目これを見るなり帳場のわきへベタベタと坐って了った。そして忙しそうにしている対山館の若主人百瀬君に声をかけた。

「慎太郎さん、こりゃ大変ですね。皆籠川《かごかわ》入ですか」

「すこし待ったらどうです。急いでも仕方がないし、お茶でも飲んでからいらっしゃい」

草鞋《わらじ》がどうした、薬罐《やかん》は持ったか、と声をかける合い間に慎太郎さんはこういった。

やがて三人去り、五人行き、ガランとして、燕が家の中へ飛び込んで来るようになった時、私は無作法に投げ出していた両脚をひろって立ち上った。靴をはく。リュックサックに弁当を入れる。あがり口に腰をかけた同行四人。日本アルプス大町登山口案内と、四十七士のように二行にわけて襟に書いた、はんてんを着た黒岩直吉。兄貴だけど山の方では弟分だという直吉の兄。彼は案内のはんてんを着る身分ではないので、兵隊が着るようなシャツのボタンを几帳面に咽喉までかけている。社の同僚の高田君と私、お茶をのんで、信州式の固い梅干を噛《かじ》って、さて荷物をしょって、トンと立つ。慎太郎さんの夫婦と、弟と、八つの美枝ちゃんとが出口まで送ってくれる。「お大事に！」こんな時にきっと畳に手をついて送ってくれる慎太郎さんのお母さんが、五月から大病で床についたままなのが、何となく物足りない。

たいていの人は七時に出発するが、愚図々々していたので八時半、九時近くなった。対山館から二軒目が角の小間物屋さん。主人が山の熱心家で、見事な鋲を打った登山靴が店さきの日向にほしてある。

慎太郎さんはここ迄やって来て「幾日かかっても、ヘタバッテもかまわないから、とにかく予定通り鹿島槍まで行かなくっちゃいけない。途中から引かえしたりしたら承知しない。いいか黒岩」で、直吉はすっかり引受けて了い、名古屋の伊藤さんに貰ったティロール風の帽子に一寸手をかけてニヤリとする。何しに山に来たのか判らない。

何がさて、山に登らぬこと十年、その間に煙草を吸うことも覚え、酒もすくなからず飲むようになり、まして外国で送った六七年間にすっかりハイカラになって了った私は、たいていの宿屋の蒲団が薄くて固くて眠つかれぬ程の柔弱者——他面から見れば文化人——になっていた。勿論箸より重い物は持ったことが無い。それが突然、一貫目はたしかにある靴をはき、リュックサックを背負い、野蛮きわまる様子で山に登る迄はいいとしても、天幕を張って地面に寝ることが出来るかどうか。第一、人並に山に登れるかどうか、それさえも見当がつかないという、至って情ない次第。なるべく空身で行き度い。人夫を一人余計にやとってもいいから、俺はリュックサックなんぞかつがずに行く、と大いに主張したのだが、慎太郎さんが承知しない。せめて一貫五百目は背負って行かなくてはならぬという。横から高田君が口を出して「山登りには矢張り何か背負っていた方が気持がいい」と、下らぬことをいうので、とうとう私はスウェッタアや、ドロップや、カンジキや、飯盒《はんごう》や、雨外套や石鹼やをゴタゴタ入れたリュックサックを背負わされて、心の中で泣きながら、大町をはなれた。どう考えても七卿《しちきよう》落ちで、おんいたわしい事である。

郡役所の前を通って町はずれの田圃へ来ると、この五六日間荒れ模様だった空が霽《は》れて。暑い日光が首筋に落ちて来た。山には雲がかかっているが、それが段々上って行きそうに見える。ものの一里も来て、私はへたばって了った。とにかく私はへたばることが早い。路の遠近、難易を問わず最初の一里できっとへたばる。その代りその疲れで旅中通す。最後まで、それ以上につかれはしない。

田を過ぎて林に入ると、もうそこここで人が休んでいる。一寸林のひらけた所へ来ると、一列にならんだ彦根の連中が、ゾロゾロと歩いて行く。大きな声で「山は自然の教壇だから」と錆のついた格言を喋々《ちようちよう》する声が聞える。こっちの方では五六人、松林の中にかたまった前で三脚を立てる。コダックをのぞいていた一人が、横っ飛びに飛ぶのは、セルフ　タイマアをしかけたのであろう。あちらでは人夫が、赤痢の虫とチブスの虫とに就いて論議をしている。下を見ると、トリコニイとやらを打った靴の踵が落ちている。何だか山に登って行くような気がしない。昔はもうすこし敬虔な気分が起ったものであるが、今はまるで銀座をぶらついているようである。震災当時の銀座に、沢山木が生えたものと思えば間違いない。

それでもだんだん両方の山がせまって来ると、日はあついが涼しい風が吹いて来て、桔梗が咲いていたり、白樺が立っていたりして何となくいい気持がして来る。流れる水が段々つめたくなって来るのも面白い。

只依然として閉口するのは連中である。住友の人達は、こちらが休んでいる前は、一寸会釈して通り、向うが休んでいる前は、我々も「お先へ」といってぬけるが、歩いている所を、後からドヤドヤやって来られると、浮雲《あぶなく》乗っていけない。細い路を、どこかその辺の運動具店でつくった、刃のついたアイスアックスを、むき出しで持って来る人が多いので、身体髪膚《しんたいはっぷ》に危険を感じる。余計な話だが、これは大阪でも、名古屋でも、松本でも、大町でも、また籠川入でも見たが、アイスアックスを持つ人は、余程注意しなくてはいけない。たいていの人は頭の方を先に、石突を後に、とこう持って。持った右手を振って歩く。だから後から来る人は、目の前で尖った鉄の棒がチラチラしてあぶなくって困る。殊に停車場などでは危険が多い。松本駅で陸橋を渡る時、私のすぐ前を行く男が、矢鱈に山の焼印を押したアイスアックスを、右に述べたような調子で持って段を登るので、私は目を突かれそうな気持がして、ヒヤヒヤした。アイスアックスは頭の方をこわきにかかえ込み、石突を前へ出して持つべきである。そうすれば余程の頓馬でない限り、先に行く人のお尻はつっつかぬ。もっとも誰もいない山の中なら、どう持とうと勝手である。さかさまに持ってもいいし、馬のようにまたがってもいいし、人夫にかついで貰えば軽くて一番骨が折れない。

右から出ている山裾をくるりと廻って、いよいよ谷に入った。ここで河の水で弁当をつかう。河原へ下りて行って飯盒《はんごう》を開けると、上に焼いた干鱈《ひだら》と梅干とが入っていた。ほかの連中はどんどん先へ行って了うので、大部静かになった。この辺から流れに沿って細い路が林の中を縫って行く。いつの間にか正面に山が見えて、幾筋かの雪渓も白く浮んでいる。虎杖《いたどり》の大きな葉は、いつ見ても山の裾らしい感を与える。

右の方へ扇沢が、棒小屋乗越へかかると落合で、私達は長いこと休んだ。住友の人達はここから爺へかかって、鹿島槍山脈を白馬へ縦走するのである。四人かたまつて丸木橋の手前で人夫の来るのを待っている。私はそのすこし上の大きな岩の上にねそべって下らぬことを考えていた。

前の日の三時頃から飲み初めて夜中の三時迄、崩れようともせぬ玉山《ぎょくざん》が、六月と十二月との賞与を、がらにも無い、小さな家を建てる足し前にしようと思って、銀行へ仕舞って置いたのが——すくないとて驚くな、たかがかけ出しの新聞やだ——小千円。一晩で飲んで了っても惜くはない。さあ来いとばかり坐り込んだが最後、床の梅の花が咲こうと散ろうと一向おかまい無しの、何が癪にさわるかグイ飲み。つきあって貰った友達は迷惑だったろう。時として酒にほうけた眼に、涙のようなものが浮んで来て、梅の花から白い、細っこい姿があらわれる。博多人形を長い袂で大事そうに抱いて、弱々しい娘だったが……

何を莫迦な、と足をつっぱると、重い鋲がガチリと岩角で音を立てる。かたわらにころがっているアイスアックスを取り上げて、キャップを外して金具にさわると、ぼっとあたたかい。明日は雪を切ってやる。それ迄待ちなと又傍に置く。どこかでピーンコロロコロロコロロと駒鳥が鳴く。いい声だ。

とにかくそれで、無性の酒の飲みよう。翌日もまた朝から酒。つまらなくなって二時半ごろ往来へ出ると、あの弱い、歯のぬけた老人のような冬の薄日がカッとまぶしいのだから情ない。魂ぬけてというか何というか、フラフラと歩いて入ったのが角の柳屋。ふと河合卯之助虎杖の香盒というのに目をつけて、手にとって見ると成程虎杖の葉の形をしている。金子若干で購入、外套のポケットにひしゃげたバットの箱と同居させて店を出たが、さてその香盒はどこへやって了ったか。落したか、人にやったか、それ切り分らない。

　あの時、あの虎杖の葉から思いついて、冬の山に登ったら、バイロンのような詩を書いたかも知れない。雪崩に打たれて死んで了ったかも知れない。どしょう骨から寒くなって、すこしは利口になって帰ったかも知れない。それに、その時はすこしも山の事を思わず。今こうして虎杖の本物を見て、その時の事を思い出す。この俺と、あの俺と、俺は一つだ。妙な俺だと思いながら立ち上って、くさったような白樺の一本橋を、流石は昔とったる杵づかで、大したヘッピリ腰もしないで渡る。向う側は日かげで涼しい。直吉なんかの横に腰を下してダンヒルに刻をつめ込む。

　松島武久を案内者とする住友の一行は、人夫がやって来たので向う岸の岩をへずって扇沢を登り初めた。大きな声で「オーイ」と吐鳴《どな》ると、向うでも「オーイ」と応じて帽子を振る。その「オーイ」の中でも松島の声は、黄色く、高く、大きくいえば峰から峰へ木魂《こだま》しそうであった。

稍《やや》、平な地面の上に、虎杖の葉を敷き、その上にゴザをのせた丈であったが、割合によく眠ることが出来た。山中の幕営の第一夜が明けると、初冬のような冷かさ。靴をつっかけて流れに顔を洗いに行く。雪渓を去ること十数町、口に含むと歯が痛くなる程つめたい水である。手拭をしぼる手がかじかんで来る。いそいで焚火のそばに来て、時々吹きつける煙に顔をしかめながら朝飯を食う。ほととぎすとカッコウと、駒鳥とが啼く。

大沢の野営地を出たのは七時半ごろであった。一寸小屋に寄って見ると、ガランとしている。彦根の大部隊は先へ行ったものらしい。

しばらく木立の中を歩いて行くと、大雪渓が目の下から初る。下りて行くなり高田君は雪の上に立って、すべったり転んだりしていたが、私は悠然と、石にこしをかけて煙草を吸った。悠然というと人聞きがいいが、実はなるべく疲れない工夫をしたまでの話である。

さっきから休んでいた彦根の人夫五六人と、あとからやって来た我々の人夫、松山高等学校の生徒三人、また大分の人数になった。ものの卅分も無駄話をしてから、いよいよ雪渓を登り初めた。

とにかく楽な仕事ではない。雪の上をウンスウウンスウ歩いて登るのである。急いで行けば息が切れる。用心しないと足がすべる。

それでも流石に高い山に、一年中残る雪の上である。一寸一息つくと、汗がつめたい。時々霧が巻いて来て蓮華や針の木がかくれる。こういう霧が来ると殊に寒い。

左へ行くと針の木峠、右はマヤクボ。ここで立山行の連中に別れると、あとは我々四人きりである。甚だ勝手な話ながら、ヤレヤレと思った。昔は山の中で人に逢うとうれしかった。めったに逢わなかったからである。どこでもかまわず立止っては、名乗りを上げて山の話をした。三角な日本山岳会のマークが幅を利かした頃である。

所が今のようにこう人が多くては、名乗り所ではない。やがてお互いに懐中物の用心をするようになるかも知れぬ。それで、とにかく四人きりになって、大袈裟にいえば解放されたような気持になった。

マヤクボの雪渓は急である。カンジキをはいて登って行くと、どこかで雷鳴がして急に霧がやって来た。もうすこしで絶頂という所で右手の岩にからむ。どうやら荒模様になった。

　大きな岩の上に荷を置いて、我々は弁当をつかった。岩のすぐ下は雪渓だから、こう日がかくれると、スウェッタアを着ないと寒い。まだ時間は充分あるが、天気がおかしくっては予定の通り新越まで行く訳にも行くまい。米の心配は無しするから、いっそこの辺で天幕を張ったらどうでしょうと直吉がいい出す。勿論私は大賛成である。半日歩いた丈で済めば、これ程有難いことは無い。

　しばらく岩に腰かけて、右手の蓮華や下の雪渓が、霧から出たり、かくれたりするのを見ていると、どこかへ行っていた直吉の兄が、上の方から声をかけて、水の都合がいいからマヤクボ迄行こうという。リュックサックをひろって左へ、かなり急傾斜な草地を歩く。

「然し何といういい所だろう」別に疲れたからばかりでも無い、私は物の五分も行かぬ内に、草の上へ腰を下した。一時に霧が上ると左手には針の木岳が、石ころだらけのピークを見せている。尾根がいくつか、草の生えた傾斜面もあれば匐松のからんだ岩面もある。ましていわんやその斜面に横たわる雪は、人が踏んでいないので美しいこと限り無く、また草地には一面にしなのきんばいの黄色い花が、恰《あたか》も満開である。こういう所でゆっくりしなくては、うそである。荷物も下しちまえ、アイスアックスも投《ほう》り出しちまえ。草にねころがってゾルバッケンの話でも思い出すにかぎる。ここも南を受けて、よく日があたる。山羊の鈴が聞えて来そうな……。

「オーイ、どこにいるんだ」大きな声が山の平和を乱して、いつの間にか霧につつまれた針の木岳の方から落ちて来る。私の横で細い草の軸を噛んでいた直吉が立ち上った「野郎、路が分んないな」といいさま、荷を背負わぬ山の男の足の軽さに、ひょいひょいと急な草地を横切って、はるか向うの岩角に立つ。それ切り声も聞えなかったし、大粒の雨が降って来たので、我々も立ち上って。急な雪渓を、ステップを切って横に越し、岩にからんでマヤクボの野営地に着いた。天幕が張れ、匐松の枝が敷かれ、我々がもぐり込むと同時に、恐ろしい雨が降って来た。この雨の中で、どうして焚火をつくったか、それは素人の我々には分らぬが事、とにかく二間ばかり向うの岩の間で、勢のいい火がパチパチとはね出したのは、十分とたたぬ後のことであった。

所謂鹿島槍山脈は、大町から見える雪の連峰で、針ノ木岳、スバリ、赤沢、鳴沢、岩小屋、爺ケ岳、鹿島槍、五竜、大黒、唐松から白馬にまで行っている。私共の旅はこの内、針ノ木から鹿島槍までで、山の中では針ノ木とスバリとの間のマヤクボ、扇沢を上った所の棒小屋乗越、爺と鹿島槍との間の冷ノ池の三ケ所に天幕を張った。

一晩は雨であったが、幸天幕の用意が出来てから降り出したので、人間も荷物も大して濡れずに済んだ。一体、あまりカラリと晴れた日より、雨の気を含んだ日の方が、山の旅には面白い。越中側が霽れると立山の山々が黒部の谷をへだてて向うに、本当に手にとるように見える。信州側がはれるとひろく拡がった松本平から川中島の磧《かわら》まで見える。山は富士山、浅間、妙高、戸隠から、所謂日本アルプスがすっかり見える。まったく山を見るには、この山脈位いい場所は無い。

登る山としても私はこれを好む。雪渓の急なこと、危険な絶壁や岩角の多いこと、匐松の恐ろしく深い海のあること等は、なる程困難の程度は大にしているが、面白いことは限り無い。その上登山者が余り多くない。大町から来る人はたいてい立山にあこがれて針ノ木峠から平へ下りて了う。鹿島槍山脈には八峰以外に小屋が無いから、天幕が無いと行かれぬ。面倒な匐松が多い。この三つの理由で、ここに来る人がすくないのである。

　登山者のすくない山は、比較的に昔の山の風を残している。高山植物でも駒草の驚くべき大群を見た。雷鳥も多い。爺の頂上では、こちらが口笛を吹くままに、三四尺の所までやって来て、高田君は実に見事な写真を撮った。

　私は十年振の山登りに、若干の失望を前から覚悟していた。実際マヤクボの雪渓に入る迄は失望ばかりしていた。然し一度ここへ、峰を伝い初めるに及んで、この失望はすっかり去った。大スバリ、小スバリの、急な岩角につかまるのはいい気持である。ふとからんだ越中側の斜面に、ステップを切らねば危険なような雪渓のあるのは悦しかった。路のあるような無いような、匐松の密生地を、あの黄金の花粉をちらして泳ぐのは、私に異常な興奮を与えた。殊に前にも述べた駒草、とりつくして、今では殆どあるまいとさえ思っていた駒草の薄紅の花が、とある山の岩片の傾斜面に、つかんで撒いたように咲いていたのを見た時、私は氷斧もリュックサックも投り出して、固い岩にはらんばいになって、いつ迄もいつ迄も、可憐な小さい花に見入った。

冷ノ池では前に泊った住友山岳部の連中が、エヤシップの鑵に手紙を入れて置いて行ってくれた。何でも無い。只の挨拶ではあるが、それでも登山者がすくなくて、人に逢うとうれしかった頃のような気持がした。

最後にこの旅行を最も愉快にした原因として、一緒に行った直吉の兄弟を忘れてはならぬ。黒岩直吉は、いつもは目をギョロギョロさせて黙っている男だが、喋舌《しゃべ》り出すと、とてつもない事をいう。蓮華の頂上へ二尺玉をはこび上げて、二三発打《ぶ》っぱなしたら、定めし大きな音がするだろうというような事をいう。彼は網を持って黒部の谷へ下りて行くことを空想する。熊やシシが煙花の音に目を廻して、ゴロゴロと谷へ落ちて流れて来るに相違ないから、黒部川へ網を張ってこれ等の獣を取るという。

よき案内者がそなえている可き条件はすくなくない。下界ではとにかく、一度山に入ったら、彼は勇敢で、活潑で、山に対するカンがよくて、客に対する感がよくて、その上工夫に富んでいなくてはならぬ。この最後の条件は、英語で説明した方がいい。Resourceful という言葉がこれである。何時如何なる場合に逢合しても、それに対応する丈の心の用意を持っていることをいう。忙しい中を慎太郎さんが、特に私を失望させまいとしてエンゲージしてくれた直吉はまさにこれ等の条件をそなえていた。大町式に調練されたいいガイドであった。一々実例をあげることはせぬが、とにかく大町にいる五六人の、よき案内がそなえている条件を、ことごとく持っていた。冷ノ池の野営池で、私が草の葉にすべって、唐檜の株でひどく脇腹を打った時など、直吉はまことにリゾースフルな態度を示した。

直吉は酒を好む。毎晩天幕を張って、食事の用意を済ますと、私と二人で雪解の水にウイスキーを入れて飲んだ。大阪から持って行ったジョニー　ウォーカアの黒である。どこで飲んでも不味かろう筈が無い。いわんや一万尺に近い山の上で、暑い夏の日に冬シャツの重ね着にスウェッタア、焚火をかこんで直吉と飲む酒の美味さは一寸忘れられぬものである。

かくて私は山へ行った。そして山へ行ってよかったと思った。山は不相変《あいかわらず》の山である。たとえある場所では鑵詰の空鑵や、ビールの空瓶がいやになる程ころがっていても、人がゾロゾロつながっていても、一度山の中に入ると、やはり私の心には昔ながらの敬虔な、男性的な、透明な、一種の宗教味が起って来る。山へ行ってよかった。また来年も行こうと思う。

（『むだ話』一九二六年・春陽堂）

埋火の歌

埋火《うずみび》のほかに心は無けれども
　　むかへば見ゆる白鳥の山

私には、この「むかへば見ゆる」の気持が、中々有難いものに思われる。これから草鞋《わらじ》をはいて登ろうというのでもなければ、あの山さえなければ向《むこう》が見えるのに、と思うのでもない。只山がある。白鳥の山がある。それも態々《わざわざ》立ち上って見るのでもなし、我家から眺望を楽しもうと言うのでもない。ひょっと頭を挙げると山が見えるのである。

私だちは、どうも山を見ると登り度くなる。登山は人の本能なのかも知れぬ。畏友北尾鐐之助氏は、その著「山岳夜話」に於て「高きに登るということは、人類に与えられた先天的の向上心、乃至憧憬でありますす」と云っている。なる程そうかも知れぬ。ハンス　トーマの「憧憬」は、幻の鳥を追った若者が、ついに山の嶺に達して、それでも足りず、両手を高く天に向けてつまさきで立っている処を描いている。

私自身としては、高きに登るそれ自身が目的ではなくて、高い所からその向う側を見度いのが目的である。目の前に、壁のようにそそり立って眼界をさえぎる山は、それを取りのぞく可き方法も無い。やむを得ずこちらから出かけて行って、山に登るのである。

よく考えるのが鹿島槍、あの山は信州側には切り立って、越中側にはなだらかである。その切り立った信州側から、あるいは水を渉り、唐檜の下を匐《は》い、急な雪渓を鳶口をたよりに登って行く人は、一刻も早くスカイラインに着き度いと思う。麓の幕営地を朝早く立って、尾根に着くのは午後三時か四時になろう。ひょっと顔を出すと、恐らくそこは午後の日があたたかく照る傾斜面で、緑の草、白樺の若木が生々とのびていよう。目の下はるかに黒部の流、白い泡沫を見せ、濃藍の淵を見せる。それから立山の連峯。

人は満足する。しばらくは草に横わって、満足の情に眼を閉じる。来てよかったと思う。信州側より越中側がいいと思う。

だがいつ迄も満足している訳には行くまい。もう一つ向うの山、即ち立山に登って見度くなる。立山の向うの方が、ここよりはいいような気がする。そこで黒部の谷を下り、——若しそれが可能であれば——また険しい絶壁にとっつく。

実際の山でいうと、立山より向うに山は無い。然し人生の旅には、どこ迄行っても山がある。登って下りて、登って下りしている内に、山の中で迷って死んで了う。そんな事をするよりも、初めから埋火をかかえて、只白鳥の山を見る方が、心がやすらかである。だが、我々にはこれが出来ない。常に新しいものを欲し、新しい所を欲する。

もっと一本調子に出来ていれば、ハンス　トーマの若者のように、只一つの夢に憧憬《あこが》れて、上へ上へと只一つの山を登りつめ、これ以上行けぬ所では飛び上って、何百尺か下の岩に頭をぶつけて死ぬことが出来る。この方が谷の中で、充たされざる満足に失望しながら、迷って死ぬよりは楽であろう。たしかに楽である。然し楽と知っても、我々は、それをやらぬ。余にソフィスティケートされているからである。我々は、心の中ではトーマの若者をうらやみながら、口では「あいつは莫迦《ばか》だからあんな莫迦な真似をしたんだ」という。

若いゲーテは、キッケルハーンの山巓で Über allen Gipfeln ist Ruh の歌をつくった。「待てしばし、爾《なんじ》もまた休《いこ》うを」と、その時彼は、どんな気持でこの歌をよんだか知らぬ。

その後数十年、老いたゲーテがここに来て、偶然壁に書いた自分の歌を見出し、「待てしばし、待てしばし」と、涙を流してくりかえしたという。ゲーテはその数十年間に、幾多の山を登った。彼にとっては、山は常に「その向側」を意味したのである。ギプフェルは、平穏の気を漂わす所でなくして、未知の国をさえぎる物であった。彼は猛然と、一つの峯に登り、更にその向の峯を攀じ、かくて八十年を送った。そしてその結果は？「待てしばし、爾もまた休うを」の、「休み」こそは彼が願う唯一のものであった。

同じような気持が――すくなくも私にとっては――スティヴンソンのレクイエムにあらわれている。

広くまた星満ちし大空の下
墓掘りて、我を横わらしめよ。
歓びて我は生きたり、
歓びて我は死ぬなり。
そして、自分の為に刻む句は、
彼は横たわる、望みの地に。
舟人は海より家に
猟人は丘より家に。
であらしめよ。という。

(ゲーテとスティヴンソンとを一緒にして、ろくな知識も持合わせずに論ずる無謀は、これを許され度い。私の今の場合には、「埋火の歌」と、「さすらい人の歌」と「レクイエム」さえあればいいので、作者の人格や生涯は必要ないのであるが、僅ばかり彼等に関して知っていることが禍をなして、こんな事になったのである。)

人間としてはスティブンソンも、面白い一生を送った。彼は文字通り、海を行き丘を歩んで、世界中を廻ったのである。それは健康を求めてであった。それ程の病身でありながら、彼はたしかに喜んで生きていた。

(序《ついで》ながら一年ばかり前に出版されたジョニー・エー・スチュワートの「スティブンソン論」は、最近私が読んだ、最も面白い本の一つであることを附記して置き度い。)

さてここに五人、即ち埋火の歌の作者と、トーマが描いた「憧憬《ゼーンズフト》」の若者と、ゲーテとスティブンソンと、「我等」を以て代表する、常に人生の峯から峯を歩まねばならぬ人間とを並べて見よう。

埋火の歌の作者は、白鳥の山の向うに何があろうとあるまいと、埋火のほかに心は無かったのであるから、只山と相対して坐っていた。トーマの若者は、前にも云ったように、画面では永久に、山巓の岩角に、両手を天にのばして立っているが、あの次の瞬間には、もう一寸か二寸夢の鳥に近づこうとして、足を踏み外して岩からころがり落ちたに相違ない。ゲーテとスティブンソンとは、共に、只山と相対して坐ることもなさなかったし、また、たった一つの夢の鳥（トーマの絵には同じような鳥が数羽いるが）に憧れて、たった一つの山を無限の垂直に登ることもなさず、ありとあらゆる人生の山に登り、海を越した。ここ迄は我等と同体であるが、我等がこのままでは必ず懐疑の谷底探く、目の前に聳え立つ山に登ろうとあせりながら而も登り得ず、遂に求むるものを求め得ずして死ぬのに反して、ゲーテは「爾もまた休わん。待てしばし。」の約束を得て、秋の太陽のように、やわらかい、輝いた微笑を、涙に濡れた頰に浮べ、スティブンソンは「望んでいた場所」に、「水夫は海から家に帰り、佐都夫《さつお》は丘から家に帰る」と云って横たわるのである。二人とも安住の地を得たのである。

そうすると、外見は同じでも、我等は徒に現状に不満を感じて、盲めっぽうに歩き廻っているが、スティブンソンやゲーテは安息を求めて人生をさまよっていたように思われる。はじめから安息を求むとならば、骨を折って歩いたり、苦んだりするより、埋火の歌の作者のように、大人しくしていた方がいいらしい。もっとも苦んだり、歩いたりした結果が「トリロギー　デヤ・ライデンシャフト」や「ハーミストン」になったのに、ひっこんでばかりいた結果は歌が一つでは……とも云えるが、埋火の歌とトリロギーとを秤にかけて、どちらが重いと断言し得る人はあるまい。

人は人として、我等は一体どうなるのであろう。勿論なるようにしか成らぬから、たとえ谷底で迷い死することが我等の最後であるらしく思われるからとて、今更急に埋火の歌の作者の心境に入れもせず、またトーマの若者のように憧憬を持つ訳にも行かぬ。どうにかなる迄は歩き廻って、我等だけのトリロギーやハーミストンを作っている内に、あるいは飛んでも無い夢の鳥に夢中になるかも知れず、または「さすらい人の夜の歌」の気持になれるかも知れぬ。無理さえしなければいい。

（『むだ話』一九二六年・春陽堂）

独活の立山温泉

――『郊外』九巻五号所蔵百瀬慎太郎氏の「春山断片」から思いついて――

永い、そしてグロリアスな初夏の一日であった。朝の八時から晩の七時まで、刈安峠と佐良《ざら》峠との上の僅かな場所を除いては、終日雪を踏んだ日であった。五色ヶ原の大毎《だいまい》小屋の内にさえも雪があった。

平の日電小屋を出て、しばらくは巨木の間を、雪が解けたばかりでしっとりとしている路を歩いた。片栗の花が、処々に奥床しい姿をして咲いていた。片栗はドッグ・ツース・ヴァイオレットである。中学校の時、ナショナル・リーダーでこの名を知った。仙台へ行って或る米国人に、これがドッグ・ツース・ヴァイオレットだと教えられた。大学を途中で逃げ出してプリンストンへ行ったのが二月の末、三月になったらカーネギー湖畔に沢山この花が咲いた。高山植物とはいえまいが、中学時代、仙台、米国、それから山を思わせる、不思議な――すくなくとも私にとっては――花である。

間もなく路は雪の下になった。我々は急な斜面を電光形に登った。太陽は背中を照らし、雪に反射して顔をピリピリさせる。汗と、それからピッケルで飛び散る雪とで、眼鏡はすぐに曇る。近眼鏡と雪眼鏡と、二つ重ねてかけているのだから、拭くのが面倒である。拭いてもハンケチが汗でしめっているから、中々綺麗にならぬ。

雪の斜面はヌクイ谷まで続いている。すべった所で岩はなし、ピッケルでとめれば危険はあるまいが、這い上るのが面倒だから一歩々々に注意して、ステップを切りながら登って行く。時々斜に行くのがうるさくなって、遮二無二、ピッケルを雪に打ち込んでは、身体を引張り上げるように垂直登行をやって見るが、一間も行けば疲れて了う。

平素運動をすこしもしないでいる身体は、筋肉のつかれよりも先ず息切れに降参する。喘ぎ喘き、やっとの思いで刈安峠の頂上に立った時のうれしさ。唐檜の落葉でやわらかい地面に、先ずリュックサックを落し、上衣を脱ぎ、やれやれ、と一服する間もなく、尾根越しの風が寒い。スエーターを背中にまきつけたまま、しばらくはボンヤリと、どこからか飛んで来る蠅を追うのさえ物臭く、恐しい「鬼」の岩壁を見る。こんな時、水も無いのに平気で弁当を食うKは、流石に山の案内者である。私は瀬戸引のコップに雪をつめた奴を日のあたる岩の上に置いて、それがとけるのを待っては水を啜った。

刈安峠からは雪のあるのを幸い、尾根伝いに五色ケ原へ出た。波のような起伏のある五色ケ原の雪原は、忘れられぬ景色の一つであった。三人は黙々として歩いた。我々の影は、傾斜の工合によって、長くなったり、短くなったりした。

大毎小屋の敷居に腰を下して食いかけた二度目の昼飯も、私には味が無かった。Kは「そんなことでは駄目だ」といったが、私は山人としての衰えをひしひしと感じながら、黙って坐っていた。こんな場合には、意地を張って不味い飯を口へ押込むよりも、クレーヴン・ミックスチュアの紫の煙を吸う方が余程滋養になる。

佐良峠の頭に立った時、我々は時間に比較して太陽があまりに高いのに驚いた。時計が狂ったのかなとさえ思った。が、湯川の谷に入り、路に迷って若葉を出した白樺の林に踏み込んだ頃には、もう明るい空にも日暮の気配が漂い始めた。風が涼しい。路は……路といっても自分勝手なものであるが……大体に於て下りである。私は元気になった。やたらに石をとび越したり、崖をすべり下りたりして、未知の立山温泉へ近づいた。あの、一日中経験した過度の疲労は、あるいは軽微な日射病だったかも知れぬと思ったりした。まったく、地面と殆ど並行する太陽の光と、湯川の水音と、夕風とに接して、私は陸の人魚が海中に入ったような気持になった。

突然、目の下に見えた、低い、薄きたない、細長い幾棟。あれが「温泉」だと誰かがいうと共に、踏みかためた前庭で犬が激しく吠え立てた。だが、なつかしい灯影も見えねば、煙も立っていない。犬がいるからには人もいる筈だが、それにしては、何故こうひっそりかんとしているのだろう。家は建ったままで死んだかのように思われた。

私は、ジョージ・ボロウのワイルド・ウェールスに、こんな場面が描れてあったように思われてならなかった。

厳重に雪防の設備をした家の横を通って、例の前庭に出た。犬はどこへ行ったのか、声も聞えぬ。主家は戸をとざした儘《まま》。とある一箇所から低く煙が這い出して、そこには黒く四角く、厩の入口のような口があいていた。

先に立ったKが、入口の横でしょいこをおろした。

「おい」

返事は無い。背の高い男が、のっそり入口に姿を現した。

靴をはいた儘《まま》、大きな炉にふんごんで、アンペラに腰を下したものの、あんまり暗いので何が何だか一向判らない。雪でじっくり濡れた靴をのばして、細い枝を火中に蹴とばす。ぽーっとあかるくなると同時に、煙の香よりも強い香が鼻を打った。ポキン、ポキン、水分に富んだ植物性の物質を折る音がする。闇に人がうずくまって、しきりに両手を動している。

「ランプはねえか」——Kが一流の調子でいった。

やがてランプが来た。その光に照らされて、若い男が一人、あぐらをかいた前に、山独活《うど》を積み上げ、太い、木みたいな根を歯で噛んでは皮をむき、皮をむいては四五寸にポキポキ折って、大きな鍋にたたき込んでいる。時々、ペッペッとつばをはくのは、恐らく根についていた土が口に入ったからであろう。

温泉はまだ営業をやっていなかったのである。明日は麓からばあ様だちがやって来て、蒲団を乾したり何かするという。犬をつれて来ていた二人は、いわば前衛軍だったのである。

やがて我々は一間に通された。厚い三枚の靴下をさえ通して埃が感じられる廊下、いくつも並んだガラガラな空部屋、どうしても化物屋敷である。Kは荷物をはこぶと共に、どこかへ出て行った。慎太郎さんと私とは汗臭い――というよりも汗の腐った臭のする、脂と垢とでネチネチする丹前を横に置いたまま顔を見合わせた。早くも蚤が脚のあたりを散歩始めた。

たしかに疲れていた。こんな時、酒があったらと思った。

ズシンズシン音をさせて、Ｋが帰って来た。顔をテラテラさせ、こざっぱり――といい度いが、実は、これもヨレヨレな――浴衣を着ている。

「どうだ、へえられねえかね」

「温泉はやってるのか」

「何、やっちゃいねえ。下の方のコンクリの槽に噴いてるだ。熱くってかなわねえからスコップで雪を三杯ばかしたたっ込んだけど、まだ熱い。へえるならもう五六杯雪を入れてやろうか」

慎太郎さんはそれには答えずにいった――

「Ｋ、御苦労だが酒があったら持って来てくれないか。それから何か鑵詰もあるだろうと思うけど」

Ｋは吸いかけのバットを耳にはさんで、またズシンズシンと出て行った。

酒はあるか無いか、倉庫があいていないから判らぬ。鑵詰も同様だというから、倉庫をあけて見ろと命令して来た。「越中の野郎共、倉庫、倉庫とこきやがって」……これがKの復命であった。

持って来た鰹の鑵詰はレッテルが半分ちぎれていたが、酒は山邑《やまむら》の色も鮮かな二合瓶二本。思いきや雪踏みわけて「桜」を見んとはである。慎太郎さんと私とはムクムクと起き上って、早速機械口を外した。たしかに酒の香がする。薬鑵の蓋をはねのけて先ず一本をズブリ！　Kは鰹の大和煮をあけた。リックサックの鎌倉ハムも、赤い身を現した。折しもあれや馬にやる豆を煮るような鍋に一杯の味噌汁、さっきの独活が逆茂木みたいにとび出している。

お燗もついた。ドクドクと茶呑茶碗に注いで、先ずは御安着のとか何とかいいながら一口飲んだが、同時に私は茶碗を下に置いた。見ると慎太郎さんも同様である。変な顔をして目をパチパチさせている。

「慎太郎さん、喜多万の酒を覚えていますか。あれは桜正宗ですよ」

「覚えていますとも。これも桜には違いないんだけど……」
二人は、大阪の料亭喜多万を思い出した。あの小ざっぱりした小座敷、八ツ手の植込み、石灯籠が一つある中庭、檜の風呂、それから薄手の、小さな盃につがれる桜正宗！

やゝあって、はるか遠くからKのだみ声が響いて来た――
「おい貴公等、これを飲んで小原節でも歌え！」

以上で本文は終るが、面白い話があるからおまけとしてつけ加える。翌日我々は某旅館に投宿。無事富山へ着いて。食事の後で親類の娘だという十六七の少女が話しに来た。この娘は新体詩をつくる。いろいろ話のあげく原稿を持って来て見せた。慎太郎さんが、「あなたは誰が好きです」と聞いたら、娘は「私、あの八十《やそ》さんがとても好きなんですわよ」と答えた。するとそれ迄部屋の隅っこに坐って、欠伸《あくび》まじりに足の底の皮をむいていたKが「なんだ、耶蘇だ？　この辺は門徒じゃねえのか」といった。

（文芸家協会編『詩と随筆集第2集』一九三一年・新潮社）

晩秋の小仏峠

日曜日には出来るだけ東京附近の低い山を歩いて見たいと思っているのだが、寝坊をするので碌な所へ行くことが出来ぬ。この間小仏峠を越した時も、やっとお昼過ぎの汽車で新宿を発ったという始末で、甚《はなは》だだらしがない。但し登山というよりも、暢気な山歩きには、これでよいのかも知れぬ。

行楽の、ほとんど最後の日曜日ではあり、久しく続いた雨があがった日ではあり、大した人出だったが、流石に昼を過ぎては出発する人はすくなく、汽車はすいていた。途中八王子の手前で、刑事に護送されて行く若い何かの犯人が飛下りて自殺しようとしたとか、逃げようとしたとかで、乗客一同が、われわれの車室へ押し寄せて来た。が、そんなことに関係なく汽車は走って行き、小仏のトンネルをぬけて与瀬についた。

広い、かたい街道を、今来た方向へ向けて歩き出すと、薄ぐもりの午後の空気が、ひえびえと感じられる。小仏を越すのに与瀬まで汽車で行く人は余程のへそ曲りで、大多数は浅川から歩くから、盛んに東京の人とすれ違う。キッドの靴に外套の人、クリンケルを打った登山靴に、何を入れたのか、大きなルックサックを背負った人、低い山へ行くと、これ等のコントラストが面白い。

小原町を過ぎると、街道は二つに折ったように、曲っている。真北へ行っているのが、急に南へ下る。この辺から見下す相模川は、山の低い割に谷が深く、やや盛りを過ぎた紅葉が、予期していなかっただけに、美しく見られた。

曲り角の頂点から細い路を登ることになる。底沢という小さな所には、美女谷温泉と名づけるわかし湯の鉱泉が近年出来た。ペンキ塗の立看板に、何某医学博士の名で、この温泉の効能が書いてある。どんな温泉だか、大した誘惑も感じずに鉄道線路について少し東へ行くと、小仏トンネルの入口に出る。

峠の登り口はいささかわかりにくい。右の方に大きな谷があるので、ともすればここへまぎれ込みそうである。が、それも無難に、路を登って行く。もう下りて来る人はいない。登る人はもちろん無い。極めて静かである。

この登りは恐ろしく急で、直線距離にして十町足らずの場所を、四百メートル近く登るのである。相当にフウフウいう。汗も流れて来る。眼の下にはトンネルの出口の工事場、遠くには、なかば雲にかくれて甲州の山々。晴れていれば新雪も見えたことであろう。

小仏峠は標高五九〇メートルある。もちろん大した山ではない、それでも路の傍には、竜胆《りんどう》や、げんのしょうこ等が咲いていて、いくらか山へ来たような気になれるから悦しい。早く落ちる種類の木の葉は、すっかり落ちてしまっている。ガサガサと、靴の底で音がして、あのなつかしい朽葉の香が鼻を打つ。何だか、かなり大きな鳥が、突然とび立った。鉄砲うちが徘徊するシーズンだが、ここは禁猟区域だから心配はない。

中腹まで一気に登った。この峠の東側は谷を登るのだが、西側はいきなり山腹にとっつくので、水は一滴もない。有難いことに、この、いわゆる中腹に、男の子を連れた中婆さんがいて、焚火にかけたやかんから、茶をすすめる。水は下から持って来るのだろう、背負い籠の中から、空の一升瓶が二三本首を出していた。

枯れ草の上に横たえた一枚の板に腰を下し、お婆さんのお茶を飲んだ。お婆さんは以前はここに住んでいたのだが、子供の学校の関係やその他で、今では千木良村《ちぎら》に住んでいるといった。ここにいたころは一軒家で淋しかったが……というのを聞いて地図を見ると、なる程小仏峠の西側、峠の頂上と底沢との間に、ポツンと一つ家屋のマークがついている。「おばさんの家が地図に出ているよ」というと、よろこんでしまって、また一杯お茶をついだ。

休んでいると寒くなる。あわてて上衣を著《き》た。男の子も寒い寒いといって焚火に僅な木の枝を投げ込んだ。
茶屋の跡から上は、依然として急だが、それまでにくらべると、いくらか「ナルイ」。この「ナルイ」は茶屋の婆さんの言葉で、われわれには、こんな言葉にまで、山が感じられる。この辺では、また山の傾斜がゆるくなっている場所を「タルミ」といい、千木良のさきには、大ダルミという所もある。

峠の頂上は標石と、それから俗悪きわまる温泉のペンキ看板とでそれを知られる。農大の学生が一人、ハムをはさんだフランス・パンをかじっていた。声をかけると向うはこっちを知っていた。同じ汽車で新宿を発ち、かれは浅川で下車して峠を登り、われわれは与瀬で下車して峠を登り、恰度頂上でぶつかり合ったのである。京都の蛙と大阪の蛙の話を思い出した。

農大の学生はルックサックを背負っていた。お月見をする積りで来たがこの天気では……という。なる程今日は満月だった。
暢気に話をしていたらガヤガヤと声がして、十五六人の一団が登って来た。これも高尾山でお月見をする予定である。われわれは恐慌を来し、高尾へは廻らずに、浅川へ下りることにした。

峠の上から北へ行けば景信山に出る。これは七二七メートルあって、その西に当る陣場山（八五七メートル）と共に、武相の国境では高い山に属する。また、すこし南へ、それから東へ行けば高尾山に出る。この路は草山の尾根を伝うもので、いたって楽である。われわれは高尾へ行こうかとも思っていたのだが、お月見連におびえて、急に予定をかえた。

下りは早い。咽喉もかわかぬ。所々に、清冽な清水や渓流があるが、見向きもしないで下りて行く。寺院のマークのすこし上に、「景信山へ十町」という標柱が立っていた。地図に無い路である。

寺院、すなわち断食道場の横を通ると、小仏の村落である。トンネルの入口に大仕掛な排煙装置があって、電気モータアが恐ろしい音を立てている所は近代的だが、村落それ自身は古い、街道筋にありそうなタイプを具えており、藁葺の屋根には苔が生え、前庭には菊がつくってある。道路をへだてた小屋は、物置と風呂場とを兼ねたものであろう。宵やみの中に、赤い火がチラチラと見え、煙が低く地を這っていた。

摺差、荒井、駒木野と、街道に沿って家が散在する。ある場所からは、高尾山ケーブルの電灯が見えた。ある場所には大きな松の木が低い屋根を圧して聳えていた。これ等の家は、いずれも、こぢんまりと、清潔に見えた。障子があかるく電灯に浮び、晩飯に子供を呼ぶ母親の声も聞えた。

短い距離を、短い時間歩いただけであるが、それにもかかわらず、大きな旅をしたような気がした。いい気持ちに疲れもした。高い鉄橋の下をぬけると川原ノ宿。ここに浅川の駅がある。

六時十分の立川行き臨時列車は満員だったが、更に立川から乗った電車は、超満員で身動きすら出来なかった。暑かった。苦しかった。新宿に著いた時には、まったくホッとした。

昼飯はパンを持って行って汽車の中で食った。晩飯は帰宅して食った。汽車のお茶、峠の婆さんへの茶代、汽車賃、バス等をすっかり入れて、二円かからなかった。晩秋半日の行楽は、かくて時間的にも金銭的にも、まことに手軽く、簡単に行った。

（文芸家協会編『詩と随筆集第3集』一九三一年・新潮社）

僕のハイキング

中央線の沿線、上野原、塩山あたり、日帰りで行く手頃な山が沢山ありそうに思われ、又、大菩薩や真木沢のよさは、余程以前から、故松井幹雄氏が、時々僕に話してくれたり、書いた物を見せてくれたり、松井氏独特ともいうべき几帳面な写真を送ってくれたりしたので、よく承知していたが、いつも素通りばかりしていた。

所がたまたま、「山」の四月号に小西民治氏の文章があり、扇山というのに行って見ようという気になった。「新宿を六時何分かで発つと鳥沢が八時半、扇山の頂上には悠《ゆ》っくり上って十二時に着くから」とあるのを唯一の頼りに、地図も何も持たず、勿論調べは一切行わず、天長節の朝、八時半に新宿を出た。所謂《いわゆる》遭難でもしていたら、低山とあなどって準備が不足であったと、儼正アルピニズムの立場から批評される性質の心構えである。甚《はなは》だよろしくない。

だが僕は、ハイキングに行ったのである。登山でもなければ遠足でもない。ハイキングなのである。だから地図を持たずに、ブラリと出かけたっていいと思っている。そもそも登山は、必ず山頂をきわめることを目的とする。然しこれがハイキングとなると、山の入口でのびていてもいいし、途中の谷でお弁当をくって帰って来てもいい。勿論これは僕が一人で勝手にきめたことだが、すくなくともこうきめた以上、ハイキングに行く方が登山に行くよりも余程気持が楽である。

次に遠足とハイキングとはどう違うかを考察せねばならぬ。僕はこれについても明確な解答を持っている。曰く「遠足とはウンサウンサ歩くことにて、ハイキングとは颯爽と歩くことなり」。諸君は握飯と、せいぜい夏蜜柑一個とを持ち、手拭を腰にぶら下げ、目に流れ入る汗を拭いもやらず、服役に服してでもいるかの如く、疲れきった脚に精神的の鞭をあてながら、ほこりっぽい道を歩いた経験があるだろう。あれが遠足である。ハイキングとはこれに反し、御馳走を持ち、ホームスパンの胸ポケットから白麻のハンケチをちょいと出し、汗なんぞかかず、美少女と足並をそろえて、颯爽と緑の草原を歩くのをいう。人によってはホームスパンの上衣や、麻のハンケチや、伴侶たるべき半男装の麗人を持っていないだろうが（現に僕がそうだ）まあ、持っているような積りで、足なんぞ少々痛くったって、痛くない積りで、つまる処、自分が鉄道省のポスタアからぬけ出したどころか、自分をモデルにしたら、もっといいポスタアが出来る積りで出かけることが、最も重大なりといわざるも、最も重大たるものの一なりと思惟する次第である。

このようなイデオロギーを持つ僕は、とても大変な御馳走を持って行った。フランス・パン、バタ、レタス、トマト、クレソン、塩、ロースト・ビーフ、胡瓜、ハム、サーディン、林檎（まだ何かあったような気がする。ああ、そうだ、テルモスに珈琲）チーズもあったっけ。それが一人前でなくて四人前なんだから、レインコートも入れたら大きなルックサックがいい格構にふくらんだ。先ず格構をつけねばならぬとなると、ハイキングも楽じゃない。クリンカアを打った山靴をはいて、帽子をクシャクシャとかぶったら、女房が「ピッケルは」といいやがった。

山靴は少々はずかしかったから説明させて貰うと、僕は長い間半靴ばかりはいていたので、来るシーズンにそなえて、練習用にはいたのだ。どうぞ悪しからず。

所で新宿に着くと大変な人だ。丁度、朝から曇天で、約束した人が来たり来なかったりなんだろう。駅前で人待ち顔なんての、悪くないな。しょんぼりと、恐らく二人前の海苔巻にチューブ入りのチョコレートあたりが入っていると思われるモスリンの風呂敷包みを胸高にいだき、半分ベソを掻いてる女の子の鼻のさきに、柱のかげからそうっとステッキのさきをつき出すと、「アラ遅かったわ！」――そんなのを幾組か見たり聞いたりして、タクシーがつくたんびに、「今度こそは」と思ったんだが、結局同行四人が二人になって、八時卅一分の長野行は、きたなく曇った窓に、アドバルーンが生気なくひっかかっている東京を後にした。汽車はすこぶる空いている。浅川行の電車が大多数をはこんだのであろう。

鳥沢で下車した登山家、ハイカアは三組六人、一組は登山姿凛々しいアヴェック、一組はどこかの専門学校の生徒さんと見えるお嬢さんで、二人とも胴乱を下げている。残る一組は僕たち。僕たちといって、そもそも同行を約した四人が男ばかりなんだから、この僕たちも男二人で、これが三組中、一番気がきかない。

前にも書いたが、僕の扇山に関する知識は小西さんの文章に尽きているので、どこにあるのか、どの位の高さか、まるで分っていない。汽車が鳥沢駅に入る前に、右手前方にとても綺麗な扇形をした山が見えた。あれに違いないとのみ込んで、さて下車するどポツポツ降って来た。二人ともレインコートは持っているし、何しろハイキングなんだから、どこからでも帰って来る気で、鳥沢の町をはなれた。

めざす山は大分遠い。頂上を雲が去来している。桑畑の中を、山の方へと歩いて行く内に、路がなくなって了った。僕は大町から針ノ木へ行こうと思って高瀬の谷へ入って行った人や、一日中かかって籠川の谷へ入れず、空しく大町へ引返した人を知っている。冗談みたいだが、まったく山に登るは易く、山に入るは難い。そこで廿年来登山道に精進している僕は、かかる場合に処する最善の方法を採用した。向うの方で働いていたお百姓さんに声をかけたのである。

「扇山ってのはあれですか」

青年団の幹事長でもしているらしい青年農夫は、いとも明快に答えた——

「扇山はあれではないです。右の方の雲にかくれた山がそうです」

なる程右の方に雲にかくれた山がある。屏風みたいにつき立っている。命名者、屏風と扇と間違えたのだろう。

「扇山へはどう行きますか？」

「そこを戻って左へ行くと大きな路へ出ます。その路をあすこの森の手前まで行くと、登山道とした棒が立っています」

扇山は桜と躑躅《つつじ》とあけびの花ざかりだった。雨が降って何も見えないから、自然二人の足は速く、二時間半ばかりで頂上の尾根まで来た。北側は山毛欅《ぶな》の林。尾根を南に二間ばかり下った松の木の下で弁当にした。だがこの雨では、フランス・パンを半分に割ってバタをぬり、クレソンとロースト・ビーフをはさんで喰うというような颯爽たる真似は出来ない。友達のルックサックの中に手をつっこんで、握飯を出しては食い、出しては食うだけである。

アヴェックも女学生も其内にやって来た。洋傘を持って来た女学生が結局一番安慰に弁当をくったことだろう。僕等はさっさと握飯を食い終り、アネモネの白髪が沢山ある三角点まで行き、さっさと下山した。雨は本格的、径の両側から出ている草の葉のために、ズボンは下から濡れて了った。レインコートなど役に立たない。

鳥沢についたら、まだ汽車が出る迄には一時間以上もある。汗が冷えて寒くなって来た。駅前の旅館でビールをのみ、炭火で出来るだけズボンや上衣をかわかした。ビールにつけて出したゼンマイの煮つけが、妙にぼやけたような味がすると思ったら、ジャコの頭が出て来た。山家らしい趣である。

帰りの汽車は大変だった。あらかじめ駅員が「みなさん、今度の上りは非常にこんでおりますから御承知ねがいます」といっただけあって、本当のギュー詰めだった。登山者が多く、ガヤガヤとやかましいことであった。それで浅川から電車ということにした。

浅川で電車を待つ間、僕は何十人かの低山登山者の風俗を研究した。それは別の機会に譲るが、立川からのり込んで来た一青年が、超特大のルックサックを棚に上げ、何と思ってか森蘭丸が信長の刀を持つような具合にピッケルを両手でささげ持ち、(石づきは勿論座席、自分の両膝の間に位置する)ベレー帽子をかぶって、いとも深刻に四辺を睥睨していたのは壮観だった。

持って行った御馳走はどうしたかというと、その晩子供がみんな食って了った。甚だ颯爽としないハイキングだったが、御馳走にありついた子供だちはよろこんでいた。

(昭和十年春)

(「山」一九三五年六月/『ひとむかし』一九三六年・人文書院)

山を尊ぶ

私はまだ本場のアルプスを知らない。今度こそは倫敦《ロンドン》での任期を終えたらスイスへ行こうと思い、それに一つは道楽もあって、グリンデルヴルトの鍛治屋にピッケルを注文し、ロンドンのカータァ老人に靴をあつらえ、大きにたのしみにしていたら、突然の老父の死で、スイスどころの騒ぎではなく、シベリア鉄道で大急ぎで帰って来た。ピッケルはNYKにたのんでスエズ経由。一週間ばかり前、横浜に到着した。これからは、日本の山へ持って行くことになるのだろう。

もう長い間、山から遠ざかっている。一昨年の十月に、寸暇を得て信州大町へ行き、高瀬川の葛ノ湯温泉というのに入っていた時、大阪では私を倫敦に出すという話がきまったのである。それ以来、実に山のない英国で暮し、日本に帰って来てからは、まだ富士山さえ見ていない。

こんな次第で、山の話といっても、思い出話しか出来ないことを悲しむが、思い出話には素晴しい文芸味を帯びたのがある。

二三年前、東日写真部のS君と一緒に三国峠を越した。この時——夏のはじめ——たまたま短い夏休をとったのが歌人のMさんで、どこかいい温泉はあるまいかとの相談に、丁度いい折だから法師を案内しようということになった。Mさんは同じ新聞社で同じ机にいる人。牧水の弟子で酒を愛することも師匠に負けはしない。「水上紀行」に出て来る方面のこととて、とても喜び、法師温泉の炉端では、私と丁度いい加減な飲み相手なので、大部遅く迄チビチビとやったものである。

翌朝、三人は法師温泉から三国峠への路を登った。S君は若いし、どんどんと先に立って行く。私は少しでも急なところへ来ると、忽《たちま》ち弱って了《しま》い、重い靴をもて余して、ゆっくらゆっくら行く。Mさんは黙々として私の後からついて来た。一体写真を写すというのは厄介なもので、外の人達の進行を妨たげまいとすると、どうしても聊《いささ》か早く歩いていて、而《しか》も撮影が済んだら一行の後を追い、一行を追いこして先に行く……という所作を繰返さねばならぬことは先刻御承知の通りだ。S君盛にこれをやって、後になり先になり、やがて峠の権現様に着くと、何と三国山は「にっこうきすげ」の花盛りだ。猛然として製作慾を起したS君は、キャメラをひっつかんで、忽ちましらの如くも少々変だから、先ず若い羚羊《かもしか》の如く、山頂めがけて突進し始めた。私もリュックサックを置いて、後からついて行った。

誰でも知っている事だが、峠から見る三国山は如何にも低い様でいて、その癖中々低くはない。途中に段があるのだ。その段を頂上かと思い、そこ迄行くと稍《やや》平坦な原の向うに、山頂を最高点とする一種のドームが存在していること、恰《あたか》も三笠山みたいなものである。尤《もっと》もこれは、山では決して珍しいことではない。針ノ木峠から見る蓮華岳なんぞは、この種の好標本で「なんだ、あすこが頂上か、訳はないな」なんて思って、はいまつの根っこや岩角に掴って登って行くと、平坦地があって、その向うに頂上みたいな物がある。そいつを登ると又向うに頂上みたいなのが現れる。一体どれが本物の頂上なのか、大抵の人は嫌になって、途中から帰って来て了う。それに較べれば、峠の右側にある針ノ木岳は、はるかに正直で、始めから頂上を見せている。

そんなことは、どうでもいい。とにかく私は例の調子で、ノロノロと三国山を登って行った。段へ来る迄は、目の下に権現様が見える。お堂の前の石に腰をかけたMさんは、私の登って行く後姿を見送っていたのだろう、振返ったら手を振った。その手に持っているのは、どうやら酒の四合瓶らしい。どこに隠して持って来たのか、とにかく熱心なことである。

S君と私とは頂上まで行かずに権現様へと下った。急に黒い雲が出て、雷がなり出したからである。下ではMさんが権現様に供えたおみきを昨日汽車で買ったお茶のガラスの茶碗でのんでいたが、大分いい機嫌になっていて、私にものめという。それが今にも暴風雨が来そうな折なのではあるし、とにかく早く浅貝まで下りて見なくては自動車があるかどうか分らないのだから、一杯もらっただけで腰をあげた。

Mさんとは越後の湯沢で別れた。私達はそこから十日町の方へ入って行き、Mさんは東京へ帰ったのだ。四五日後私も東京に帰り、ある晩一緒に新聞社を出たのがきっかけで、Mさんと二人、切通下の新助へいっぱいやりに行った。すると、新助での話——

「俺は、実は黙っていたが、つくづくと、あなたに感心したことがある」とMさんがいい出した。感心されるというのは、妙に気になるものだ。私は酒をのむのをやめて、Mさんが感心したのは、私の如何なる言動であるやをたずねた。

「いや、法師から峠へ行く途中でも、またS君と貴方とが三国山へ登って行く途中でも、僕は二人の足元、つまり歩き方をじいっと見ていた。するとS君は如何にも軽々と登って行くが、貴方は一歩一歩非常に謹み深く、ふみしめて行く。あれは山を尊ぶ気持が自ら現れるのだと思った。僕は感心して歌をつくりかけた」

なに、山を尊ぶのではない、齢の加減でS君みたいに早く登れないまでの話なんだ——と白状しようと思っていた私は、Mさんが私の歩きようを美化して、歌興がわくのを覚えたといったに至って、本当の事を話すのはやめにした。勿論Mさんのは、ひいきの引き倒しという奴だが、それにしても折角、歌をつくり度いと思う程に感じたのを、ぶちこわすには及ぶまい。私は苦笑したいような、くすぐったいような気持がして困った。

「山を尊ぶ」というのは、Mさんの歌人らしい素直な心で、感じた事であるが、山を尊ぶと否とを問題外として、山に馴れた人の歩き様は、確かに変っている。これは特に山を下りる時に、はっきりと認められる。曰くあぶなっけがないのだ。

余程以前にI・A・リチャーズ夫婦を案内して、針の木から鹿島槍へ行ったことがある。その頃リチャーズ夫人は印度で患った日射病がたたって、少しでも太陽が強くなると弱って了うので、私にとっては誠に都合がよかった。とにかく、至る所で休息することが出来たのだから……

爺の小屋で泊り、あくる日は冷の池で天幕を張って早い昼飯。ふと気がつくと、爺から鹿島槍につづく尾根に、ひょっこりと一人身体をあらわし、続いて又一人、又一人と、合計三人が、相当急な斜面を、こちらの方に下りて来る。遠くって、顔や何か見えはしなかったが、最初の一人が案内者で、後の二人が登山者であることは、その歩きつきで、すぐ分った。山にさからわず、重心をさげて、一歩一歩と確実に足を運び、岩のかけらが崩れれば崩れるで、ざらざらと、それだけ、自然に下って来る、案内者にくらべると、登山者は如何にも、しょっ中、山と喧嘩をしているような調子だった。

私はもう長い間、山に登っている。だから、あるいは、山にさからわずに足をはこんでいたのかも知れない。結局さからわぬのが一番効果的な歩き方なのであろう。長年の経験からして、私は三国山に登る時、その時の私の身体のコンディションの立場から見て、最も無駄な努力をはぶき得るような歩き方を、無意識にやっていたのだろう。それをMさんが山を尊ぶという美しい見方をしたのだろう。とにかく何物にも、さからうのが一番よろしくない。無理が出来る、窮屈である、つまらぬ力を費して疲れて了う。

私の従兄に、京都で陶器をつくっているのがある。四五日前、大阪からの帰りに一日遊んで来て、生れてはじめてろくろをまわして見た。宮本憲吉氏やバーナード・リーチ、さては従兄がやるのを見ると如何にも楽そうだが、どうして、あんな六角敷いものはない。この従兄がしきりに「ろくろにさからわず」というので、少々おかしかったが、最初につくった水差は、我ながら素晴しい出来ばえだった。何をつくろうということでなく、まったくろくろまかせでやっている内に、なんとこれは十七世記の英国のJUGとでもいいそうな型になったので、やめて了ったのだ。所がろくろを離れようとすると、第一ひざがのびないし、ひどく腹の筋肉がつっている。三時間近く、はいつくばっていたからである。あわれむべし名匠、ろくろにはさからわなかったが、天然自然の人体の構造に、ひどく、さからっていた訳なのだ。こっちにさからわねばそっちに無理が起り、却々《なかなか》世の中はままにならぬと、爪の間にはさまった陶土を洗い落した次第である。

と、以上、万年筆にさからわずに書いた物の一例。

（「文藝」一九三五年五月／『ひとむかし』一九三六年・人文書院）

晩秋の山麓

十一月のはじめ大町へ行った。私はもう何十回か行っているが、家内は大町を知らず、従って高い山を見たことが無いので、鳥焼きにさそわれた機会に、家内と家内の姉と姪と、つまり女性を三人案内して出かけたのだった。そろそろ老境に入ったものと見え、がりがりと登山するよりも、こうやって麓から山の名前を説明する方が、具合がよくなって来た。

大町見物の第一楷梯は仁科三湖である。百瀬慎太郎君と五人で四家まで自動車を走らせたが、曇っていて白馬は見えなかった。前山の所々、別して尾根に山毛欅《ぶな》が白髪のような、きたない色を見せている。一番早く落葉して了ったのだ。冬には樹氷を咲かせる木である。

晩方から寒くなって、山はすっかり晴れた。友人、平林卓爾君が経営する林檎《りんご》園に行った時には、太陽が蓮華岳の向うに落ちかけ、鹿島槍の尾根に雪が輝いていた。

この雪は、まるで冗談みたいに、尾根に一線を描いている。越中から吹きつける雪が、尾根越しに信州の領分をのぞいているので、これがやがて雪庇《せっぴ》にと成長する。

林檎園を流れる水は澄んでつめたく、また晩生種の国光はまったく枝が下るほど沢山なっていた。枝から下っている林檎に嚙《かじ》りついたら定めし美味だろうと思ったが、消毒液がふきつけてあるので、それは出来なかった。

林檎園から山案内の桜井一雄の家へ行った時は、もうあたりは真暗だった。桜井君はこの朝山へ御夫婦の登山者を案内して行って、駅でちょっと立話をしただけだったが、是非家へよってくれとのことだった。丁度田の仕事が終ったばかりで、あした来てくれといっていたが、その明日はどんなことになるか分らぬので、不意打ちに訪問したのである。お父さんも嫁さんも留守で、お母さんが一人でいたが、よろこんで炉ばたに座布団を敷いてくれた。火は勢よく燃え、そこで栗やいなごや蜂の子や漬物を御馳走になった。いなごと蜂の子は、女の人達にも好評を博した。

翌朝はまたうそのように、よく晴れた。鳥屋場《とやば》として、なるべく歩かずに済む場所をというので、相川のトンネルの向うまで、一行七人、自動車からはみ出しそうになって乗って行った。握飯、外套、煮しめ等が相当のかさになるので、老案内の伊藤久之丞が来てくれた。自動車を下りて、山妻は雪ばかまをはいた。紅葉した樹々の間を歩くと、赤い実が沢山なっている。実にいろいろな木が赤い実をつけている。ぐみも赤くなっていたが、これはまだ渋かった。

鳥屋場は東側の斜面にあり、裏が雑木林で前が蕎麦畑、右手にちょっとした松林がある。カスミ網は蕎麦畑の下に三ケ所に張ってあったが、もうお昼に近いので小鳥は二羽しかかかっていず、朝早く取れた分と、大町から持って来た分とを料った。羽根をむしり、鋏で腹をさいてワタを出す一方、久さんは対山館から持参した破れ雨傘の骨を削って一本に四羽ずつさし込むのであった。もちろん焚火《たきび》はとっくに出来ていて、いざ焼こうという時には灰になって了っていた。

竹串からジージーと油とたれが滴り始めた頃、私は串にささぬ小鳥をベーコンでいためた。東京から忍ばせて行ったベーコンだ。フライパンは対山館のを借りた。松の木や白樺は、生れて初めてベーコンの香をかいだことだろう。この小鳥のベーコン焼きがとてもうまく、大町の人たちもよろこんで、これは大発見だといった。ところがベーコンが薄く切ってあるので、いくらでも出て来る。慎太郎さんは「なるほどこれがベーコン不滅ですね」といったが、大町の駄洒落としては傑作である。

久さんはニコニコと、まめに働いた。

みんなで一升の酒をのみ、握飯をたいてい平げてから、鳥屋場の小母さんに礼をいって発足した。この小母さんは、トンネルの出口に雑貨店をやっていて、よほど以前、この日もここに来た曾根原耕造氏と百瀬君と僕と三人、あれは十一月もなかばを過ぎていた頃だが、東山めぐりをやり、日暮れにこの小母さんの店の炉にふんごんで、ビールを飲んだことがある。丁度停電で、蠟燭をつけ、鳥をやき、菜漬で飲んだ。そしてトンネルを出ると、目の前に爺ケ岳が、すごい光線を背に受けてそびえていた。

我々は植物をいろいろと採集しながら、秋晴れの山路を切久保の部落の方へ歩いた。途中大根をぬいていたお婆さんが、曾根原氏の知り合いで、大根を五、六本くれた。久さんの荷物はえらく大きくなって了った。

南鷹狩山の山腹を、ゆっくらゆっくら歩きながらも、我々は植物から目を離さなかった。姉が植物が好きで、妙なものの名を知っているものだから、一同俄然植物学に興味を持った次第である。それで山牛蒡《やまごぼう》の枯れたのや、一杯に実を持ったグミの大枝や、とにかくマクベスなら林が動き出したと思うであろう位を、めいめいが持って、日暮れの大町へ帰った。役にも立たぬものばかり背負って来たと、町の人々は思ったことであろう。

もう百姓は田の仕事を終り、大町は冬籠りの準備をしていた。朝晩は寒く、食事はすべてひろぶたの上でする。昼間はあたたかいが、それでも鳥焼きをした時、木の下に入るとひやりとつめたかった。日本で一番いい秋を、秋が一番いい信濃の高原で経験したことは、とてもいいことだった。そして、要するに、苦しんで山に登るよりも、気の合った者と山の麓や低い山を歩いている方が、呑気でいいということを確認したのだった。

（「旅」一九三五年十二月号「初冬の山麓」／『ひとむかし』一九三六年・人文書院／『可愛い山』一九五四年・中央公論社）

山を思う

よき山旅の思い出

ほんの子供の時、葉山に小さな家があって、夏冬には出かけたものである。私の家は海岸から大分遠いところにあった。ある夏の日、泳ぎに行くかわりに、何ということはなく、一人で山に登って見た。

朝晩見ていた山ではあるが、登ったのは初めてであった。細い路を尾根に出ると、驚いたことに、反対側の斜面は茅の一面生えで、そこに点々と大きな白百合が咲いていた。強い香気だった。あまりに茅が深いので、あまりに百合の香気が強いので、そしてその二つが、吹き上げる風に、まるで生あるかの如く揺れているので、恐ろしくなった。だが、家に帰った小学生の私は、日記に「これから三浦半島の山をすっかり登る決心をした」と書いたものである。

中学の二年の時だったかしら、私は筑波山に登った。初夏だった。天気はよかったのだが、下山の途中、突然霧がわいて来た。私達はぶなの林の中を歩いていた。

霧はつめたく、ぶなの木は生れてはじめてだった。これが山の霧に洗礼された最初だった。その後何十回も、霧の中を歩いたが、この時、ぶなの木が見えたりかくれたりした有様は、いまだにはっきり覚えている。

その次の夏、私は日光に行った。何とかいう滝を見に、草の生えた丘をやたらに歩いた。丘を縦に小川が幾筋も流れ、野ばらが咲いていた。日はカンカン照っていたが、高原の風が吹いて一向に暑くはない。私は川のほとりに、ゴロリと横になって空を流れる雲を眺めた。筑波山で山の霧の洗礼を受けた私は、ここで高原の太陽と風とが、如何《いか》に楽しいものであるかを知った。このように、極めて自然に、徐々に、私は山に近づき、山に親しんで行ったのである。

次のステップは私を日本アルプスに導いた。白馬で私は雪渓に狂喜し、高山植物に心を打たれた。それから数年間、年から年中、夜も昼も山を思う時代が続いた。まったく私は若く、壮健であった。がりがりと、山を歩きまわった。だが、この時代にあっても、山の霧のつめたさと太陽と風とを愛する念は私を去らなかった。私は好んで針ノ木岳やスバリ岳のあたりの、アルプに似た草原で、のびのびとした数時間を送った。ひとつには、あの辺が登山家に取りのこされていて静かだったのと、なんだかのんびりしているのに適したような気がしたからである。

同じ山に何度も行っている結果、私は山の人々を知るようになった。家が面白くないといって東京の私の宅にやって来た若い案内者などもいた。晩春の独活《うど》、秋の小鳥、冬の山どり、雉《きじ》……そんな物を、山の人達は送ってくれた。私の生活に山は欠くべからざるものとなった。シーズンを外ずして、私はよく山へ出かけた。

一度、九月も末になった頃、小谷《おたり》温泉へ行った。本当は雨飾《あまかざり》山へ登ろうとしたのだが、雨で駄目になった。だが却って、静かな、いい両三日を送ることが出来た。糸魚川《いといがわ》街道をバスで下瀬《くだりせ》まで、崖に生えた萩が、花をバスの中に散らした。下瀬から温泉までの路は、雨もよいの午後の光の中で美しかった。温泉では古いラジオをかこんで糸魚川の尼さんやら、近くのお百姓さんやらが、都会人である私の横暴に白い眼を向けたというのが、丁度その晩、ＡＫから私の親友がフランス文学に関する放送をすることになっていたので、私はその時間に、ＢＫの浪花節をスイッチ・オフしたのである。

翌日、昼すぎまで雨に降られ、すっかり退屈してしまった私は、面白半分馬にのって下瀬まで出た。途中で雨はやみ、谷の奥に虹がかかった。

十一月の終り、突然大町へ行ったことがある。すっかり枯れ切った林をわけて、東山を登り、日の暮れ方に、何というか名は忘れたが、小さな部落に出た。一軒の雑貨店の囲炉裡《いろり》にふんごんで、漬菜でビールをのんだ。家の前が街道、その向うが松林。林は街道に向ってゆるく傾斜している。傾斜に添うて妙に白々とした光が流れて来、どこかで子供が歌っていた――

夕焼け小焼けで日が暮れて

山のお寺の鐘がなる

十数年来のよき山の友である大町のＳは「ああ、石川さんも山へ来て子供のことを考えるようになった」と、淋しそうだった。まったく、私はその時、家に残した子供のことを考えていたのである。

最後に登った高い山は、針ノ木岳である。これも九月、小暇を得て出かけた。大沢小舎のすこし上、盛夏雪渓の終るあたりに、たった一本咲いていた紅百合。マヤクボの上の方は、りんどうの花ざかり。その晩は峠から白馬が、うそみたいに美しい色に見えた。

翌日は、いつもは滝で下りられない沢を、がむしゃらに下りた。真田紐でズボンの下を靴にしばりつけ、土砂が靴の中に入らぬようにしながら、私は黒部の渓谷の向うに見える立山の峰々に見入っていた。何故だか、もう二度と再びこんな山旅は出来ないぞという予感がしたのである。人夫が、ザラザラと岩片を落しながら沢を下って行く。最後まで私は尾根にいた。私は恐らく溜息をついたことであろう。思いきって身投げをするように、尾根から沢へ飛び下りた。

その夜、午前一時というのに、私は大沢小舎で、大町から登って来た二人の人夫に起された。「日清戦争が起ったからすぐ帰れ」と東京から電話がかかったというのである。夜明を待って、露の深い径を下った。しとど、私は露にぬれた。蜘蛛の巣が顔にかかった。満州事変が勃発したのである。その時から今日までに、私は米国へ行き、英国へ行った。太平洋の汽船で、シベリアの汽車で、私は時々針ノ木の雪渓の下、ゴロタ石の中に咲いていた赤い百合と、峠に近く咲いていたりんどうとを思った。秋の山の静けさを慕った。

忙しい最中に、一月元旦、三国山へ登った。山はすっかり凍りついていた。頂上では樹氷の花が咲いていた。私はピッケルを振り廻しながら凍った斜面を滑っておりた。気持のいい時は、相当乱暴な真似をしても怪我なんぞしないものである。

今度帰って来て、大町のK・Kという案内者が死んだことを知った。奉納相撲で行司なんぞして元気な男だったが――

もちろん二十年以上の山の旅だ。死ぬ人があるのも当然だが、やはり多少は気がめいる。

高等学校の時、その頃としては大旅行だった針ノ木――立山――剣――小黒部――大黒――大町のコースに行った人夫の中で、年もとっていたが落着いて親切だったSというのは、山へ入るのをやめて、どうなったか誰も知らない。兵隊から帰ったばかりの、その頃では所謂インテリだったKは、発狂して座敷牢で死んだ。

酒の好きな、猥談の上手な、ニコニコしていながら妙に理屈っぽいT老は、最後に針ノ木へ私が行った秋、長い間の病気のあげく、弱り果てて死んだ。稲田が軒先まで来ている家へ見舞に行ったら、起きるなというのに起きて来て、もう一度石川さんと暢気に山へ遊びに行きたいといっていたが、素人の私にも、もう治りそうにもないと思われた。

今度はK・Kだ。六月はじめ立山から富山にぬけた時、立山温泉では湯があついといって、スコップで雪を湯槽にたたき込み、富山の旅館では、遊びに来た若い文学少女が「私、八十《やそ》さんが好きですわ」といったのを、部屋の隅で足の底の皮をむきながら、「お前、この辺は門徒じゃねえのか」と、これは洒落でも何でもなく、真面目で質問したK・Kだったが――

死んだといえば有明のNも雪崩でやられた。兵隊靴を背負って歩き、里へ出ると草鞋を靴にはきかえたりしていた男だった。

山への私のイニシエーションは極めて自然であった。山頂ばかりでなく、山麓の丘や村や、そこに住む人々とも、自然に親しくなっていった。知人が死ぬのは悲しいが、これはやむを得ない。私はまだまだ、嶺や丘や森に、よい旅を持つことだろう。

（「旅」一九三五年六月号／『大阪弁』一九三五年・創元社／『可愛い山』一九五四年・中央公論社）

一本立てる話

近頃愉快に感じたのが「山小屋」十一月号の「山岳語彙」(その九)の、**イッポンタテル**である。ここに引用する必要もあるまいが、曰く「背負梯子を着けた山人が休息する時に使用する語。彼等は、頭が二俣になった太い杖(荷棒)を梯子の底部に当てて(中略)それを都の登山者が真似て「峠まで行ったら一本立てよう」などと、ひと頃は旺《さか》んに用いた(下略)……」

まったく、僕はそれを読んで、大きに愉快になり、その晩は食卓において、とうとう一本立てて了《しま》った。しょっ中やっていることなんだから、「特にその晩は一本余計に立てた」といった方が正確かも知れない。

「背負梯子」——これをしょいこ、という。「一本立てるべえか」と、そのしょいこの最下部の横棒にニンボウ……というかどうか、そこまでは知らぬが——物ほしに使用するサンマタみたいなものをあてがい、上から石楠花《しゃくなげ》の枝がたれている小路の日影などで、人夫たちはよく休んだものだ。道祖土康成先生もいわれる如く、彼等は決して腰をおろさぬ。立ったままで休息する。我等もまた大町鳶では駄目だが、それを短くしたような飛驒鳶を、その頃はまだ流行していなかったルックサックの底部にあてがって、立ったままで休んだ。思えば山の案内達に忠実だった青年の僕よ。

ところが、廿数年後の今日、この神聖なるべき山の語が我等の間では次のように使用される。

「鰹のいいのがあったから一本立てましょうか」

「これはこれは——君。ようこそ。おい、女房、——君が見えたから、もう一本立てろやい」

「急いで飯をくわなくてはならないが、久振りで会ったんだから、一本立てようかね」

つまり僕が廿年前に、信州の山から持って下りて来た言葉は、いつの間にか転じて、普通には「一本つける」という場合に、それを使用するようになって了ったのだ。

「つける」は徳利を銅壺にドブンと入れること、「立てる」はお燗のついた徳利を銅壺から引きぬいて、食卓の上にデンと置くこと。つけなくては立てられぬ訳だが、さて「立てる」時のたのしさは、逆立ちさしても一滴も出ぬ時の悲しさと、全く同じ程度に大なるものである。

山に登り初めたころから飲み出したので、考えればよく登りもしたがよく立てもした。勿論山中ではあまり飲まぬが、それでも、あちらこちらの低山、高山の泊りに、酒あればなおよしの態度を続けて来たものである。

一番印象の深いのはすでにどこかに書いたこともあるが、大町の百瀬君と、死んだ北沢清志と三人で、六月、針ノ木を越えて富山にぬけた途中の立山温泉だった。

ひどく雪の多い年で、平の小屋から立山温泉まで、雪の上ばかり歩いていたせいか、だらしなくへばって、温泉に着いた時には大きに酒を欲していた。まだ店をあけていない温泉の倉庫から、北沢が出して来たのが、桜正宗の瓶二本。灰がカチカチにかたまった火鉢の上に、あぶなっかしく乗った鋳鉄瓶につけたものだが、この酒、我等三人とも飲めたものにあらず。一口ずつでやめたのは、酒がどうかしていたのか、こちらの身体が変調を来していたのか。

ケンブリッジのリチャーズ夫妻を案内して後立山を歩いた時、針ノ木峠から種池の小屋へ着くとビールが沢山ある。「かかるラクシュリイはアルプスのハットにあっては発見するを困難となす」などとリチャーズがよろこぶままに、こっちも飲んだの何の、またたく間に一ダースを空瓶としてよこたえたが、夜中にお腹が痛くなったには弱った。

もっともこれは三人で一ダースだが、わが友Tに至っては、一人で一ダースは平気だ。このTとは、山のこと、スキーのことについて交をむすんでここに十年以上になるが、いまだに一緒に登山せず、スキーをしないという妙な関係にある。

Tと共通の友たる大阪のN老は、これこそ山の猛者で、東京の真中をチロルの半ズボンで歩いたりする程の山の信者、「生活即ち登山」といった厳格なアルピニストだから、酒などは勿論一杯ものめばフーフーいっていたのだが、この頃は大分のむようになったそうだ。彼、のめば必ず歌う。いろいろな歌詞を持ち合しているのは感心だが、曲節に至ってはどれもこれもみんな同じである。けだしアルピニスト七不思議の一つとすべきだろう。


大町の黒岩直吉も、酒を好む案内人だ。飲む程に、酔う程に、只さえ大きな目を余計大きくするから、知らぬ人が見たら吃驚《びっくり》するだろうし、とかく理屈をいうので、若い登山者には不向きかも知れぬが、案内をしながら飲むのではなし、インテリ向きの多いガイドの中で、黒岩の如きは、それこそ山人の一つのタイプとして、知っておくべきだと思う。

黒岩と同じ元老格である所の松田茂一は一向にのまぬ。「五千尺」で雨にとじこめられて、駄菓子を五銭買って来て食っていたりするところ、一寸御隠居さんといった感がする。吉田紘二郎さんの御夫婦に可愛がられてあちらこちら案内していたが、近頃はどうしたか。吉田さんにも御無沙汰しているし、茂一にも久しく逢わずにいる。

飲まぬといえば久さんこと伊藤久之丞もまるで飲まぬらしい。いつもニコニコして、ズクのあるいい老案内者だ。

桜井順一もニコニコしていい案内者だが、これが飲むと雄弁になる。「オール読物」が対山館で座談会をやった時、丁度僕も新しい写真機をためすべく大町に居合わせたので出席したが、この席での桜井の人命救助談は、けだし傑作だった。主催者側の佐々木茂索、菅忠雄両氏、介添役の百瀬慎太郎氏等の誘導方法もうまかったが、彼氏、それこそ「山岳語彙」の助けを必要とする程度に大町弁をまる出しにして懸河の勢で喋舌り出した。東京から来た速記者は若干あっけに取られていたが、然しあの速記の出来上りはよかった。よくあれだけ感じを出した。桜井の大町弁をを有明の大和由松が一々標準語に翻訳したところなんぞ、トーキーにとって残しておく値打はあったような気がする。

他人の話ばかりして了ったが、僕自身、大町を中心とするいたる所の囲炉裡にふんごんでは、酒をのんだものである。あの辺は冬がよく、そして冬の方が酒がうまい。菜漬の、葉と葉の間に薄氷がはりついた奴などを、バリバリやりながら、一本立てることは、決して悪くない。この冬には久しぶりで冬の山を見に行こうと思っている。

まとまりのつかぬ雑文になって恐縮だが、もともと酒の話だから勘弁して頂きたい。もっとも、この一文、決して一本立てながら書いたのではない。山人が登山中酒をのまぬと同様に、僕も文章を書く時は酒をのまぬ。よしんばそれが雑文であるにしても。

（「山小屋」一九三五年十二月／『榾火　山小屋随筆集』一九四二年・朋文堂）

法師温泉と三国峠

記憶をたどると、私が初めて法師温泉へ行ったのは昭和四年の六月である。早いもので、もう満七年になろうとしている。

その前から私は、当時水上まで通じていた汽車を利用して、ちょいちょいあの辺へは出かけていたが、これはスキーをやるためで、従って夏の上越はこの時まで知らなかった。ましていわんや、赤谷川の谷を入ったことはなく、従って三国街道の、どこか京都府に似た景色や立ちぐされになった大きな家や、あちらこちらで、街道にそう畑で見出される石器のたぐいは、私をよろこばせるのに充分であった。

石器といえば新治《にいはる》村の役場の裏で、完全な石鏃《せきぞく》を二つひろった。その一つは珍らしい形をしていた。話は前後するが、その翌日、三国峠で休息していて、偶然一緒になった高田師範の生徒というのに、この珍らしい方の石鏃を見せると、彼、何と思ってか、いきなり付根の方を前歯でパリと嚙み折って、ペッとばかりはき出したものである。怒るに怒れず、私は啞然とするばかりだった。

とにかく、この時私は日暮れ方、法師温泉に着いた。今でも覚えているが、朝からの曇天がとうとう持ち切れず、梅雨に似た小雨が降り出して、台所から出る煙が四かくな木造の煙出しのあたりを這いまわっていた。静かではあり、主人のもてなしはよく、温泉は誰も知る如く清澄で豊富。私はすっかり法師温泉が気にいった。

その後何度行ったことか。日記をつけていないのではっきりしないが、一人で行ったり、人を引張って行ったり、すくなくとも五六回はこの山峡の温泉を訪れていることであろう。

満洲事変をきっかけに、私は十年ぶりの海外旅行を始めるような運命におかれた。米国へ行き、帰って一年後にはまた冬のシベリアを英国に向っていた。帰って来てから一年半に近い。米国へ行った年の正月も三国山へ登ったことは確かだが、三国山の山腹一面に「日光きすげ」が咲いていた夏が、その前だか後だか、はっきりしない。英国から帰ってからは、まだ一度も法師へは行かぬ。長い間の家族への約束なので、あるいは二三週間の後に出かけるかも知れず、まるで行かぬかも知れない。

私は法師温泉のことを人に話しもし、文章に書きもした。一方、清水トンネルが開通し、東京鉄道局が三国越えをハイキング、コースに指定して以来、法師へ来る人が非常に増え、設備が悪いとか、物価が高いとかいう非難があちらこちらで聞えるそうだが、本当にそうなら惜しいことだ。あんな狭い場所にあるので、宿屋を拡張するにしても充分な場所があろう筈はなく、従って人が多数訪れれば自然混雑し、待遇にも手ぬかりがあるのだろうと思う。私は多くの場合、シーズン外れに出かけるので、いつも法師は静かないい所だという印象を受けて帰って来る。宿もそうこまないので、たいてい台所の大きな囲炉裡をかこんで、家の人々の熊狩りの話など聞くことが出来る。

法師と三国山では思い出すことが多い。

一番はじめに行った時、浅貝の本陣で早い昼飯を食わせて貰ったが、これが蕎麦。山牛蒡《やまごぼう》の枯葉を煮出してつなぎにしたという。大きな割箸ほどの黒いもので、美味この上なしだった。然し面喰ったのは、弁慶常用の品を思わせる大きな塗椀に、色の薄い汁が一杯入っており、底の方に貝柱がほぐれて沈んでいるので、これをお吸物と思って飲んでしまって、さて蕎麦の下地は？　と訊くと、このお腕の中に蕎麦をザプリとつけ、かき廻してくうのだとのこと。食物の話で始めると下品だが、暑い真昼、広く、黒光りのする本陣に、とても涼しい風が吹き込んで来たこと、家のすぐ前を山の水が流れていて、それにあざやかな九輪草の花が影をひたしていたことなども覚えている。

九月の末から満洲事変のために、ひどく忙しくしていた私は、十二月三十一日の朝、新聞社をぬけ出して法師へ向った。山の靴とピッケルだけは忘れずに持って行ったものだ。そして昭和七年の元日、相当に深い雪を踏んで三国峠を登った。運動はまるでしていないし、前夜は宿の主人や同行の友人と相当遅くまで飲んだので、登りは楽ではなかった。然るに一度峠の頂上に着き、はれ渡った山々を眺めるに及んで、私は別人のようになった。これは実に不思議なことだが、山に入っていると、時々、いやに勢がよく、若い人々のいわゆる「張りきって来る」ことがあるので、この時も私は友人を権現堂にのこし、スタコラ三国山を登りにかかった。

広い雪田を横切り、ドームのような頂上部へさしかかると、どこかで、チリンチリンと、とても澄みきった、可愛らしい鈴の音がする。はじめ私は耳の迷いだろうと思った。静かな山頂で休んでいると、笛が聞えることがある。きたない話だが鼻くそが孔の中で乾いて、呼吸するごとにそれが振動するのである。この鈴も何かそんな風な原因から来るのかとも思った。だが、私の疑問はまもなく氷解した。根からスイスイ枝がのびている小木のその枝に、まるで村の祭ののぼりのような形に氷がはりつき、それが触れ合って音を立てているのであった。

頂上は雪が深く、股のあたりまでもぐったりしたが、樹氷の写真などたのしくうつし、下りはピッケルを振り廻して氷みたいな雪の面を走って下りた。

新聞社の友人四五名と法師へ行ったのは秋も終りに近かった。かねて手配しておいたので沼田まで自動車が来ていたが、なんでも八時か九時頃で、寒いことおびただしく、ウイスキーを廻しのみしたものだ。

翌朝、とても早く目が覚め、温泉に人ってからガランとした自炊宿の方へ行ってみると、自炊客は一人も泊っていないのに台所には乾燥しきった新がパチパチと燃え、かけひの水が流れ込んでは流れ去っていた。その水のつめたかったこと。

法師の宿は道路をへだてて二軒にわかれている。私はいつも母家《おもや》と反対側の方へ通される。台所や浴場は母家についている。

ある時、沼田に住む友人と来たことがある。丁度田植が終って、お百姓さんは若干ひまがあったのだろう、大部あちらこちらから人が来ていた。

夜の十時頃、もうねようか……などと話していると、向う側が大層賑かである。同宿の人々が退屈なままに、演芸大会を始めたのだという。農夫、きこり、行商人、ごけなどがたまたま宿り合わせ、五銭だか集めてごけに三味線を弾かせているのだ。ごけの三味線もさることながら、三国峠を十何度か越したという五十女の、露骨なエロチシズムには、我々顔まけして逃げて帰った。

いくらでも書くことがありそうで、さて改って考えると、存外思い出のすくない三国峠と法師温泉である。

（「山小屋」一九三六年五月）

嘆きの花嫁——山での話——

ちょっと映画の題——それも五、六年前にでも流行したらしい——を思わせるし、山と花嫁とどんな関係があるのかと不審に思う読者もあろう……と、それをねらった味噌ではなく、この「嘆きの花嫁」は、うそ偽りの更にない Mourning Bride の直訳である。

自慢にはならぬが、僕は極めて物覚えが悪い。記憶力はゼロである。だから中学時代から、歴史では落第点に近いものばかり取っていた。人の名前など、すぐ忘れて了う。いや、名前は覚え、顔も覚えるのだが、その二つを正確に関連させて覚えていることが困難なのだ。人は胡麻塩の僕の頭を見て、「お年のせいですよ」という。お年のせいならいいが、僕のは昔からそうなんだから救われない。而《しか》もこれが人の名前ばかりでなく、動物、植物、鉱物の三王国《キングドム》を通じてのことなのである。

今日、昭和医専の人たちが来て、白馬に高山診療所を設けて以来五年間の、いろいろな経験を話して行った。今度、立山にも同じような設備をつくりたいという。僕はその話は別問題として、白馬岳の山小舎には一泊十円の部屋があるという。僕はびっくりして了って、僕が白馬に行った時の小舎といえば云々……と、つまり時代に取残された人間が、誰でもいうような事をしゃべったが、さて僕が最後に白馬に行ったのは今から二十年を遥かに越している。そして、僕はいまだに山が好きで、山に登り、時に老人らしく冬山でころんで怪我なぞしているのだが、要するに二十数年、山に登っていながら、山の名を覚えねば、高山植物の名も覚えないというのは、「お年のせい」ではない、それについての「記憶力ゼロ」がたたっているのであろう。

やたらに話の範囲をひろげて行っても仕方がないから、「嘆きの花嫁」に関係のある高山植物に限定すると、僕は、二十年も山に登っているのだから、自然、無数の高山植物を見、無数の名前を知っている。が、その中で、どこにあっても、明確に実物と名前とを一致させ得るのは、松虫草だけである、それで口の悪い一人の山友達は松虫草を「石川さんの植物学」と呼ぶ。石川さんの植物学の知識はこれにつきるの意味なんだろう。

ところで、松虫草は高山植物ではない。北海道から本州、四国、九州に至る山野に生ずる……というのだから、何でもない雑草だ。しかし最初に松虫草を意識して見てその名を知ったのが、北アルプスの山々へ入る第一日であったため、どうしても松虫草と山とを離して考えることが出来ない。千葉の海岸の松林の中にも咲いているが、若しもそれを最初に見たものなら、恐らく僕は「日本アルプスの麓に、千葉の海岸にある花が咲いてやがらア」と感心したことであろう。

大町から籠《かご》川の谷に入るのに、若い稲の水田の間を歩き、大出という部落を過ぎると、雑木まざりの松林に入る。松蟬が鳴き、かけすがギャーギャーいって瑠璃色の羽根を落す。この雑木林に、松虫草が沢山咲いている。

僕は何回この林をぬけて山へ入ったことだろう。山へ入る第一日のたのしさ。空はあかるく荷は重く、はきなれぬ草鞋《わらじ》は足の底で妙にデコボコする。歩き出して一時間、小さな流れがあって、そこで第一回の休息をする。水は生ぬるいが、その日の晩方には、もう、手を入れるとちぎれそうな雪どけの水が流れる、大沢の小舎に着いているのだ。

この林に来て、背の高い松虫草を見るたびごとに、僕は「今年も山に来た」としみじみ思うのである。

ある時、とても暑い八月の一日、もうお昼近くであった。一緒に行った英国人の登山家は、ここの松虫草を見て「君、表面にこまかく露がうき出したグラスに、シャートルーズでつくったコクテルを充たし、その上にこの花を浮かべたらどうだろう」といった。山が好きで、時間をつぶし、銭を費し、精力を消耗して山に入りながら、その第一日の朝から人間は食物、のみ物の話をする。人情、東西相同じとでもいうか。

新渡戸先生のお伴をして米国へ行った時、ハドソン河上流のトロイという小さな都会に先生の友人がいて、そこのロータリイ・クラブの昼飯に講演をしてほしいと申し出た。先生はウイリアムスタウンにおられたが、自動車でトロイに行かれ、一晩とまってあくる日講演ということになった。

先生の友人は老婦人で、小さな家に住んでいた。僕は二、三軒はなれた家に泊ったが、翌朝食事のためにその老婦人の家へ行くと、驚いたことに、食卓に松虫草が、花瓶一ぱい盛りあげてある。この松虫草は大きく、而も純白である。

「へー、こんな花があるのか。これは何といいますか」

とたずねると、老婦人は「自分は知らないが、この花をくれた人は園芸が好きで、花の名前ならなんでも知っている。聞いて上げましょう」といって、電話で聞いてくれた返事が「モーニング・ブライド」。


気持のいい、朝の食事に盛り上げられた花は、まったく「朝の花嫁」のように健康で、美しかった。朝顔が「モーニング・グローリイ」で松虫草が「モーニング・ブライド」。なんと素晴らしい名前だ！　だが冗談半分、「これは morning bride ですか、mourning bride ですか」と聞くと、どっちか分らぬとのこと。どこでもそうだが、別して米国の知識階級の家庭だ、しっかりした辞書が二つや三つあるのに、引きもしなかったが、数年後の今日、辞書を引くと、「Mourning bride ナベナ属の装飾用栽培草木、羽状深裂の葉、通常濃紫色のひらべったい頭の花を持つ」とある。学名は Scabiosa atropurea。これがスタンダード辞典。英和辞典には単に「まつむしそう」とある。大丈夫なんだろうが「僕の植物学」では teazel family（辞典のいわゆる「ナベナ属」）がどんなものか判らないし、念のために大百科辞典というのを引くと Scabiosa japonica Miq. と学名が出ている。間違もなく mourning bride は松虫草なのだ。

だが、これは一体何という名なのだろう。松虫草のどこに「嘆きの花嫁」の感じがあるのだろう。何か伝説でもあるのだろうか。

夏の山には、ずいぶん長い間御無沙汰している。籠川の入口の松虫草も、長いこと見ていない。だが米国から帰って、僕は方々で松虫草を見た。松虫草との因縁は中々につきない。

楽に日帰りが出来て、割合に面白いところから、僕は小仏峠に何度も行ったが、あすこから尾根をつたって出る景信山の頂上を、東の方へちょっと下ったところに、松虫草がウンと咲いている。はじめてこれを見た時にはうれしかったが、同時に、「なんだ、こんな所にまで咲いていやがる」という気持もした。

更に前に書いたが、千葉の海岸に咲いているのを見るに至って、僕は松虫草の無節操に憤慨した。もちろん憤慨する方が間違っているんだが、——千葉あたりになると、色はいやに白ちゃけて、ほこりぽく、見るも無残である。「北は北海道から、本州、四国……」云々の花であっても、高地に咲くものほど、色はあざやかである。

去年の秋、僕は朝鮮を旅行した。新義州まで直行し、引きかえした京城から半島を横断して清津に行ったが、その最後の宿り場は朱乙温泉であった。朝鮮にいることと二週間、何ともいえぬいい天気の連続で、紫外線が強いのかどうか知らぬが、我れながら呆れるほど立派な写真がとれたりした。

朱乙には早朝着き、その晩の夜行で京城経由帰京する筈だったが、二週間の強行旅行に、さすがにつかれを覚えたので、すすめられるまま、朱乙温泉一泊と腹をきめ、朱乙川でヤマメ釣りをこころみた。古い文句だが、水晶をとかしたような水がほとばしって流れている川の、瀬になった場所を選び、その上方のとろみに、鮭のたまごを餌につけた針を投げ込むと、針は流れて瀬の石を越す。と、あたりがある。僕を案内してくれた人は名人だから、竿を持つ手首のひねり具合で、完全に魚を釣るのだが、こっちはなにぶんかけだしの、釣《つり》魚といえば武州金沢で二、三寸の沙魚《はぜ》をつったことしか無いのだから、手ごたえにあわてて了い、エイッ！　とばかり竿を持ちあげる。ヤマメは頭の上で、昼間の三日月みたいに光って背後の河原に落ちる。そこには白砂に小松が生え、九月もなかばを過ぎたのに、松虫草とハマナスが咲いていたが、およそ、こんなにあざやかな色の松虫草は、見たことが無い。やはり紫外線の関係だろう。高山植物の色をしていた。

今、拙宅の庭の一隅に、松虫草が四本、ヘナヘナしている。過日新宿の夜店で買ったものだ。コヤシをウンとやったら、トロイのみたいに大きな花を咲かすかも知れない。多年生草本だというからには、毎年咲くことだろう。たのしみにしている。

（『ひとむかし』一九三六年・人文書院／『可愛い山』一九五四年・中央公論社）

さからう

茶碗をつくろうと思って轆轤《ろくろ》をまわす。盛れ上って来る陶土の中央に両手の親指をさし込み、残る四本ずつの指を揃えて外側にあてがっていると、轆轤の回転につれて面白い形になって来る。と、突然、縁がガタガタする。どの指かに力が入り過ぎたのだろう。こいつはいけないと、あわてて直そうとするが、もう駄目だ。出っぱった所をひっこませ、くぼんだ所を出っぱらして、完全な円形にしようとする努力は、間髪をいれず、茶碗を朝顔の花の形となし、次の瞬間、轆轤の上には、ひしゃげた陶土の一塊が残っているばかりである。

七合目の小屋の前の細長い平地で、私とY君とは、これから頂上に登って行く連中の一人一人と握手した。何も、エヴェレストに行くのを送るのではなし、握手なんぞ仰々しい話だが、山の中腹、それも零下何度かの風がヒューヒュー吹いている場所で、一つのパーティが二つに別れ、その一つは盛に雪を吹き上げている頂上に、他の一つは目の下に霞のかかっている盆地へ、それから夜の東京へと……こんな場合だから、よっぱらって矢鱈に交す握手よりも、幾分かは真剣味が多いような気がする。

すくなくて四五貫、多くて七八貫のルックを背負った青年たちは、アノラックの首を縮めながら登って行く。時々誰かが立ち上っては「エッホ！」を叫ぶ。ピッケルを振り上げる。しばらくは寒さに慄えながら、それを見送り、それに応じたが、やがて我等二人もピッケルを取り上げて下山にかかった。

凍った雪にアイゼンは気持ちよくささる。Y君も私も山には馴れている。ルックサックは軽い。無駄話をしながら、急な雪渓をサクサクと、六合目の小屋まで来た。

小屋の前の大岩、そこの東南面に風をよけて、二人は日向ぼっこをした。風は西の方の尾根でうなっているが、ここはまた下界の春よりあたたかい。そうだろう、頭の上には太陽があり、足の下には雪がある。上半身、私は素裸になった。去年の海水着のあとがまだ残っているのに、Y君は驚いたりした。

我々のために、特に番人が来ている五合目の小屋で、簡単な昼飯を済ませ、出かけたのは一時半ごろだった。小屋主のI氏が馬返まで行くというので、大きい方のサックに防寒具やアイゼンやピッケルを入れてこれを托し、私は小さいサックにこまごました物を入れたのを肩にかけ、Y君の後を追ってスキーですべり出した。

五合目から四合目までは、相当に急な路が鋭角のジグザグで曲っている上、一行が前日スキーでさんざん踏んだ。その前日というのが朝は雨、午後はあたたかくなり、そして夜から朝にかけて気温がひどく下った。だからこの路は、雪よりも氷に近いもので張りつめてあった。エッジはまるで利かず、斜面を直角に立っても、スキーは二本そろったまま、スルスルとすべって了うという状態だった。曲り角の回転は容易に出来ず、一つのストレッチを下りて止り、キックターンで次のストレッチを下りる……というのが、私のスキー技術では最上で、多くの場合には止るかわりにころぶのであった。

とある、相当に長い路を、両杖を山側に制動しながら下りて、いきなり杖を左に持ちかえると、スキーは見事に回転して、私は次のストレッチの上端に現れた。だが、そんなことよりも、先ずピーンと来たのは、私が山側に近よりすぎて回転したことと、直径二尺ばかりの切株が五六尺さき、私の進路の中央に、斜につき出ていたこととである。スピードはついている、廻ろうったってまわれるものではなし、勿論止まることは出来ぬ。私はいきなり横倒しに倒れた。I氏が来てスキーを外してくれる迄、私は雪の上にへたばっていた。左の膝と足とをひどく痛めたのである。

今までに何百回、私はスキーでころんだことだろう。だが捻挫したなんてのはこれが最初である。而《しか》も膝と足との両方なので、やっとの思いで東京まで辿りついて、まだ床についたきりである。

今までに何百回か何千回かころんだのは、ころぼうと思ってころんだのではない。自然に、ころぶようになって、ころんだのである。が、今度は、無理にバランスをやぶり、自分から雪面に身体をたたきつけたのだ。

足と膝とに一大きな氷嚢をあてて寝ながら、去年の今頃、京都に住んでいる陶工の従兄を訪問して、轆轤をひかせて貰ったことを思い出した。私が失敗するたびごとに従兄はいうのであった「轆轤にさからっては駄目だ」。人間が廻せばこそ廻る轆轤に、さからうもさからわぬもあるまいと思っていたが、富士山の四合五勺あたりで、冬の登山者としては最も不名誉な、とんだ事故を起して以来、私はこの「さからっては駄目だ」という言葉を、何だか意味の深いもののように考え続けている。轆轤とスキーだけの問題ではないような気がしている。

（昭和十一年春）

（『ひとむかし』一九三六年・人文書院）

山の本

僕が持っている山の本のことを、何ということなしに書いてみようと思う。

先ず第一にウインパアの「スクランブルス」の初版をあげねばなるまい。どうもそれが順序であるような気がする。ロンドンのバンパスで買った。幾らだか覚えていないが、Rev. J. J. Muir というスコットランドの名前が書いてある。

Rev. で思い出すのはウエストンさんだが、そのことは後廻しとして、「スクランブルス」の初版に関連して不思議な本が二冊、僕の書架におさまっている。大きさはどちらも二三×一六センチ、表紙の背には Scrambles amongst the Alps by Edward Whymper ―― 一方のは背の下に J. B. Lippincott Co. とあるが、一冊には何ともしてない。「スクランブルス」に間違いないのだが、タイトル・ページをあけると SCRAMBLES AMONGST THE ALPS,/BY/EDWARD WHYMPER;/AND/DOWN THE RHINE,/BY/LADY BLANCHE MURPHY/WITH ILLUSTRATION/

PHILADELPHIA：/J. B. LIPPINCOTT & CO. と、これはリッピンコットの方だが、もう一つには出版者の名は明記してなく、ただ巻尾の広告が THE BURROWS BROTHERS CO., CLEAVELAND, OHIO 出版の書物で、速記術とかなんとか、そんな風な詰らぬ本の間に、この本の名も見えていることでバロウス兄弟が出版したことが知られる。どちらにも出版のデートは無く、頁数は「スクランブルス」だけが一六四（原書は四三二）、活字は小さくし、行間をつめ、新聞一コラムぐらいの幅で二段ぐみにしたものである。リッピンコットの方は挿画など、まだまだ鮮明だが、バロウスの方はぐちゃぐちゃで、これを Mutilation といわずして何ぞやである。買価一弗《ドル》、買ったのが一九三二・六・一二、場所はフィラデルフィアの LEARY ――日本人にはいいにくい名だ。いやに詳細をきわめるようだが、実は本の中から受取が出て来たのだ。その頃の米国は相当ひどいことをやったもので、パイレート版の見本によかろうと思って買って来た。研究したい方には貸して上げてもいい。

　貸すといえばウエストンさんの「日本アルプス」が見つからぬ。誰かに貸した覚えはあるのだが……これにはウエストンさんが聖書の中の文句を書いてくれた。

コンウェーの『カラコラム・ヒマラヤ』(二冊本。署名入。百二十一部限定)は、自慢してもいいだろう。誰が持っていたのか、名前は書いてないが、おそらくこまかく読んだもので、二冊とも巻頭の白紙は、旅程の書きぬきでベッタリ埋っているばかりか、第二巻の最後のインデックスに Lamayuru, 617-20, 662 とある最後の2が1に直してある。本もそうまで読めば本格的だ。恐らくはカラコラムに入ろうとしたか、又は入った人が、調査の材料にしたのであろう。

登山のテクニックを書いた本では、バドミントンがとてもうれしい。もちろんバドミントンはその後改訂されはしたが、一八九二年のもので、一九三四年に出版されたロンスデール・ライブラリイのマウンテニヤリングとは比較にはならぬであろうが、ごろんと横になって読むにはもって来いである。我々四十前後の者にとって、バドミントンの名が大きな魅力を持っていること、これは否定出来ぬ事実である。テクニックに関する数冊を比較すると面白い結果が出るであろうが、あまり専門的になる危険があるから、それはやめにしよう。アブラハムの The Complete

Mountaineer など、今では「ケジックの写真やか」とか何とかいわれて、誰も相手にしないが、相当これで我々の血をわかしたものである。

How to Become an Alpinist なんて本、今日でも読む人があるかしら。著者はバーリンガム。タイトル・ページにも口絵の写真にも、The Man who Cinematographed the Matterhorn としてある。先生曰く、

そもそも、誰でもがアルピニストになれるものではない。身体がズングリしてよく働く心臓を持つ人々のみが、このような激しい骨折仕事をなすべきである。めまいをする傾向の者は牝牛がしばしば訪れる頂上にかぎって登るべし。肉体的且つ精神的に資格ある初心者は、高さと断崖とに馴れる迄は簡単な登高を、騾馬路を外れずに行うべし。そこで馴れたら山羊路を歩いてもよろしい。

牝牛、騾馬、山羊と三段にわけたあたり、「鹿も四肢、馬も四肢」と叫んだ源氏の大将より、よほど動物学の知識はあるが、これ、少々コワイみたいな訓示である。

一番はじめに米国のパイレート・エディションの話を書いたが、米国だからとて、ちゃんとした本も出している。その例の一つが、ティンダル教授の著述をアップル

トンが出したもの（1896）INTERNATIONAL SCIENCE SERIES の第一巻が同教授の The Form of Water であるが、立派にオーソライズされているし、又スクリブナア The Out of Door Library の Mountain Climbing（1897）の如き、コンウェーをはじめ一流どころの書き下しである。

僕は蔵書家でも愛書家でもないらしい。こう書いて来て、まだティンダルの本があったような気がし、書架をさぐったら Hours of Exercise in the Alps が出て来た。ウインパアの版画が二枚入った一八七一年の初版で、これは大切な本として扱わねばならぬと思った。一弗と鉛筆で書いてある。やはり例の Leary で買ったものだ。忙しい旅の最中に買い込み、ろくに調べもしなかったのである。

とても面白いのは、一度紹介したこともあるが Anthony Bertram の To the Mountains という本だ。ひとりで面白がっていやがると思われては心外だから、ここに書いておくが、深田久弥氏に話したら是非かしてくれとのこと。大分経ってから同氏わざわざ自身で返しに来られ、面白かった礼として「わが山々」をくれた。

バートラムの「山へ」はツーグスピッツェ、もちろん山としては大したことはないのだが、本全体の構成が実に奇抜で、ちょっとトリストラム・シャンデイといった点があり、写真はつまらぬがカットが素晴らしい。丸善で偶然ひろった本である。

I have heard a man complain of German Girl because, when she reached the summit, she cried, "Ah, that is beautiful, that is wonderful. I must my sausage eat."

But how right she was! Only those who go up in funiculars stand and blather. When you have climbed, when you have conquered, then indeed should you sit down and your sausage eat. Let joy be unconfined ……

僕はこよなく、この本を愛する。

まだこの他に英語の本は沢山あるが、カタログをつくるのではあるまいし、この辺でいい加減に打ち切ることにしよう。さて英語の次はドイツ語だが、これはあまりよく出来ないので、よほど、さしせまった必要がない限り精読せず、従って厚い本は写真のきれいなのや挿絵が沢山入っているものという、甚だ恐縮な次第である。

薄い本は相当あるが、その一つの DAS SKIBUCH 一九二二年ウインで出版され、エマ・ボルマンという婦人の木版画と詩とを満載している。詩の方は手紙の型式になったスキーの教則だというが、大したこともなく、それより木版画の方を御紹介したいが、文章ではちょっと手に負えぬ。一本杖、両杖半分ぐらいの時代で、とても変てこりんな漫画式のものだが、おかしなことに、現代日本の各ゲレンデで、この本にあるような変てこりんなシーロイファを、ちょいちょい見受ける。

ヘンリ・ヘックの「雪・太陽・スキー」は私の好きな本の一つだ。大分知られているので、改めて紹介する必要もあるまいが、高山の春を書いたもの、写真が――製作技術はあまりよくないが――実にいい場所を撮影してあり、我々をして、ひたすらに山を思わせずにはおかない。――例えば十三頁にある「太陽の中で憩ふ（アロサ）」の如き、ゆるい傾斜の草原には一面にクローカス、花咲く草地に接して雪田、その雪にスキーを立て、草原には若い男女が五人ねころがっている。雪田の向うは雪が残る岩山……僕等は、何度「ああ、いいなあ！」と叫んだことだろう。この本の写真は、みんなきれいで、みんな小さく、「見てくれ」のおどかしが一向に無い。

およそ潑剌、颯爽たる女性スキーヤァを見たかったら、ドイツの雑誌 DER WINTER を買いたまえ。この頃は少々地味になって来たが、三、四年前までは、素晴らしい色刷りの表紙で、素晴らしいシーロイフェリンが、素晴らしいポーズをしていた。こんな人達と一緒にスキーに行ったら、Stemm! Stemm! とソプラノ……むしろアルトかな……でいうのが、Je t'aime, je t'aime! と聞えそうで――この辺でやめておこう。四十を越しての被恋妄想など、おかしくも何ともないから。

「シュテム!」と「ジュテム!」なんざ、中々芸がこまかいだろう。残念ながら、僕の思いつきではなく、フランスの雑誌に出ていたと教えてくれた人があったのだ。その話を応用して書くと、どこかでそれを発見し、「原稿料を半分頂戴」といって来たには恐れ入る。今度は印税を半分と来るだろう。油断もすきもならぬ世の中だ。

(「学鐙」一九三六年六月/『大阪弁』一九三九年・創元社/『可愛い山』一九五四年・中央公論社)

雑談

山が好きなことは事実だが、昔から大した山には登っていないし、殊に近ごろは、ほとんど登山をしていない。主として時間の関係によってである。今年の三月、立教の人たちが、ヒマラヤへ持って行くエクイップメントの検査をかねて富士山に登った時、さそわれてついて行き、登りにかけては、いまだ衰えずの感を若い人々に与えたのだが——これは法螺《ほら》ではない、証人は何人もいる——下りに、あまり早くアイゼンをスキーにかえ、ひっくり返って左の足と膝を捻挫して了った。スキーを外し、ベソをかきかき、下りて行くと、四合目の小屋の前で、下から一人で上って来た立教の中島雷二君が休んでいるのに会った。中島君は大きに僕に同情し、熱い紅茶をのましてくれた。天気はよし、馬返しまで一気にすべって下りる気でいたのだから、勿論僕はテルモスも何も持っていなかった。こんな場合の一本のシガレットもさることながら、熱い飲物が、どんなに有難いものであるか、皆さんは御理解なさるであろう。

この中島君は、一見すらりとした人の多い立教山岳部に珍しい大きな、肩幅の広い男で、ヒマラヤ行を非常に希望していたが、不幸、肋膜を冒され、十二月の四日、平塚の病院で逝去した。東京日日にあらわれるナンダ・コット登頂の記事を読み、写真を見て、病床における同君の感慨は、けだし無量だったろう。それ等の新聞を、全部お棺に入れて一緒に火葬したということを聞いて、僕は思わず暗涙にむせんだのである。余談であるが、この機会に、ナンダ・コット登山の花々しい成功のかげにこのような話のあることをお伝えし、若い中島君の冥福を、皆さんにもいのっていただきたいと思う。

とにかく、こんな風にして怪我をして以来、どうも身体の具合が面白くない。事実、ひどく寒い朝など、ふっと膝が痛むのである。これでは、いよいよ冬のスキーや山などは望みが薄くなって来た。

そのような僕に山の話をさせると、往々にして変な結果を来す。

数年前、日本山岳会で、写真を主として、短い説明をつけた単行本を出版したことがある。その編輯者が、何と思ってか、僕にも文章を書けというのである。僕は古くから山に登っているのと、職業の関係もあって、名前は割に知られているから、所謂マーケット・ヴァリュウはあるのかも知れないが、山岳会のお歴々と、とても太刀うち出来るはずがない。何とか勘弁してくれぬかといったのだが、編輯者たるN氏、どうしても聞かない。幸い足下に向いた写真があるからとて提示した題が『冬の赤倉』。赤倉ならスキー学校一年生の教室だが、僕は冬赤倉に行ったことがない。夏なら行っている。『こんな始末で、駄目だどうぞゆるして下さい。』と手紙を出すと、それきり何ともいって来ない。やれ、一安心と思っている内に、締切期日を二週間も過ぎた頃、今度はのっぴきならぬ題を送って来た。曰く『麓から見た白馬』。まったく現在の僕にとっては、麓から見た山の話をするのが一番適している。

僕が最初に、日本アルプスに登ったのは、大正二年だから、もう廿年を越している。東京から先ず八ケ岳に行き、白馬を四谷から糸魚川へぬけた。今から考えれば非常に平凡な登山だがこの時以来、僕はきつねつきが狐につかれるように、山にとっつかれて了ったのである。まったく山と僕との関係は一目ぼれであり、しかもそれが廿数年も続いているのだ。学生の時、二等車の窓から明けて行く雪の山脈を見ておどった僕の心は、今でも、まったく同じような場合に同じようにおどるのである。今では条件が違い、僕は時間を捻出する結果、多くは二等の寝台車にのるが、あの黒青いカーテンを引き上げて山を見る気持は、まったく同じなのである。

もちろん二十年といえば長い年月である。山が好きであることには変りはないが、自分の感情の対象物としての山の選び方は、たしかに三度の変化をなした。即ちその第一期には、ただやたらに山に登りたかったのである。山頂を征服するというような気持は一度も持たなかったが、要するに山に近づき、山を知りたかったのだろう。白馬に行った翌年、大町から針ノ木、立山を経て劔に登り、祖母谷《ばばだに》から大黒を経て大町へ帰った旅行は、現在と違って小屋もなく、路も悪く、相当につかれて、大町へ出た時はやれやれと思ったが、それでも満足できず、百瀬慎太郎君と伝刀林蔵と三人で爺へはい上り、鹿島槍へ行ったのなどは、とにかく知らぬ山は知って了うまでは気が済まぬ気持のあらわれだったろうと思う。身体が丈夫で、時間がうんとあったことも関係していたには違いないが……

第二期ともいうべき期間は相当に永かった。この期間、僕は折さえあれば山にかくれたいと念じていた。人生が面倒になると、ちょっと何か意に満たぬことがあると、僕はすぐ山を思った。逃げて山へ行きたかったのである。すでにある程度まで山を——それと僕の性質として広い範囲ではなく、或るかぎられた山々を——知った僕は、今から考えると山に甘えていたのである。山は僕を抱擁してくれるぞと、あるいは自分勝手なことかも知れぬことを思っていたのである『山に逃れる』ことは、結局実現はしなかった。本当に山に逃れていたら、恐らく今ごろは、白馬山麓の茶店のおやじでもしていることだろう。実現はしなかったが、精神的には役に立ったことが多い。『俺には逃れて行く山がある』と考えただけで、気持がすくわれた場合があるのだ。この人生に、しばしば非常に必要な気分の転換が、山によって完全に行われたのである。

第三の時期は、即ち現在である。現在ではただ山に対していればいいという気持になっている。『埋火のほかに心はなけれども向へば見ゆる白馬の山』と、おさまっていてもいいし、一日がかりで針の木の雪渓を登り、偃松《はいまつ》の上にねころがっていてもいい。必ずしも山頂を極めなくとも、別に焦燥を感じるのではない。この気持は、恐らく死ぬまで続くことだろう。

年をとるに従って身体と変化し、社会的の地位も変り、興味もうつって来るが、山に対する感情だけは、すこしも変じないでいる。時に、我ながら驚くほど、変らないでいる。この秋のはじめに書きかけたままで放り出してあった原稿を読んで見よう。

初夏のある朝、非常に早く、私は寝床にいて郭公の声を聞いた。カッコウ……カッコウと鳴く、その何回目の鳴声が私の意識に入ったのか知らないが、最初私は『これは夢を見ているのだろう』と思い、次の瞬間『これは本物だ、本当に郭公が鳴いている』と知った。

当時私は東京の四谷に住んでいた。新宿御苑まで、直線距離にした一町くらいのところである。あすこには、東京市内とは思えぬほど、色々の鳥が来るという。だが、郭公は初めてだ。

時計を見ると五時ちょっと過ぎ。私は、ふと、前日の新聞に『戸隠山からの小鳥の放送』というニュースが出ていたことを思い出した。朝の早い隣の家で、もうラジオのスイッチを入れたのに違いない。私は起きて、階下へ行った。戸をあけると、つめたい空気が流れ込む。まだ部屋の隅々は暗く、蚊がうなっていた。ヴァルヴが熱して来て、突如私のラジオから『カッコウカッコウ』と、二声、続いて、あざやかに聞えた。

『……今朝は気温が低いので、まだ小鳥たちは余り鳴きません。非常によく晴れていまして……』

ここでびっくりするほどマイクに近く『キョケ……コケケ……キョ！』と一声入った……『まっ白く雪をかぶった日本アルプスの連嶺に、朝日が輝いております』アナウンサアがこういう間にも、遠く近く、郭公は鳴きつづけた。私は、真白な日本アルプスの連嶺が朝日に照らされて、バラ色に輝くのを見た。身を切るような風を膚に感じた。『ああ、いけない』私はこういって、スイッチを切って了った。私は堪え切れないほど、山が恋しくなったのである。何もかも投げ出して、即座に山へ行こうかと思い、いや、そんな馬鹿なことはできたものではないと、自らをいましめたのである。私は一日中不機嫌でいた。

郭公とほととぎすは高原の鳥である。北アルプスの山々へ行くと、時期によっては、いやになるほど鳴いている。いくたびか訪れた大沢の小屋の朝を、私はラジオを聞いて思い出したのである。あの、水の多い、大きな白樺にかこまれた山小屋の朝は、まず鳥の声で明ける。カッコウ、カッコウと、間断なく鳴き続けるテナアに、ほととぎすのソプラノが入る。と、まるで思いもかけぬ時に、思いもよらぬ場所から『ピーンカラカラ』と駒鳥が高音をうちこむ。谷は追々あかるくなって行く。炊事場から煙が立ち、味噌汁の香がして来る。

郭公とほととぎすは、前にも書いたように、高原の鳥である。だが、私は、どうも大沢小屋の朝を思う。空気はつめたく澄んでいる。

私に夏の高原を思い出させるのは筒鳥である。ポーポーと、ねむそうな、単調な声を出すあのポーポー鳥である。

落葉松の――林細流に花をおとす野薔薇――空を流れて時々向うの丘や山の中腹に蔭を落して行く雲――若干の草いきれ――赤蟻の巣……長い、懶惰な、夏の午後。郭公は時々、思い出したように鳴くが、どこか、緑の濃い林の中で筒鳥は、間のぬけた調子を変えない。ポーポー……ポー……

少々莫迦らしいほど、僕の山を思う心は純である。二十年前とすこしも変っていない。ということは、山を思い、山を語り、山に対し、山を登る時の僕は、二十年前の僕になりきって了うのである。これは素晴らしい若返りである。馬の小便や豚の卵巣を、ホルモン剤と称してのむことが流行しているが、僕にはそんなものは不必要だ。(恐らく、皆さん方もそうだろうと思う。これは、たしかに、うれしいことである。)

山の話がホルモンの話になった。こんなことになりそうだと前もってお断りしておいた通りである。

(昭和十一年十二月十一日)

(「ケルン」一九三七年二月号)

山の初雪

山に関するニュースは多いが、どこそこに初雪が降ったということは、他のあらゆるニュースよりも私に大きな感動をあたえる。ナンダ・デヴィの成功、ナンガ・パルバットの悲劇、日本人がK_2に登る計画を立てていること、その他、本当にスリリングなものがあるのに、どういうものか、それには、あまり心を惹かれない。恐らく、あまりに大きく、激しく、私の山についての経験では、その真の意味をつかむことが出来ないからであろう。

ひと頃、スキーに夢中になっていた時、スキーのシーズンが来たという点で、その前ぶれとしての初雪の記事をたのしんだ。まったく、まだ清水トンネルが出来ていない頃だが、午後の汽車で水上まで行き、猫額大ともいうべき百姓家の裏の土地でラテルネをつけて一時間ばかりすべり、最終列車で東京へ帰って来たことがあるが、こんな時代には花の便りがうらめしく、もう世の中にたのしみというものが無くなったかのように、内濠の柳の芽にため息をついたものである。初雪のニュースに祝盃を上げたのも当然であろう。

だが、この頃は、もちろん正当な時間があれば依然スキーをたのしみはするものの、初雪と聞いても、そんな風な、心のはずむ喜びは感じない。静かな喜びであり、考え方によっては、しんみりとさえしている。私は時雨を、炬燵《こたつ》を囲炉裏《いろり》を思うのである。稲の取入れ、軒端に積んだ薪、土間の馬鈴薯……冬が山から下りて来る、その冬に対して里が、いわば長い合戦の準備を終えた心強さと、内に籠ることのあたたかさとを、都会に住んでいて想像するのである。

山に登っていて初雪にあったことは、只の一度しか無い。十五年ばかり前の秋、ドイツにいてリーゼンゲビルゲの麓に行き、シュネーコップフというのに登った。初めの間はいい天気だったが、八合目あたりから霧になり、登るに従って霙《みぞれ》まじりの猛烈な風に変った。一体霙というと、雪と水の合の子みたいなものだが、この時のは雪よりも氷に近く、手や頬が痛く、その烈しい吹き降りの中を、平な頂上で路に迷い、女をまぜての六人の一行だったが、悲鳴をあげた者さえあった。それでもやっと下山口が見つかり、草地から樅の森をぬけると、あかるい日が照っていた。

朝から七時間も歩いて、ヘトヘトになった一行は、大きなホテルのガランとした食堂で弁当をくい、珈琲よりも豆の方が多いようなカフェをのんだ。このカフェが、すくなくとも私には素晴らしく利いて、そこから三時間ばかり麓の宿屋に着く迄、ほかの人のルックサックを背負ったりした。

あくる日は快晴、樅の梢の上に頂上が真白に光っていた。熱を出してねこんで了った一人を残して、我々は森の中へブラウベーレという小粒の木の果を摘みに行った。ジャムにするのである。

実際初雪が降っている山を歩いたのは、この時きりだ。今年は十月のはじめに高瀬川を入って槍に行く予定で、すでに同行者もきまっていたのだが、シナの事件で駄目になった。行っていたら、どこかで初雪、あるいは二番目の雪にあったことであろう。厳冬ではないが、アノラックだけは持って行く気でいた。

山の麓にいて初雪を見たことは、何回かある。大抵の場合、里は時雨れていて、夜など、どうにも寒い、炬燵でのむ酒が思わず定量をすぎる。こんな時だ、朝、目をさますと山は雪。粉砂糖をふりかけたように見える。中腹は黒ずんだ紅葉、麓はあざやかな黄や紅。たびたび時雨が訪れ、はれ上るたびに雪が山を下りて来て、ついには里も冬になる。日本アルプスだけではない。私が今住んでいる場所でもそうだ。これから追々冬になるにつれ、とても冷える夜など、六甲はきっと雪だと思い、翌日はやく目をさますと、六甲は晴れていれば果たして雪。雲がかかっていればきっと雪が降りつつあるのだ。スキーをかつぎ出す人もある。

箕面の山の初雪は、今年の二月に降った。丁度日曜日の午後で、二階の窓をあけ、時雨を見ていると、それが霙になった。私の宅からは一キロぐらいの所が箕面渓谷の入口で、そこからほぼ西へ、三百米ぐらいの山がのびて猪名川で終っている。時雨がやみ、山をかくしていた雲がすこしずつ消え、登って行くと山の上の方の松に雪がかかっていた。低い山なので雪はベトリとしていたので、すぐ見えなくなったが、ここでも、小さいながらに、「里の時雨は山の雪」を見せたのである。

山を愛する人は多く、その中には、どうしても登らずにはいられぬ人がある。いくつになっても青年時代と同じ情熱を持つ羨ましい人々である。また、ある年齢に達すると、実際登ることはやめ、文献を集め始める人もある。いい趣味だと思う。自分のことをいうならば、私は登ってもよし、登らなくてもいいのである。というのは、山に登れば確かに気持ちはいいが、さりとて時間や体力に無理をして迄、山に登ろうとは思わない。だが、高い山を見ないで暮すことは苦痛である。それで私は休みの日には、一日ついやしていい時は靴をはいて、二、三時間しか無い時には下駄ばきで、所謂《いわゆる》摂北の山を歩き廻るし、一年に一度か二度は、単に爺や鹿島槍を見るだけの目的で大町へ出かける。見る対象としての山の最も好もしいのは初雪の頃である。早朝炬燵から首だけ出して、バラ色に光る「雪庇《せっぴ》の子供」を見るのもよし、鳥屋場《とやば》の枯草にねころがって、葡萄酒のような空気に、ぽっとしながら、落葉松の幹の間に眺めやるのも悪くはない。現在の私には、これが何よりも、たのしみである。そして、このたのしみは、恐らく死ぬまで続くことだろう。そう思うと、「生」はたのしいものだ。

（「旅」一九三七年十一月号／『樫の芽』一九四三年・白水社／『可愛い山』一九五四年・中央公論社）

峠の秋

「峠の秋」と書いただけで、私の心には高い空と、汗ばんだ膚を撫でる涼風と、強い日光とを感じる。小仏峠、長尾峠、十国峠、三国峠、徳本《とくごう》峠、針ノ木峠……即座に思い出す秋の峠のいくつかである。

小仏峠は東京から日帰りが楽なので、何度か行った。浅川からも越え、与瀬からも越えた。春秋夏冬、季節にかかわらず訪れたが、秋は麓のおとぎり草、中腹の梅鉢草、頂上近くの松虫草、また美女谷へ下りる急坂が、雑木紅葉してあけびが口をあいていたのは晩秋の思い出である。

長尾峠の秋の一日は、あいにくの雲で富士は見えず、その上御殿場へ下る途中、猛雨に襲われた。バスが来る迄、橋の下で雨をさけようという人や、用心よく持って来た雨外套を小松の枝にかけ、その下にかたまり合えば三、四人は濡れずにいられるという人や、十人に近い一行が、めいめい勝手なことをいったが、結局一同ぬれ鼠で御殿場に着き、駅前の旅館で衣服をかわかした。丁度東京では早慶戦が行われていて、ラジオが興奮しきった声を立てていた。

十国峠はあたたかい枯草の香と海の色。三国峠は法師温泉の朝の冷たい水と囲炉《いろ》裏《り》の焔、温泉の端れの橋は霜、登りにかかる林道は露がしげかった。峠は猛烈な霧が越後側から捲き上げて、苗場山は見えなかったが、その霧の中へ、いわば遮二無二とび込んで、二十町下の浅貝は、明るすぎる秋の日の中に、うら悲しい灰色の姿を浮せていた。

上高地は、ホテルが出来、自動車が通う今日よりも、徳本のバカッ峠を上下した昔の方が、煙が深かったような気がする。何度か越した徳本だが、別して、一度、長い辛い山旅を終り、もうすっかり静かになった上高地を後に、今は故人になった大町の玉作老人とここを越えた時は、一歩一歩に木の葉が散り、私はそれから出て行って生活せねばならぬ都会と、後に残して行く山との二つに、板ばさみになった自身の心を見出して、足は重かった。

針ノ木峠の小舎を根拠地に、蓮華、針ノ木、スバリ等の山遊びをした数日はたのしかった。朝晩こそ寒かったが、日中の空気はシャンペンのように甘く濃く、岩も日中はポカポカして、昼寝するには持って来いだった。この清澄の秋の空気に浮き上る山々は、槍も白馬も、まるで絵空ごとの如く美しかった。

高山植物は盛りを過ぎ、僅かにきばなのこまのつめが、偃松《はいまつ》の根もとに咲き残るに過ぎなかったが、苺は触れるとポロリと落ちるまでに熟し、この上もなく美味だった。

針の木峠にいた時、満洲事変が突発し、わが国の情勢は一変した。私の身辺も、また大変化を来した。これを最後に、私は日本アルプスに行っていない。もう、これ切りということはあるまいが、それにしても、当分の間の最後の山旅に、いい場所を選んだものだ。

右の二つは思い出話であり、いずれも針ノ木が僕の最後の山だったことを語っている。本当に最後の山になっても一向構わない。すでに、読者は御存知の通り、僕の子供が登っているのだ。思えば不思議な気持ちがする。すくなくとも「山」に関する限り、後継者が出来たのだから。而も彼等の山に対するイニシエーションは、先ず一夏を麓の人々に可愛がって貰って送り、その翌年、本当の遊びに登山しているのだから、これほど自然な方法はない。

(『大阪弁』一九三九年・創元社／『可愛い山』一九五四年・中央公論社)

むかし話

いつの間にか僕も年をとったものだ。先日ある場所での山岳座談会に出たら、僕なんぞ、もう昔の話をしろといわれる。もっともこれをもって一概に僕の年齢を判断されては困る。なぜかというと、職業――例えば絵をかくためとか、地質を研究するためとか――で登山する人は別として、ほんの楽しみのために山に登った方では、僕は比較的に古く、かつ、その後も引続いて登っているのだ。多くの人は若い時登山し、ひと通り登ってしまうと、パタリとやめて、ほかの運動なり娯楽なりに変って行く。然るに僕は二十年前も現在も、おなじ山にばかり行っていて、その関係上、山ばかりではなく山麓の人々や村落にも親しみを生じて来た。こういう間柄になると、将来よしんば登山出来ぬような状態になっても、山を楽しむことは出来るだろう。まだまだ前途遼遠である。

年をとったのも事実だ。歩く方は大して衰えたと思わぬが、荷物が背負えなくなった。若い学生など必要に際じては八九貫のものを平気で肩にして行くが、僕は、ひどく重いと思うのが二貫くらいで、その上だと敬遠することにきめている。

この荷物を入れるルックサック——今では子供が遠足に行くのにさえ持って行くが——これが流行しはじめたのは、そう古いことではない。いまだに覚えているのは、僕が中学校の五年の秋修学旅行にこれを持って行き、塩原の宿で部屋割をする時に、先生達の部屋へ行って（僕はこれでも副級長をしていたから、部屋の割当などをやったものである）、

「ちょっと、これをスミに置かせて下さい」

といったら、当時の先生故大関久五郎氏が、

「君はスミにおけん物を持っているぞ」

と笑ったことである。大関先生は山崎直方博士の下で氷河の研究を専心し、その後高等師範からドイツ、スイスに留学した篤学者であるから、恐らくルックサックの存在は知っていたのであろう。これが明治四十五年、もちろんルックサックは日本に来ていたには違いないが、珍しいものとされていたらしい。

その頃は靴などはく人は無く、みんな脚絆《きゃはん》に草鞋《わらじ》だった。この草鞋という物が、日本中どこをさがしても同一なものが無いというくらい、町なり、村なり、部落なりで、形や製法が違っていた。だから山の案内者は、すててある草鞋で「越中の野郎どもがここを通った」とか「大町の衆がここで休んだ」とかいい、きまって他所の草鞋の悪口をいうのだった。

同時に、登山路など今日の如く確然としていなかったので、脱ぎすてた草鞋は重大な役目をつとめた。今日でも靴の鋲のあとが同様なことに役立つ場合があるが、草鞋は雨にたたかれ、風に吹かれても、中々腐ったり、ふっ飛んだりしないで、何年も何年も岩角などに、へばりついている。これほどよい道路標はないのだ。若いわれわれはよくすり切れた草鞋を谷底に投げ込んだりして、案内者に叱られたものだ。

叱られたといえば、昼飯時に茶をわかすために焚火をし、出がけに山火事防止の意味から、それを小便で消そうとして叱られたこともある。火は大切なものだ、土をかけて、消さねばならぬ、小便などひっかけたら山の神の罰が当るというのだ。若い僕は、やたらに山の神様を崇拝させられた。山の入口では山の神様——多くは、とても小さなお社でちょっと目に入らない——よろしく願いますと手を合わせ、山中では御飯がたけると先ず鍋の蓋に、お初穂といって、一つまみの御飯をのせた。お初穂はいいんだが、食事が済むと「お下り」と称して、きたない指でつまんでそのお初穂を食わせるには閉口したものだ。

だが、考えて見ると、その頃は登山家もすくなし、こっちの気は若いし、案内者にも猟師あがりの豪勇な奴なんぞいて、これでやはり、相当な鍛錬をされたのだ。写真機とチョコレートとスエッタアを持って山へ散歩に行くという人達と違って、いまだに、山はいい所だが、山の神様を馬鹿にするとひどい目にあうという気持を持っているのはどうでもいいとして、急な雪渓や草地を横切るとか、濡れた這松で焚火をするとか、岩壁を攀じるとか、渓流を飛ぶとか、そんな時になると、われながら「年期」を入れているなと思うことがある。

山男の表看板とされているアイス・アックス、これも日本に入ったのは、そう古いことではないのだ。僕が仙台で、レズリー・スチヴンのアックスというのを本で知り、それを鍛治屋に打たせたりしている一方、東京では山岳会の連中が向うの運動具店のカタログから型をとって、これを鍛治屋あたりにつくらせていた。然るにそれが二十年後の今日では、わが国で世界中のどれにも負けぬアイス・アックスが出来るようになっている。本多光太郎博士の下にある金属材料研究所で研究したものを、仙台の山内が製作したニッケル・クローム鋼のアックスがそれで、固くて粘着性に富み、かつ低温度における金属の各状態を考慮してある点、近き将来、ヒマラヤの処女峰に日本人が遠征することあらば偉大なる効力を現わそうという品である。

まったく、わが国の山岳界は、残されたる処女峰を狙って、ヒマラヤをめざすまでに進んで来たのだ。僅か二十年前、アイス・アックスを持たず、ルックサックを自分で縫っていたことを考えると、これは驚くべき躍進といわねばならぬ。こうなって来ると、われ等老人組は、ひっこんだ方がいいらしい。酒でものんで、昔話をした方が性にあっているらしい。

こんな風な手合いが三人、数日前、銀座出雲橋の小料理屋で、ビールをのみながら駄弁ったものである。三人ともスキーはズダルスキー式一本杖を斜《しゃ》に構え、膝にはさんだハンカチを落さぬように、ギックリシャックリやった経験を持っているのだから、もう祭り込まれてもいい頃だ。話は近年流行なるがゆえに、麻雀をやるようなつもりでスキーや登山をやる人々のことからはじまり「山に年期を入れているがゆえに」よしんば雪渓の急斜面ですべっても、アイス・アックスの頭をガッシリつかんで胸に近く雪をかけばよろし……というようなことになり、ついに「この夏はどうする」ということになった。

「夏はどこへ行っても混雑するし、第一ボーナスがすくなくってとても駄目だからやめる」という会社員君と「休暇はウンとあるが、ボーナスなんて丸で無い」という某校の化学助教授君とに向って、僕は秋の山のよさを語ったものである。九月も颱風《たいふう》を過ぎれば山は静かになる。その時まで僕は休暇を取らずにいるから、会社員君も助教授君も、あまりビールなど飲まずに貯金をすることだ。僕の行かんと欲する山は、その頃には小さな竜胆《りんどう》しか咲いていないが、山の木苺がとても美味で、食いきれぬほど沢山ある。助教授君、たちまち商売気を出し「広口のガラス瓶を持ってって、砂糖漬にして来よう」といった。小屋仕舞いをした案内を連れて行くから、缶詰類のありかはすぐ分る。だが、それ以外に、東京から酒や御馳走、例えばベーコンなんてのを、ウンと持って行く。(会社員君は「俺はビールだ」といった。「それなら君はビール運搬のために、人夫を一人雇うか」と聞いたら、「ビールとあらば一ダースぐらい背負って行く」といった。本当に背負うかも知れない。)夜は洋の東西にわたる盛大な料理を食い、誰も同宿者はいないのだから、大きに談じ、昼はその辺の峰を歩いたり、写真をとったり、草原で昼寝をしたり、かくの如き両三日を送って帰って来る。「どうだ御両所、来るか」といったら、二人はいたく感激し、僕まで感激してしまい、またビールをのんだ。これでは貯金は出来そうにもない。

昭和十年の七月、東京日日新聞に書いたものである。秋の山へ行くことは、とうとう実現せず、大阪へ来てからは北アルプスへ出かけるのが面倒になった。名古屋松本間が長くてやり切れないのだ。

(『大阪弁』一九三九年・創元社)

山を思う

暑くなると私は山を思う。そして、もう随分長いこと山に行っていないなと嘆く。これは、然し、正確な嘆きではない。現に今年の四月、私は京都帝大の人々と富士山へ行った。頂上へは行かなかったが、御殿場口の二子山という場所で十日に近い楽しいキャンプ生活をした。それなのに、そんなことは忘れてしまうのはどういう訳だろう。

もう廿年も前のことである。私はニューヨークにいた。あすこで下町と呼ぶ商業区域を、何のあてもなく歩いていた七月のはじめ、高層ビルの間から遠くの空に白い雲がむくむくと立っているのに気がついたとたん、私は日本郵船の支店へ行って横浜までの船室を予約した。こんな所にいないで、早く山のある日本へ帰ろうと思ったのである。米国にだって山はあるが、大西洋岸には、夏でも雪の残る山はない。私はそこで三年近くもいたのである。

「夏でも雪の残っている山」……私が考える山はこれであるらしい。だから四月にスキーで登った富士山のことを、とかく忘れ勝ちなのだろう。と同時に「苦しい登攀」という条件もある。今までに何度か登った針ノ木の雪渓にしても、一番よく覚えているのは、一番辛かった時のことである。

私は米の飯は一日二回で十分といわれる座業者の一人である。平素肉体を酷使することは全くない。かるがゆえに、肉体の全力を傾けて山に登ることは、深く印象に残る。上高地から槍ケ岳の肩までの路にしても、カンカン照りに重い荷を負って行った時の印象の方が、秋の初め、時雨を番傘でよけて行った時のそれよりも、はるかに生々と記憶に残っている。

大町から富山にぬけたのは、大正何年だったろうか。梅雨前で籠川の谷は扇沢の下あたりから一面の雪、大沢小舎には窓の雪を掻きよせて入った。勿論番人はいない。翌朝早く出発しようと予定は出来ていたが、跡片附けに時間を取り、いよいよ出かけたのは十時に近かった。照りつける日光も激しかったが、雪の反射がまた大変で、汗は出る、雪は食えず、やっとの思いで針ノ木峠の頂上に着いた時には、口も利かずルックサックを落し、はいまつの上に大の字にねころがった。昼飯時はとっくに過ぎているのだが、飯を食う気もしない。平の小舎の方へ下りるのさえ、実はいやいやだったが、紫丁場と呼ばれる水呑場へ来た時のうれしさは、まったく言葉ではいい現わし得ぬほどであった。

雪と太陽と水と……この三つがふんだんにある山はたのしい。夏の山のいいところはそこにある。この点で私は針ノ木岳に近いマヤクボというところを好む。けわしい岩が屏風のように立ち、その下が草地、草地の隣に大きな雪田がある。雪田の下の方では水がチロチロと溶けて流れている。私はこの草地で、半日を完全にのびていたことがある。まだ針ノ木峠に小舎の出来る前で、テントはマヤクボの小さい鞍部に張っておき、下の草地へ遊びにいったのである。シナノキンバイとハクサンイチゲの花盛りだった。

山登りは楽ではない。汗が出る、息が切れる、心臓はドキンドキンと鳴る、ルックサックが肩にめりこむ……それだけに山での休息が有難く、うれしく、生きていることをしみじみと感じる。草の上、平な岩の上、はいまつの枝の上、どこにでも長々とねてしまいたがるのだ。はいまつには、たいてい、石楠花《しゃくなげ》がからみあっている。はいまつの黄金色の花粉がむせるように舞い立つところ、石楠花のつめたい花弁が頰にふれたりすると、詩人めいた気持が起って来る。

山の真昼は静かである。聞えるものはアブの羽音と、場所によっては遠く深い瀬の音だけである。時々カラカラと音がするのは、どこかを石が落ちるのだ。山は石を落す。変わらぬような山だが、その実、絶間なく小さな変化が起りつつあるのだ。切り立った岩壁がすこしずつ崩れて、その下に扇形のガレが出来る。そのガレに、いつの間にか、ミヤマハンノキとかダケカンバとかいう木が生える。

静かな山の真昼時、私は不思議な音を聞いた。ヒューヒューと、まるで笛である。峯を渡る風でもなし、岩燕の声でもなし、およそ私がそれまでに聞いたどんな音よりも可憐でもあり微妙でもある。何だろうと耳を傾け、息をとめると、その音はやむが、間もなく、また聞えて来る。が、しばらくして、私は馬鹿みたいにゲラゲラ笑った。この音は、私自身の鼻息だったのである。乾燥しきった高山の空気に、さっきまで汗と一緒に流れていた水っぱなが乾き、その一片が鼻毛にこびりついて、オルガンの弁の役をしていたのである。

八月に入って暑さはいよいよ激しくなって来た。私は、今年も行くことの出来ない山を思っている。山を急ぐことの嫌いな私は、短かい休暇では山に登れないのである。

「短い休暇」とあるが、考えて見ると満州事変の起った時以来、僕は夏休をとっていない。旧体制式の夏休というようなものを我々にゆるさぬ程、日本は大飛躍を続けているのである。それがたのしみで、一向に休みをとりたいと思わない。どうやら工面していた正月の休みも、ここ数年来は中絶である。それでも富士山へ行ったり、近くの山を歩いたり、昔のことを考えたり、依然として山々との縁は切れていないから面白い。

（『樫の芽』一九四三年・白水社）

旅を思う

秋が来て涼しくなると、身体はしゃんとするが、精神は意気地なくだらけてしまう。夏中忙しかったし、こんな暑さに負けてたまるかと、意識しないながらも頑張っていた。その緊張の反動なのだろう。朝飯が済むと、もうねむくなる。煙草に火をつけて縁側に坐り、空をながめては、ぼんやりと旅を思うのである。

九月廿日——丁度昨日か今日のことだ。遅くとった夏休に、北アルプスの針ノ木岳に登り、妙な谷を我武者羅《がむしゃら》に大沢まで下った。そこの山小舎で、山での最後の夜、窓硝子に、灯かげがさしたので「誰だ？」というと「石川さんはいるかや？」との質問。大町の案内が二人、夜路をかけて私を迎えに来たのだった。東京から電話で日清戦争が始まったし、関東地方は大地震だからすぐ帰れといって来た。大沢にいなければ針ノ木峠の小屋でも、どこでも、とにかく石川さんを見つける迄は登る決心をして来たと、二人は三日分の大きな握飯を出して見せた。満州がゴタゴタしていたことは知っていたが、日清戦争は少々唐突であり、山の頂上で小さな地震は感じたが、関東大震災ならば東京から大町まで電話が通じる筈はない。詳しい事情を聞こうと思っても、二人は何にしても石川さんを見つけて早く帰れと伝えることばかりに一生懸命で、その理由は、本当にそんな電話があったのか、大町での流言蜚語なのか、更に要領をえない。とまれ、一刻も早く大町に引き返そうと、しらじら明けを持って大沢小舎を出た。露が深く腰のあたりまで濡れた。これが満洲事変の始まりだったのである。この事変が原因して私は米国へ行き、帰国して一年足らずで英国へ行った。このようなあわただしい生活の出発命令は、実に日本アルプスの山小屋へ、夜道をかけてやって来た二人の山案内が、ゲットセットドン！　とやったようなものである。

モスクワ、ミンスク、ネゴレレロエ——国際列車は愚図々々と執念深く、ポーランドへ近づいて行く。ネゴレレロエがソ聯の国境駅でポーランドのそれはストロプセである。冬のさなか、赤松の林に雪が凍りつき、国境の警備は極めて厳重であった。

やぐらの上から機関銃で列車の屋根を狙う兵隊、レールの横にはいつくばって汽車の底を見守る兵隊、あの兵隊どもはどうしたろう。ソ聯兵は恐らく勢よくポーランドに入って行き、ポーランドのは闇雲に逃げて了《しま》ったろう。

ドイツとチェッコスロヴァキアの国境をなすリーゼンゲビルゲに行ったのも、思えば昔のことである。八月だか九月だか、よく憶えていないが相当に寒く、山頂で雹にでくわしたことから考えると、八月ならば終りに近く、あるいは、あれも九月の今頃だったかも知れない。快晴の樅の森を登って行くと、霧がまいて来た。登ったのはリーゼンゲビルゲ（巨人山脈）中のシュネーコップフ（雪頭山）である。もう頂上も近かろうと思われる頃、横なぐりの風が霧と一緒に雹を吹きつけて来たのである。「頭」を以て呼ばれる山だけあって頂上は平な草原で、別に国境監視兵がいるとは思えなかった。

この年の春、私は碌にドイツ語も出来ぬのに、たった一人で南ドイツの旅をした。ガーミッシ・パルテンキルヘンでは林檎の花盛り。ツーグスピッツェの氷河はつめたく岩は黒かった。もともと、この山に登ろうとして出かけたのだが、伯林《ベルリン》で買った登山靴に足をやられ、やとった案内者まで解雇せざるを得ず、まことに残念だったが、却ってその方がよかったかも知れない。というのは、私はパルテンキルヘンの靴やがつくった丈夫な半靴を一足買い、山麓を歩き廻ったからである。樅の森、牧場の草地、大きな九輪草、白壁に聖書の中のエピソードを画いた民家。皮の半ズボンを刺繍したズボンつりでつった男、緑と赤と白のこまかい紋様の衣服を身につけた健康そうなチロル娘――山の向うはオーストリアだといっていたが、あの国境線も現在では無くなって了った。

ミュンヘンからニューンベルグ、ローテンブルグ、そしてこの旅はチューリンゲンの森で終った。ニューンベルグはライラックの花がお城の空堀に咲き――ああ、マイスタアジンガアの甘美な音楽とハンス・ザックスの店における若い二人の最初の出合い。あの素晴らしいオペラも今日の欧洲には行われぬことであろう。それとも伯林では、このシーズン、要塞の名につけたジークフリードを主人公とするラインン河のオペラを盛大にやるか。ヒットラーはワグナアが好きだ――ローテンブルグでは城門のそと、大道の真中に立つカスタニアの大木が、あふれるばかりに白い花をつけていた。

チューリンゲンに入っては、タンホイザアのワルトブルク、ゲーテが、「さすらい人の夜の唄」を書いたキッケルハーン……ひとりの旅であっただけに印象が鮮かである。

そういえば、晩秋初冬の頃の、スコットランドの旅も一人だった。朝鮮の旅も一人だった。どうも旅は一人に限るらしい。淋しさをしみじみ味わうとか何とか、そんな感傷的な意味ではなく、一人だと景色にも人間にも、全身をあげて、立ち向うことが出来るからだ。新婚旅行、愛人との逃避行、どっちもやったことが無いからよくは分らぬが、相手に心を奪われることの方が多くなるのではあるまいか。よしんば男同士の、どんなに気のあった友達でも、やはり同伴者がいると対人要素が入りすぎる傾向が認められる。

今年の夏、私は男の子を二人、信州の大町へ連れて行った。日曜の夜向うに着き、月曜日には汽車で簗場《やなば》へ行った。ここは青木湖の水が中綱湖へ流れ込む場所で、まことにやなをかけるに適したところである。大町を出ると山が見え、木崎湖が見え、やがて中綱湖がとろりとした水面を見せる。数十回通った路ではあるが、それだけになつかしく、子供は、ほったらかしておいても、兄貴の方は大町は三年目なので弟に何か教えてやっているから、ひとりで景色をながめていた。が、ふと気がつくと、恐らく白馬にでも行くのだろう、軽い登山姿の若い男女が斜向うの席にいる。はじめ私は、女学校の生徒が先生に連れられて行くのかと思ったが、それにしても一対一は変だし、結局これは若い細君が女学生時代のセーラーを着て来たのだろうと判定した。それはどうでもいいが、この二人が、ねっから湖水も山も見ていない。喋々喃々《ちょうちょうなんなん》と、お喋舌《しゃべ》りばかりしている。別に羨ましかった訳でもないが、あれでは二人で山に登って下りて来て「どこで君が何をしておかしかった」「どこであなたが何と云って面白かった」以外に、何の印象も残るまいと思われた。ひとのことだからそれだっていい。何も小言をいう筋は無いが、少々下らないような気がした。

私は随分長い間、山に登っている。その記憶の中で一番、はっきりしているのは、ある偉いお方が穂高から槍へ行かれるのに、新聞記者としてお伴した時のことである。私の社だけで社員が八人、これに連絡係や荷持ちの人夫が、何でも四十人に近かった。御一行が穂高に登られるのについて私も登り、前穂の一枚岩と呼ばれる所から私一人上高地へ引き返した。上高地から鳩や写真の材料や食料を持つ人夫の一群を引率して谷ぞいに槍へ向うためであった。この一枚岩から上高地までの短い時間が、まるで水に洗われたボヘミア硝子のように、鋭く、明るく、あざやかな印象として残っているのだ。それ迄は大人数だったのがたった一人になった。その対照もあるだろうが、あの朝の晴れ渡った空、乗鞍の山のひだ、同じ山の肩に浮ぶ小さな雲の塊（いやな雲だと思ったが、果してその日の午後は猛烈な雷雨になり、私は「五千尺」の囲炉裡で居ても立ってもおられぬ気持がした）――両手を上衣のポケットに入れて、ポッコリポッコリ山を下りて来た時は、本当にたのしかった。

新婚旅行は羨ましく、愛人との逃避行は洒落れていると思う。だが、今迄の経験からすると、旅は一人にかぎる。

（『樫の芽』一九四三年・白水社）

たらの芽

信州から「たらの芽」を送って来た。「うど」に似ている。「うど」と同じように葉のさきを取り、あっさりとゆでて食った。本当は胡桃《くるみ》あえがうまいのだが、県外移出禁止とかで手に入らず、胡麻味噌にして食った。

「たらのき」はこの近くにも生えている。根元から上まで太さに変化なく、枝などは出さずに幹一面長い針をつけた馬鹿みたいな木だ。春になると頂上に芽を出す。その芽をつけ根から綺麗に切りとったものが「たらの芽」である。

面白半分に植物の本を調べたら、これは山野に自生する亜喬木で五加科に属するとある。五加科とは何と読むのかと思って、同じ仲間の植物二、三について読んでいると、五加というのがあり、「うこぎ」とある。八ツ手なども同じ仲間である。

「たらのき」は馬鹿みたいな木だが、ラテン名はアラリア・シネンシスで、ちょっと優美な感がする。別名が「うどもどき」。これは明瞭に芽の味と形から来ているのだろう。

もう一つの異名はイカラポカラという。これは植物の本には書いてない。かつて仙台にいた時、早春郊外を散歩していたら、一緒に行った男の子が「これはイカラポカラという」と教えてくれた。長いトゲがやたらに出ているのが如何にもイカラポカラという感じで、面白いことをいうものだなと思った。

「近く香味とうとぶきも送ります」と、手紙に書いてあった。香味は当字で本当は「こごみ」だろうという。「ぜんまい」の大きなようなもので多肉柔軟、田舎ではせいぜいおひたしだが、僕はホワイトソースであたたかいうちに食う。夏山でもよく味噌汁のみにするが、そのころは固くなってしまって、さきだけしか食えない。このごろのは根の近くまで食える。

「うとぶき」もいずれ何とかいう名があるのだろうが、うどの香と蕗の歯ざわりを一緒にしたような山菜である。

この「うとぶき」や「あざみ」は、うまく塩につけると一年中新しい緑の色をしている。信州式に後からついでくれるお茶のお茶受に、指でつまんで食うのはたのしいことだ。

山の食物に「あけび」の蔓がある。バスケットに編むような丈夫な奴はもちろん歯が立たぬが、出たばかりの若い蔓は松葉のような色でシャリシャリして、うまいとかまずいとかいうよりさきに、何よりも洒落ている。シャリシャリといえば花の咲く前の蕎麦の軸も、ちょっと赤味がかった美しさで、おひたしには持って来いである。

「またたび」の実も塩漬にするとオリーブに似て、もうすこし仙骨というか俳味というか、とにかく日本的な味がする。僕は上越地方へスキーをやりに行って一瓶買った。

薬屋で売っている「またたび」はこの実におできが出来たような物らしい。火をつけて隣近所の猫を集めたことがある。ところが驚いたことに塩漬の実を庭に投げ出すと、やはりどこからともなく猫が集って来て、狂態ともいうべき大騒ぎをやった。

これからは根曲竹の筍が美味になる。丁度いまごろ妙高山麓に旅をして、こいつはうまいとほめたら、何から何まで筍づくめの料理を出されて、のぼせたことがある。おまけに後から一俵も送ってくれたが、大半はむれてくさり、ズルズルになっていた。すべてこのようなものは少量を珍重するに限る。

「たらの芽」から思いついて、いろいろと山菜のことを書いている内に、山に行きたくなって来た。まったく梅雨前の山はいい。残雪は多く、きれいで、日は永く、鳥は盛んに鳴き、おまけに何やかや、食える植物がふんだんにある。秋の山もいいが、どうも悲しい気持がする。これに反して初夏の山はワーッと景気がいいのだ。青春の山という感じが満ちているのだ。

（『樫の芽』一九四三年・白水社／『可愛い山』一九五四年・中央公論社）

山湯ところどころ

八ケ岳の本沢《ほんざわ》温泉、蔵王山の遠刈田《とおがった》、青根、黒部の祖母谷《ばばだに》、上高地、蒲田《がまた》等々、考えると、これでも相当方々の山の温泉に行っている。それらの中で本沢温泉こそは僕が最初に登った山らしい山の温泉なのだが、大きな樅の林の中に板屋根の家屋があったことだけしか印象に残っていない。二十名を越す団体だったので、何か用事を持ち、その方に気をとられていたのかも知れない。

祖母谷は、今はどんな風だろうか。もう二十五年に近い昔のこと、大町から針ノ木を越して剣に登り、池ノ平、猿飛を経て、大黒を越え細野へ出ようという旅の途中で一泊した。まだ日の高い内に着いて見ると、無残に崩壊した建造物が残っていて、ブクブクの畳や水ぶくれの坊主様が薄気味悪かったが、泊り準備は人夫衆にまかせ、僕等は河原の砂を掘って浅い浴場をつくり、砂の中から出て来る湯が、あまり熱くなると、川の水を流し込んではうめた。その夜は残りすくない食糧を、ありったけ出し、ひろって来たビールの空瓶に蠟燭を立てて盛大な宴会を開いた。あすの晩は大黒鉱山で泊めて貰える見込がついていたからである。地熱のせいか、この付近には大きなガマが沢山いて、僕等は泉鏡花の話などしたものである。

蔵王山は二高にいた時登ったが、遠刈田や青根でブラブラしたのは高等学校から大学へうつる間の夏休みだった。その頃の遠刈田は不潔で蚤が多く、青根の宿は部屋と部屋との境が紙よりも穴の方が多い障子で——「その頃の」というよりも、「当時の僕が通された部屋は」といった方が穏当かも知れない——一向に有難くなかったが、両方の中間にある早川牧場で暮したいく日かは、温泉こそ無けれ、いまだに楽しい思い出である。僕はここで霧の深い朝晩を送り迎え、掛《かけ》樋《ひ》の水にひたした野生の菜のたぐいの美しさに心をひかれ、更に長い乾燥し切った昼間は牧場に出て草にねころび、何とかいう名の中年輩の牧夫と長話をした。この牧夫は、どういう了見か知らぬが、兵隊帽の庇のとれたのをかぶっていた。三年間の仙台生活で東北弁も了解できたのであろう。ながっぱなしの内容はもちろん忘れて了ったが、まざまざと思い出すのは空を動く雲の形の面白さと、大小厚薄の異なる雲が山に投げかける蔭の美しさとである。後年メレディスの詩を読み、描写された自然の美をいきなり感得した素質の一部分は、恐らくこの東北の牧場で身につけたことだろうと思う。

飛驒の蒲田に一泊したのも、長い山旅の終りであった。而《しか》もそれは新聞社の特派員として、あるお方のお伴をした山であったし、とにかく、相当以上に気づかれのした山だった。それが無事に終って、高貴のお方は蒲田で御中食後、直ちに高山方面へと出発され、随員、警察官、新聞記者団合計四十名も前後にしたがったが、僕は万事を岐阜通信部に一任して、蒲田から上高地に引返すことにした。

その日の中に、中尾峠を越して上高地へ出られぬこともなかったのだが、僕は蒲田がとても好きになり、ここに一泊ときめた。嵐のあとみたいに静かになった蒲田の部落は、午後の太陽の中で、如何にもねむそうだった。百日草が咲き、玉蜀黍《とうもろこし》の葉が風に鳴り、日かげは秋である。ここの温泉も河津波で流されたばかりで、道路を下った河原のゴロタ石の間に深さ一尺ばかりの溜り水に過ぎなかったが、日暮れに近く、長々と身をよこたえて、あれで三十分ものびていたことだろうか。その晩の食事に、一尺を越す岩魚とささげが、大きな吸物椀のふたから首尾を出していたことは忘れられぬ。岩魚はもちろん焼いて串にさし天井裏にさして置いたものである。便所には紙が無く、きれいに削った杉の板片が揃って箱に入っていた。

伊香保《いかほ》も箱根も山の温泉には違いないが、少々便利すぎて僕等の所謂「山」に入るかどうか、これは考えものだと思う。浅間温泉も同様、山の温泉といえるかどうか知らぬが、ここは山への出入以外には寄らないので、すくなくとも僕にとっては、このカテゴリイに入れてもいいような気がする。それだけにまた有名な浅間情緒は全く知らない。殊にこの頃は大変の繁昌だそうで、山のドタ靴などはいて行ったら、恐らく玄関ばらいを食うことだろう。幸か不幸か、僕は不況時代にばかり行っているので、いつも大事にされた。だから浅間温泉の悪口を聞くと不思議なような気がする。

ある年の夏、友達三人で西石川に泊った。あしたから山へ入ろうという前晩である。風呂に入り、軽く一杯やって床に入ると、大雨がふって来た。こんなにいい温泉の出るいい宿屋があるのに、俺達は何を好んで櫛風沐雨《しっぷうもくう》の生活に身を投じようとするのかとか、何とかゴテゴテいい合ったものだが、翌朝の島々行初発電車には、もうニコニコと乗込む我々であった。

妙高温泉と沓掛《くつかけ》の星野温泉は、高原の温泉といった方がいいだろうが、妙なことで印象に残っている。妙高温泉へは初夏の候、高田に講演に行った帰りによったのだが、それ迄両三回スキーに行った時のことを考えると、まるで別の所へ来たように感じられたし、閑散だったからでもあろうが、真実家族的に大事にしてくれた。星野温泉は盛夏、軽井沢に出張して一泊、まだ日の暮れきらぬ内に入浴していると、高原特有の物すごい雷鳴があり、硝子一枚の浴室で素裸になっていた僕は、雷に臍《へそ》を取られる心配をした。というと変だが、何も着ていないで自然の暴威に立ち向うことが、如何に恐ろしいかを経験し、人間は着物を着ていなくては仕方が無いように馴致された動物だ、ということを、しみじみ感じた。

最後に上越国境の法師温泉。考えると、もう六、七年も行っていない。その間にどんな風に変ったか思いもよらぬが、あそこは春行っても夏行っても冬行っても、何かしら山の温泉らしいいいところがあった。一緒に行った人も、紹介した人もみんなよろこんでいたが、近頃はどんな工合か。東京にはちょいちょい出かけるが、いつもギリギリ一杯で、法師まで足をのばす時間が無いのは残念である。

(『樫の芽』一九四三年・白水社/『可愛い山』一九五四年・中央公論社)

再び山へ

まる三年比島にいた。たいていの人は暑さには馴れたろうというが、馴れたどころか今年の夏の暑さには完全に参った。これには食料の不足や通勤片道に二時間近くを必要とすることなども大きな原因をなしていたかも知れない。いずれにせよ、もう八月もなかばを過ぎたから、これからは涼しくなる。何年ぶりかで山に登ろうと思ってたのしみにしている。

山といったところで、遠方の高い山へ行くことは出来ないにきまっている。時間がないし、装具がないし、金がないし、食糧がないし、体力がないし、何かもう一つ無いものがあると六無斎になる。まあ、弁当を持って三浦半島の山に登るか（僕は五月から田浦に住んでいる）遠くても中央線の与瀬鳥沢あたりへ日帰りの遠足をする程度にとどまるだろう。ゆっくり歩いて山のてっぺんに着いたら、二時間でも三時間でも、寝転がって澄んだ空を眺めようと思う。僕にはそれで十分のたのしみである。何も考えないでいる時間は、低い山の頂上で過す時間である。

三年間留守にしていた間に、日本の登山は「まったくお前さん、とんでもないことになったもんだよ」というと死んだ小勝みたいだが、話によると僕みたいな暢気なブラブラ山歩きは厳禁され、何でも旗を立てて行列ではない行軍をしなくてはいけないことになって了ったそうである。いい年をしたおっつぁんまでが旗を立てて行軍したそうで、定めし壮観だったろうと思う。中にはサーベルをさげることが出来たら、どんなにいいかと思った先生も、二人や三人は必ずいたに違いない。登山道――この道はミチではなく、柔道や剣道のドウである――の階級章を腕にまいたり、シャツの襟につけたりした人がいたかどうか知らないが、これまた、出来るものならつけたいと考えた人が、二人や三人はいただろう。

考えて見ると、日本の登山界は僕がまだ内地にいた頃から、少々頭が変になっていたのだ。ある時僕は実に突然「登山道二段」に任命したのか推挙されたのか忘れて了ったが、とにかくその日から、僕は登山道二段という資格の持主になったという立派な免状を貰った。くれたのは日本山岳会の関西支部で――僕はその頃大阪にいた――二段があるからには初段も三段も、とんで七段も八段もあったんだろうが、みんながそろって号砲一発富士山の頂上をめがけてかけっこをしたのでもなければ、芦屋のロックガーデンを頭を下にすべり降りたのでもない以上、何を標準に段数をきめたのか、いまだに僕には分っていない。くれた方には相当な理屈もあり、立派な標準もあったことだろうが、貰った僕には更に理解が行かず、何とまあ変なことを思いついたのだろうとあっけにとられた。その免状というか免許状というかは額に入れ、玄関の正面に、先ずヒッコリーのスキーをぶっ違えにくくりつけ、その上にシェンクと山内とを同じく並べ、さてアルパイン・クラブの赤い糸が三本入ったロープを巻いた真中にこの額をかけ、下には十本脚のアイゼンをさかさまに置いて歯の間に立教の人がくれたナンダ・コットのエーデルワイズをあしらい、お灯明をあげて朝晩拍手をポンポンたたいていたら、霊験いやちこ、一ヶ月後には登山道三段に昇格したとは誰も思うまい。事実僕は丁寧な手紙を書いて免状は返送した。

というのが僕は人がいいのか（甘ちゃんということ）物臭なのか、あるいはその両方なのか、何にしてもお前をこれこれにしてやるといわれると、十中八九、「へいそうですか」と、これこれになって了う。だから僕は一体いくつの山岳会あるいは登山会の会員になっているのか、自分でもよく知らない。この間の日曜日に大阪の家にいて戸棚を整理したら、山岳会のバッジが五つか六つ出て来た。カモシカが岩角に立っているのや、雪の形の中にスキーが片方斜に浮き出しているのや、銀のエーデルワイスに金のピッケルがくっついているのや、色々である。恐らく、どこかの山へ行ってそこの登山会の幹部の人とでも一杯やっている内に、会員になりなさいといわれてなったんだろうが、会費を払った記憶がまるでない。会費を払っているのは日本山岳会だけだが、あの天保銭形のバッジはどこへやったのか見つからない。

こんな風な僕ではあるが、二段の免状だけは恭々《うやうや》しく奉還した。真面目な地方の青年学校あたりから、先生は二段で御同伴のA先生は初段だから、先生が主席リーダーにたって、この冬山の強行登山隊を導いて下さいなどといわれた日には、何とも返事のしようがないからである。A先生が誰であるにせよ、冬山をガリガリ登って頂上へ行って日章旗を立てる——このようなことは、再びいうが、A先生が誰であるにせよ、石川先生よりはA先生の方がうまいにきまっている。上手下手の問題ではなく、石川先生には、ねっからそんなことが出来ない。これは、どうでもいいやでは済まされぬことがらである。かるが故に、僕は良心の命ずる所に従って無段者に落して貰い、間もなく戦争が始って僕は比島へ行ったのである。帰って来て、三年間の話を聞くと、果して登山道の「段」が幅を利かせたようなことが起っていたらしい。登山道何段は、要するに馬鹿々々しいが大きな波の中の小さな一つの波だったのである。戦争に負けなかったら、二段を奉還した僕なんぞは非協力者として三〇・六米を越す山に登ることを禁じられていることだろう。

だが、御承知のような次第で、僕も、好きな山へ好きなような登り方をすることが出来るようになった。昔は頂上にたどりつくと、愛用のパイプにクレーブン・ミックスチュアをつめてプカプカやったものだが、今時そんな煙草が手に入る道理はない。「のぞみ」に玉葱の甘皮やイタドリの枯葉や袂糞をまぜて吸う位が関の山だが、それでも煙は煙だし、その煙がとけこんで行く空は、前と同じく青く高く澄んでいることだろう。二三足持っていた登山靴は留守中に長男と二男が——こいつ等は僕と違って本格に近い山登りやスキーをする——我が物にして了い、とうてい手離しそうにもないし、取上げるのは可哀想だ。靴のないのは困るが、どこかで兵隊靴の中古でも手に入れるかそれも駄目なら藁草履をはいて行けばいい。何にしても楽しみなことである。

(「山小屋」一九四六年十月)

慎太郎さん

百瀬君でも百瀬さんでもない慎太郎さんであった。私にとり辰野隆にとり山田珠樹にとり岡野かをるにとって、また茨木猪之吉にとって君は親しむべく尊敬すべき慎太郎さんであった。しかも最後の二人はすでにあの世で慎太郎さんを迎えているのだ。

三月六日、松本から北に向う電車の中から見た空には朝雲が乱れていた。それが一カ所切れて、いつもながら黒ずんだ有明の左の肩に燕の尾根がバラ色に輝いていた。電車は凍った田の中を走って、やがて右前方に大町の東山が見えはじめた。十何年ぶりである。私はいつも東山――慎太郎さんのいわゆるケツヤマ――が見えると、家へ帰ったような気がするのであるが、ふとその大町にも慎太郎さんがいないことを感じて急にひどく淋しい思いをした。

湖の雲はすっかり晴れ上って午後には驚くべき雪の山が澄きった空に浮んだ。蓮華から鹿島槍にいたる山々は大沢、針の木両方の小舎との関係もあって私たちのプレイグランドであった。恐らくこの季節にこんなに綺麗に山が全貌を示すのは珍しいことであろう。私は慎太郎さんの死を弔いに大町に来て、そして最初に慎太郎さんと私を結びつけた山々を一つ残らず見たのである。

もう三十五年もの昔になる。明科から乗合馬車で大町に来て、初めて慎太郎さんにあった。この時は白馬に登り糸魚川へ下りたのだが、たちまち山に夢中になった私は翌年針の木から立山、劒《つるぎ》を登り大黒から大町に帰る、当時としては大旅行をやった。対山館で一泊か二泊した後今度は慎太郎さんと二人で爺から鹿島槍へ行った。二人ともまだ若く、ひどく元気だった。

夏が終えても山の熱はさめず、松崎紙を用いて雑誌を出す相談などした。これは結局実現しなかったが、その翌年、孝男君などもまぜた一行で白馬に行き雨に降られて下山して来ると、折から雨の上った空に、雨飾《あまかざり》山が夢のように浮んでいた。

それから私の外国生活が始まった。何回かあちらこちらに行ったが、慎太郎さんは大町を離れず私の故郷を守るように私をなつかしがってくれた。春夏秋冬私は大町を訪れた。慎太郎さんもまた数回東京や大阪の拙宅に来た。二人は山だけの友達ではなくなり家のことの相談などもした。

私の生れた東京はいく度か変化にあい、故郷の感じを持たせることがなくなってしまった。大町も勿論変りはしたが、東京ほどではない。第二の故郷というと大げさなようだが、実際そんな気がした。山に登ることはすくなくなったが、大町と大町の附近が年ごとに親密感を増して行った。慎太郎さんはいつでも私と一緒にいた。

昭和十八年の一月比島へ行った私は、敗戦まぎわのドサクサで死んだという噂が立った。それが無事に帰ったのだから、慎太郎さんは非常によろこんでくれた。是非大町へ来いという手紙が何通か来た。私も来月は来年はと思いながら、ついにその機会にめぐまれなかった。始の間は交通地獄が恐ろしく、その後は五十数年の生涯にいまだ経験したことがない程、仕事の量が増した。

たまたま山陰の某地から素晴らしい一級酒を届けてくれた人がある。慎太郎さんが危篤で私にあいたがっているという電報が来たのは四日の晩だったが、どうしても五日の夜までは東京を立つことが出来ない。病気の性質はわからなかったが、家内はその酒を小瓶につめ、これなら慎太郎さんの咽喉を通るでしょう……といった。そこにその朝逝去したという電報が届いた。私は啞然とした。折から学校から帰って来た二男は実に悲しそうな顔をした。二男と長男とは小学校の頃から「百瀬の小父さん」に可愛がられ針の木の小屋で夏をすごしたこともある。家内は家内で慎太郎さんと私の酒のつきあいをよく知っている……。

私はこの頃死後の生活をちょいちょい考える。どこへ行くのか知らぬが、何だかいい所があって、この世で親しくしていた人々に再会出来そうな気がしてならぬ。三月六日、山々は綺麗に晴れて慎太郎さんと私の再会の場所を予告してくれた。いまだに酒を知らぬはたち代の青年として、二人が山に登る日が来るような気がする。

（「日本山岳会信濃支部報」第三号・一九四九年五月／「山岳」第四十六－四十七年・一九五二年）

海千山千の記

新聞社には口の悪い者が無数にいる。この間も海釣の話に夢中になっていたら、ある男が『君は山に登っているだけかと思っていたら、海にも行くのか。海千山千じゃないか。おまけに日本パイプ倶楽部の会長になって、人を煙に捲くとはけしからん』といった。そんな連想をする方が余程怪しからんと思うがどうだろう。

山には随分登ったものだが、昭和十五年の春、京大の人達と一緒に富士山へ行った時以来、すっかり御無沙汰している。もっとも昭和十九年の年末、あぶなくなったマニラを出てバギオに行き、ここもあぶなくなって――米国は比島全土に落した以上の爆弾をバギオに落したそうである――東側の平地へ下りた時は、名にし負うマウンテン・プロヴィンスなので、高い山に登り、尾根を歩き、深い渓谷に入り込んだ。然し高いといっても一千米そこそこで、尾根には坦々たる大道が走っているし、山の感じはあまりしなかった。すると矢張り十年前の富士山が、最後の山ということになる。登り初めたのが大正の初期だから、ざっと三十年、山に登っていたことになる。従って山の思出は多い。海の方……といっても釣の話になると、これは至ってすくないが、海に浮んだことは、太平洋横断が五回、大西洋が一回、ロンドンからジブラルタルをぬけて神戸までが一回、比島ルソン島の西岸と東岸が一往復、マニラから浦賀までが一回、その他英仏海峡とか、瀬戸内海とか関釜連絡線とか、青函連絡とか、乃至は相模灘の帆走とか——ああ、金華山の沖へ鯨をつかまえに行ったことがある——大島へ行ったとか、淡路島へ渡ったとか、甲子園でボートを出してハゼを釣ったとか、そんなことをいっていれば、きりがない。

ぼくは何のために山に登ったのか、いまだによく分らない。スポーツといえばそれ迄だろう。とにかく初め八ケ岳に登って下りて白馬に登って、とても気持がいいので夢中になり、当時大学生だった大木操氏（東京都副知事）が近所に住んでおられたので、翌年のプランを相談に行った。その夏大木氏は立山から針ノ木峠を越えて大町へ出た。翌年われわれはその逆コースを歩こうという計画を立てたのである。

でとにかく夢中になっていたが、追々何故高い所にいると気持がいいのか、生理的に分るようになった。すくなくとも、分ったような気がして来た。丁度血圧ということが八釜《やかま》しくいわれ始めたので、ぼくの血圧がすこし低いことが発見された。するると気圧の低いところへ行けば、とくに血圧と気圧の調和がとれる勘定である。事実あまり頑健でないにも拘らず、三千米近くの所にいると、ピョンピョン跳ね廻り度くなるのである。その代り登る時はフーフーで、何故こんな辛い目に会わなければならないのだろう……などと考える。だから、正当のことをいえば、ケーブル・カアか何かで登れば一番いいのだがアルピニストとなればそうも行かず、登りは苦しいが後の気持がいいので、しょうこりもなく、山に登っていたものである。

ウェールスにスノードンという山がある。高さ三千五百余呎《フイート》。一体英国には高山がなく、一番高いペン・ネヴィス（スコットランド）でさえ、四千呎ちょっとだと思う。所でスノードンは、ワッツ・ダントンの小説『エイルウィン』や、ジョージ・ボロウの紀行などで有名な山なので、一番はじめ英国へ行った際、何はともあれとばかり出かけて行った。丁度秋で、あたりは荒涼たるウェールスの山地。岩ばかりの山肌を、黒煙吐いて登山列車が登って行く。頂上にホテルがあり、そこで四方の景色を見渡しながらビールをのんだ。そこ迄はいいのだが、その二三年後、大阪毎日にいた時、英国からIAリチャーズの夫婦がやって来て、大毎日にも英語の出来る登山家が一人もいないものだから、私が話をしに行くことになった。（リチャーズはその頃からベイシック・イングリッシをやっていた。御承知の通り、これば八百五十語で完全に通用する英語である。その後研究が進み、一昨年の春リチャーズは四百語以下で著述を発表した）リチャーズ夫妻は山好きであり、リチャーズはメレディスの詩が好きなので、われわれはたちまち仲よくなった。たまたまぼくがスノードンに登ったのを話すと、彼はひざを乗り出して、どのルートから登ったかと聞く。ピーポーシュッシュッだというと、俄然人を馬鹿にして、お前は必ずや山頂ホテルでビールをのんだろう？　と来た。「オフ・コース。ホワイ・ナット？」と聞き返したら、お前みたいな人間がいるからスノードンの何とかガレー（峡谷）には、ビールの空瓶や鰯の空鑵の雪崩が起るのだといった。先生達はエッチラオッチラ、その何とかガレーを、頂上めがけて登攀するらしい。その十数年後、ロンドン支局長として行っていた時、クリスマス休暇にスノードンへ行くから一緒に来ないかといって来たが、こっちは休暇どころではないので断った。

それはそれとして、リチャーズ夫妻と日本アルプスへ行った時は楽しかった。針ノ木峠で一泊して先ず針ノ木岳に登ったが、頂上の二三間手前でぼくは先に立っていた案内の桜井一雄を呼びとめ、ちょっと横に寄って一場の演説をやった。「さて御両所、これが御両所が登る最初の日本アルプスのピークである。どうぞお先へ」といって帽子をぬいだら、御両所はすっかり照れてしまった。エヴェレストやナンガ・パルバットではあるまいし、ぼくも馬鹿な真似をしたものだ。

この旅は鹿島槍まで行って、ぼくは東京へ帰ることになっていたが、リチャーズ夫妻は上高地へ行き、穂高を槍に廻るというので、桜井に簡単な英語を教えた。例えば水はウォータア。所がこの Water の ter が中々むずかしく、tah になって了う。これば大したオックスフォード・イングリッシだと、われわれは大笑いしたが、もちろん桜井には何のことだか分らなかった。

あの時爺の小舎にはビールがふんだんにあり、うさぎも罠にかかっていたので、ぼくは持参のバタでうさぎのソテイをつくった。うまかった。鹿島槍にはブルーベリイが熟していた。リチャーズは松虫草の花を見て、これを見ると不思議にカクテルを思い出すといって、奥さんにしかられた。何にしても楽しい思出である。

実際は山に登らなくても、ぼくは都合がつきさえすれば、よく信州の大町へ行った。対山館の百瀬慎太郎とは山の最初からの友達で、あまり山の話はしなかったが、一緒に酒をのんでは山麓をブラブラしたものである。だが対山館はなくなり、百瀬慎太郎も五十八歳で死んで了った。おまけにぼくは秋の健康診断で血圧が高いといわれた。ぼくと山との縁は切れたようなものである。だがぼくは悲しまない。子供たちがいるからである。而もこれ、自分の子供だけではないのである。

ぼくの長男と次男は年子だが、小学生の五年と四年の時だかに、二人を大町へやった。男の子のいない百瀬慎太郎は大きによろこんで、二人を針ノ木小舎で生活させせた。大の男がピッケルだアイゼンだというあの雪渓を、二人はゴム底のズック靴で上ったり下りたりして、かけ廻ったらしい。それが病みつきで二人は山が好きになり、中学校に入ってからはロック・クライミングや冬山をやり出した。後から聞くと岩から落ちたり何かしたらしい。戦争末期、肺浸潤にかかった長男は（ぼくは音信不通の比島にいて何も知らなかったが）白馬山麓の山案内の家に下宿して、裸馬に乗ったり、蛇を食ったり、住友の重役を案内して山に登ったり（すごくうまいジンをのませて貰ったそうだ）すっかり丈夫になったばかりか、専門的のガイドみたいになって了った。ある時など、山小舎で朝飯を作ろうとして実のないことに気がつき、スキーを飛ばして若芽だか干大根だかを取りに下り、お客がまだ眠っている間に取って帰ったという。これは相当なものである。

ぼくが仲よくしている極めて少数の米国人の家族の一つに、十四歳の男の子のいるのがあり、この子が妙高と富士に登ってから、すっかり山が好きになった。妙高も富士もいいが、ほかにも山はあるし、ウチには山好きな男の子がいるから、一度連れて来ませんかと招待したら、それはいいという訳で、つい先ごろの日曜日、七つ位になる男の子もつれて一家四人、拙宅へやって来た。次男は水産講習所の六十周年記念日の準備で在宅しなかったが、長男はいた。ぼくはあらかじめウインパアの「スクランブルス」と、リチャーズ夫人の「クライミング・デイズ」とシンプソンの「ナンダ・デヴィ」を出しておいた。男の子二人は、長男次男兼用の部屋に入りこんで、何やら話を始めた。この部屋にはスキーあり、アイゼンあり、ピッケルあり、ランタンあり、シールあり、ビンディグあり、おまけに長男が部屋の模様変えをやるといって、材木や板が一杯おいてあるし、鋸屑や鉋屑が足の踏みようもない位散ばっている。長男が英語をしゃべるのは聞いたことがないが、これは何？といってこれは何？と興味を以て質問するのに答えると、一々「ヴェリ・カヴァ・ナイス」といって感心したそうである。その内に向うの次男坊が、アイゼン・カヴァを持ってやって来て、何だか話が分らないという。「コレナンデスカ」といって御覧というと、一二度繰返した上、ドアをあけて大声で「コレナンデスカ」とやったが、もともと長男に説明が出来なかったので聞きに来たのである。結局ぼくがその説明をした。

極めて簡単な昼飯が終るか終らぬかに、向うの長男は畳の上にはらんばいになって、ぼくが教えた「スクランブルス」の最も面白い所、即ちウインパアの一行がマッタホーンの頂上に達し、その下山中にあの有名な悲劇が起る場面を、読みふけるというのは、まさにあのことだろう。口も利かなければ、柿がおいしいよとお母さんがいっても、只ウンウンというだけである。と突然顔を上げたが、その目にはありありと混乱の色が浮んでいた。「ミスター石川、プリーズ」と彼は丁寧にいった。「ここに頂上から石を投げ下したと書いてありますが……」。少年の英雄、マッタホーンの征服者ウインパアが、そんな言話道断な真似をすることが、彼を当惑させたのである。ぼくはいった――「そうだ、サンディ、本当の登山家は、どんな場合でも、そんなことをしてはいけないのだ。だがその時にはイタリーのパーティが登って来るのが頂上から見えた。両者の間に猛烈な競争があったろう。だから、彼等の注意を引こうとして怒鳴っても聞えない。それで石を投げたのだよ。」サンディは安心したように再び読み始めたが、やがて溜息をついていった――「ああ面白かった。イタリーのパーティはマッタホーンの頂上に矢張り悪魔がいてロックを投げたと思って帰って行ったんだってさ。」

帰りぎわに彼は拙宅の長男に向って、「この冬は必ずスキーをやる。ぼくはスキーだけしか持っていない。何と何が必要なのか、書いておいて下さい」とたのんだ。この冬、米国の父親と日本の父親とが、それぞれ苦労することになるだろう。

必ずしも善根ではないかも知れない。善い種子ではないかも知れない。然し米国の男の子がたまたま日本に来て、日本の一家庭でアルプスの初期の本と、現在のアルプスを書いた本と、更にヒマラヤ登山記とを借りて読み、後年本当の山好きになったら、どんなことになるだろう。特に「クライミング・デイズ」の扉には、ドロシイ・リチャーズが、私の名の下に、ウィリアム・ブレークの一句を書いている——「偉大なことは山で行われる、街頭の押合いへし合いでは実現されぬ」。ぼくのクライミング・デイズは過ぎ去った。然しぼくは悲しまない。子供がいるからである。

ぼくの舟の記憶は船酔いで始る。桃の花と、河と、船酔いと、病床についていた母がぼくを意気地なしだと叱責したことを覚えている。馬入川にでも行ったのではあるまいかと思う。ぼくも病身だった。

その次の記憶は塩水を飲んだことと、鼻から塩水が入ったことと、海の水がきれいだったことである。場所は茅ケ崎で、時は夏。父がぼくを海の中に投げ込んだのである。父は水泳に自信があり、それでこんな乱暴な真似をしたのだろうが、ぼくは立ち所に泳ぐことが出来るようになった。

中学三年の一学期の成績表をあけて見たぼくは唖然とした。それ迄にない好成績なのである。その日母が高輪の親類の所へ行っていることを知っていたぼくは、お茶の水から態々《わざわざ》高輪まで行って通信簿を母に見せた。我ながら可愛らしい中学生である。両親とも勿論よろこんで、夏休に葉山へ行くと、漁師ぐるみ舟を一隻特約してくれた。丁度葉山と逗子に中学校の先輩が一人ずつ避暑に来ていて、その一人は兵学校に入ろうとしていた位だから、たちまち仲間になり、西洋風の帆をつくって相模灘の帆走をした。上手廻し、下手廻しから、ボーレンノットなどというロープのむすび方まで覚え込み、二学期が始ると丸善へ行って船の本や帆走術の本を買って来て、辞書を引き引き読む始末で、英語の勉強にはなったが、数学や歴史は正に元の木阿弥で、再び劣等生の仲間入りをして了った。こんな風にしてぼくは山より先に、海に夢中になったのである。

高等学校へ行ってから、ぼくの趣味は山に移った。「知者は水を楽しみ、仁者は山を楽しむ」とは無関係である。東京で育ち少年時代に海岸で夏や冬を送ったぼくには、山と山村の生活とが、何だかロマンティックに思われたのである。低血圧云々は後からつけた理屈に過ぎない。だが、山登りの最中、前にちょっと書いた金華山の鯨とりがある。これもロマンティシズムに原因するのだろう。「アヴァロン」

という船の名がすっかり気に入ったりした。アヴァロンはアーサア王の死体がはこばれて行ったという、伝説の島である。それとも、ノルウェイ人の砲手などがまだ働いているという、エキゾティシズムの方が、強かったのかも知れない。いずれにせよ、九十トンに満たず、船首が高くて船尾の低いアヴァロンは、猛烈な荒海に乗出して行って猛烈に揺れた。ぼくは戻しはしなかったが、頭が上らず、海水がザブザブ入って来るケビンでへたばった。それでも鯨が発見された時には、ゴム長をはいて甲板に出、グラグラしながら写真をうつした。何故、あの時、あんなことを思いついたのか、自分でも分らない。要するに、何かしないではいられなかったのだろう。只、数年前、江見水蔭という冒険小説家が、同じ砲手兼船長の船に乗ったが、徹頭徹尾酔っていたことと、帰港すると、ハガキに鯨の血で何か書いて出したばかりか、新しい大漁まといを態々《わざわざ》血でよごした、そしてその話を本に書いた、という話を聞き、少年時代水蔭の愛読者だっただけに、幻滅を感じた。それが大人になりかけの、第一歩だったのかも知れない。

何かしないではいられない気持が、東大をやめて米国へ渡ることをさせた。東洋汽船の春洋丸。二月の太平洋。はじめ二三日は頭が上らなかった。ボーイが持って来たポメロの香が船室に漂い、白い天井にポートホールから差し込む水の反射がゆらゆらするのを、心細く眺めたことを覚えている。然し若い肉体はすぐ環境に順応する。間もなく起き上り、ホノルルでは公園で五セント出してアイスクリーム・コーンを買った。

英仏海峡を何度渡ったか、ちょっと思い出せない。一帯はじめは物珍らしさから、飛行機で行き、クロイドンからル・ブールジェまで二時間もかかった。今から二十七年前のことである。

英仏海峡は大変な所である。いつでも荒れる。それにあすこには前奏曲がない。例えばドーヴァを出ると、とたんにグラグラと来る。馴れる時間がない。それ迄にはカレーに着いて了うからである。

最初に英国へ行った帰途、たいていの人はマルセイユから乗船するのを態々《わざわざ》ロンドンで船に乗ったのも、やはりロマンティシズムがさせたことだった。ぼくはビスケイ湾を通りたいと思った。冬の、荒れる最中のビスケイ湾が、どんなものか、知り度いと思った。ジブラルタルも見たかったし、アフリカも見たかった。荒々しい大西洋と穏やかな地中海の対象も体験したいと思った。ビスケイ湾は果して霧か風かどっちかで、憂鬱そのものだった。そしてマルセイユで新しい船客が乗込んで来るのを、ポート・デックから、「ああ新米が入って来やがる」と思って見下した。大した優越感である。

社用でマニラに赴任したぼくは、マニラが本物でないような気がしてならなかった。比島の田舎や山の中や、不便な東海岸には、本当の比島があるに違いないと思っていた。その本当の比島に行ったのは、ロマンティシズムに因るのでも何でもなく、日本が戦争に負けて、ぼくが捕虜になり、たまたま英語が出来るのと、向うの人に信用されて通訳として投降兵収容の軍艦にとどまったからである。

上陸用舟艇LST・1005は、比絞的海岸に近く航行した。マニラ湾から、〔五字欠字〕に沿い、南下してルソン島の南端を廻るのだが、一体比島にはいくつ島があるのだろう？　島の風下に入ると、まるで湖水のように静かである。雨の日もあったが大体晴天で、空も水も紺碧。何もすることがないから本を読んだり、ぼんやりしていたりする。飛魚が飛ぶ。島が近くなる。島の頂だけに雲の影が落ちる。日本がどうなったか、家族がどうしているか……そんなことは一切考えず、只グラグラと舟の動きに身をまかせていた。わが生涯における、最も呑気な時だったろう。また事実、捕虜であって見れば、何事もあなたまかせで、何か考えたって仕方がないのである。そして午後四時になると、誰かが「ヘイ・イシ」といって冷えたビールをくれる。それが済むとAという水夫長が「イシ・チャウ」といって、御馳走を持って来てくれる。あんな物凄い無銭旅行は、恐らく空前絶後だろう。

海の話は、突然みみっちくなる。

諸般の事情が好転して来て、ぼくは再び釣を始めるようになった。以前は川や池ばかりだった。大阪郊外にはこんな釣場がウンとあるが、東京は釣の方では馴染が薄い。それで千葉県の大貫へ釣につれていって貰った。秋の彼岸で鯛を狙ったが汐が悪いのでコチに転向し、相当大きいのを随分釣った。おまけにセイゴをうんとみやげにくれたので、阿佐ケ谷駅から家まで遠くて重く、夜をふかしたので大騒ぎをした。

その約一年後の夏、また大貫へ行った。これは講演を頼まれたのであるが、勿論釣をする気でいた。家内は近くの農家に行き、今晩お魚を分けますからといって、野菜を只で貰って来た。然るにこの日は時間の関係もあって、アイナメ一匹釣れず、酒をのんで帰ったりしたので、全然面目を失墜して了った。

（『ひなたぼっこ』一九五三年・桐陰堂目黒書店）

白馬山麓

最初の山が白馬で、信州側から登り、越後へ下りる旅だった。もちろん鉄道もバスもなく、明科から大町まで荷物は乗合馬車に積んで人は歩き、あくる日は一日かかって四谷まで歩いた。だから山も山だが、糸魚川街道にそう路や村や盆地や佐野坂のような峠や、いうまでもないが仁科の三湖など、実にしみじみと知ったものである。交通機関、殊に航空機の驚くべき発達は地球を小さくした。が同時に「不知」の点では、かえって地球を大きくしたといいたいものがある。北安曇郡と地球とではだいぶ分大きさが違うが、省線やバスで楽に、早く過ぎる人は、簗場《やなば》の泉屋の囲炉裏も知らず、下瀬《くだりせ》の旅人御宿の藤の花も知らずに、ただ山頂へ山頂へと急いで了う。

はじめて訪れた大町での宿は、いうまでもなく対山館であった。当時老人夫妻は元気だった。私は初対面の百瀬慎太郎君とたちまち馬が合い、その後三十年を越す交友がこの時始まった。一緒に山に行き、スキーもやったが、それよりもむしろ慎太郎さんは、私に北安の山ろくを知らせてくれた。下瀬や簗場など、ただ一回の旅行――如何にそれが徒歩旅行であったにせよ――で、なじみになれるものではない。春、夏、秋、冬、私は一体何回大町へ行ったことだろう。慎太郎さんのしりについて、あの辺を歩き回ったことだろう。

昔のことになる。針ノ木と大沢の小屋じまいに行く慎太郎さんについて針ノ木、スバリの山を歩き、大沢小屋に帰ってねていると山案内が二人夜みちをかけてやって来た。東京から電話で、大事件が起きたからすぐ帰れとのこと。翌朝、まだ暗い内に小屋を発った。ひどい露で、ズボンはおろか、上衣のスソまでぬれた。対山館から電話で連絡すると、これが満州事変の発端だったのである。この時から私は非常に忙しくなった。事実、外国通信関係をやっていた私は、夜も昼もない日々を送った。その合間合間に、私は日没の針ノ木峠から夕陽をあびた白馬が、うそみたいに美しく見えたことを思い出し、荒廃した雪けいのすぐ下のゴロタ石の間に、たった一本咲き残った百合の花の、赤い色を思い出した。

満州事変に関連して私は米国へ行った。帰って来た翌年の秋おそく、無理に時間をつくって大町へ行き、時雨の葛温泉へ行ったが、どうも面白くないので引返し、対山館の前を素通りして梅の家へ行った。一杯やっていると対山館から電話で、方々さがしたがやっぱりそこでしたか、葛温泉に聞いてもいなさらないし、困っていたとのこと。東京から電話で石川さんはロンドンの支局長として一週間以内に発ってもらわねばならぬ由、早くお帰り下さいとの話に、電話をかけ直して旧友二、三を集め、慎太郎さんは送別会をやってくれた。

五十五年の一生にはいろいろなことが起ったが、満州事変とロンドン支局駐在とは、多くの点で私の一生のポイントになり、そのきっかけが二つとも大町で起ったために、他のことは忘れても、この秋に起った出来事は、はっきり記憶している。

たった一度だが、家内と家内の姉と姪を案内して、大町へ行ったことがある。晩秋、鳥焼から東山を歩き、鹿島鎗の頂上が黄金にきらめくころ、平林卓爾君の林檎畑へ行き、冷えきった林檎をごちそうになった。わが一生に、あんなに美しくいい日があったかと、不思議に思うような好日だった。

（『ひなたぼっこ』一九五三年・桐陰堂目黒書店）

登山とパイプ

別に規則があるわけではなし、何を持っていってもいいが、戸外、特に山で使用するパイプとなると、自ら適不適がある。すなわち丈夫であること。これが第一条件。

パイプの材料には粘土を素焼にしたクレー、海泡石と訳されているメヤシャウム、陶磁器等いろいろあり、それぞれ面白さを持つが、どれもこれも、こわれやすく、戸内での扱いにも注意を要する。登山となると、ルックサックに入れようと、ポケットに入れようと、とかく岩や木にぶつかる可能性が多いから、こんな脆弱なパイプは一度で参ってしまう。それで木製のパイプということになるが、現在世界中で最も多く実用に供されているのが、ブライヤだから、クレーとかメヤシャウムとか云々することは、正直にいってペダンティックである。

タバコの歴史は古いが、木製のパイプの歴史は比較的新らしい。そしてその最初の記録が山に関係がある。スコットランド生れの小説家兼外科医、トビアス・ジョージ・スモレット（一七二一―七二年）は一七六五年、南欧ニースからチューリンへ旅行しており、とある山の頂上で「背が高く、痩せて黄色く、長い鈎鼻《かぎはな》と輝く眼を持つ男が、口に木製の短いパイプを啣《くわ》え、盛んに煙を空に吹き上げ」ているのを見た、と三月十八日付の手紙に書いている。スモレットにとっては、木製のパイプが珍しかったのである。この木が何であったかは判らないが、ブライヤでないことは確実である。ブライヤはその後百年ほどしてから使用され始めた。

第二の条件は短いことである。これも自明の理だが、長いパイプだと、とかく木の枝にひっかかったりして、折れやすい。勿論パイプ（厳密にいってパイプの柄）は、長い方が煙が冷たくて味がいいが、戸外には向かない。しかし柄は短くても雁首の肉が厚いと、煙は熱くならないから、そんな風なパイプを選ぶといい。

山へパイプを持って行って、いつ吸うかも問題になる。G・W・ヤングの編集した「マウンテンクラフト」には、山でタバコを吸うか吸わぬかは、個人がそれぞれ決定すべきであるが、実際山を登りながら、パイプを吸うことは、「肺にとって不愉快、パイプ・ステム（私のいう柄）にとって浪費多し」とある。浪費多しとは柄が折れやすいことである。

まったくのところウンサウンサと山を登りながら、タバコなど吸えないが、ヤングは山でのパイプに不賛成を唱えるのではなく、実は大変な礼讃をしている。曰く「パイプは食物や飲料や、ある時は睡眠の、よい一時的代用品になる。何かを待たねばならぬ時の冷たい瞬間に際して慰《なぐさ》めになり、困難に際しては心をやすめてくれる助言者になる。パイプを吸い得ること、従ってマウンテニア間の本当の親交の特長である努力なき沈黙を保ち得ること、これはどんな登山仲間も持っていなくてはならぬ資格である」

これから登りにかかる時、または登攀を終って一休みという時、パイプを取出すのが普通であるが、裾の雑木林の中をポクポク歩く時なども、パイプは気楽でいい。

いいが、とかく熱い灰が散って山火事を起す危険があったりするから、原則としては、いわゆる喞えタバコはやらぬ方がよかろう。

昔南ドイツの山地を歩いていて、森林の入口に「禁煙、但しフタつきのパイプはよろしい」と書いた立札のあるのに気がついた。これは樵夫《きこり》その他、森の中で働く人々への注意であり、事実、村の雑貨屋では金属製のフタのついたパイプを売っていた。

大体パイプの雁首は柄から上の方につき出ているが、下についているのもある。つまり柄のさきの方がひろくて、その下にくる雁首を、ぽっかりとかくすのである。雁首の向い側に小さい穴があけてあり、そこから空気が入ってタバコを燃焼させる。これは正しく戸外用で、雨の中でも吸っていられるし、森林地帯や枯草の原でもあぶなくない。

必ずしもパイプに限ったことではないが、タバコに火をつけたマッチの棒を、二つに折って捨てるカナダのウッズマンの習慣は、われわれも守っていいと思う。マッチに火のけが残っていれば、つまり山火事の起る危険性を持つマッチは、指に熱く感じる。それを理屈からでなく、自然の習慣として、カナダの森の人々は昔からやっているのである。

（「パイプの話」として「岳人」一九五六年五月号／『タバコ・あれこれ』一九五七年・ダヴィッド社）

なぜ山に登るか

なぜ山に登るか、といわれて、山がそこにあるからだと返事した話はあまりにも有名である。これは、なぜ生きているかと質問されて、生れた以上生きていないわけに行かないからだ、と答えるのとは大きに違う。山の向う へ行く用事があるからだ、というのとも違う。考えれば考えるほど味のある言葉だ。

私の場合時相《テンス》を過去にして、なぜ山に登ったか、と質問されねばならぬ。このところまったく山に登っていないからである。それにしてもまったく私はなぜあんなに夢中になって、憑かれたように山のことを考え、山に登ったのだろう。学問、即ち地質学とか地形学とか植物学とか動物学とかには、ぜんぜん関係がなかった。高山植物の名前などはいくつか覚えたが、それは副産物である。とてもきれいな花が咲いていたのでその名を聞き、記憶したままでの話で、特に高山植物の採集とか分布の調査とかはしなかった。

私は山に登って文章を書いた。後年新聞記者になり、記事を書くため山に登ったことはあるが、一番はじめの山岳記事は大正三年だかに「信濃毎日」にたのまれたもので、それは次のような次第だった。

当時東京高等師範学校付属中学校の山岳部員が八ガ岳から白馬への旅行をした。先生が二人つき添い、私はもう高等学校に行っていたが、先輩として同行した。あれでも二十人もいたと思うが、学校の性質上いわゆる名家の子弟が相当多く「信濃毎日」の記者が特派されて毎日記事を送った。ところが八ガ岳を下りて松本（だったと思う）まで来ると、何か用でもできたのか、この記者があとは君に頼むといって本社に帰っていた。それで私は明神―大町―白馬―糸魚川を受持って書いた。惜しいことにこれはなくしてしまったが、ちょうどその紙面の背中あわせに百瀬慎太郎君の立山紀行が掲載され、これが一つの縁になって百瀬君との長いつきあいが始まった。

その翌年には針ノ木―立山―剣―祖母谷《ばばだに》―大黒―大町というその頃としては大きな旅をしたあげく、一日おいて爺から鹿島槍へ、これは慎太郎さんと一しょに行った。この時はカメラを持ち、高山植物も若干系統的に集めておしばにした。この旅のことを聞いた大町桂月氏は、当時富山房が出版していた月刊雑誌「学生」の編集長だったので、何か書いてみろといわれ、私は日記をもとに書いた。たしか三月にわたって連載されたと思う。これも紛失してしまった。つまり「信濃毎日」も「学生」も、記事を書くための取材旅行の結果ではなく、たまたまそういうことになったので、掲載諸紙（あるいは「誌」）をなくした事実、大切にしなかった事実が、これをはっきり示していると思う。はじめから山岳文学家になるつもりで山へ行ったものなら、こんな貴重な材料をなくすはずがない。

ところが昔も今も同じことで、なぜ君は山に登るのかという質問があったらしく、私はいろいろな理窟を考え出した。その中で記憶しているのが三つある。

第一の理屈は少々恥しいが、付属中学の山岳部で中学生を前に大学生の私が話したのだから、今から考えると赤面ものだ。もっともその頃中学生で、いうまでもないが今とちがって文字通り紅顔の美少年だった中島健蔵君が、この話に感激してわざわざ松本高等学校に入った（と自分でいっている）のだから、妙な効果があったものだ。
さてこの講演は次のようなものだった。悪いことに講演のノートが残っている。今日は秋風が吹いているが半分ほど顔を赤くして引きうつすと

ハンス・トーマは一八三九年シュワルツワルドのベナナウで生れた。（中略）トーマの「ゼーンズフト」は有名な絵である。知っている人も多かろう。画面を四分してその右下にたくましい裸体の男が、わずかにあらわれた岩角に立ってい る。右足はぴったりと岩を踏むが、左足はかかとを上げて、つまさきで立つ。男は広くひらいた両手を高くあげる。彼の手から一寸とははなれぬ所に、ファンタスティックな鳥の尾がある。

ファンタスティックといったが、この絵に描かれた五羽の鳥は、まことにファンタジーが生んだものである。鶴のようにも見えるし鳳凰のようにも見える。紅の嘴、緑の長い頸、翅や尾は虹を油で溶いて、心の赴くままにブラッシを染めた色である。これらの鳥はなよなよと、今にも地に落ちん姿で飛ぶ。

浅黄色の空には白い雲が浮んでいる。それによるとこの絵は初夏の真昼を描い

たものらしい。しかし強い光線はどこにも現れていない。男は岩に立っているが、その岩には男の影がない。

驚くべきは谷間の色である。画面の半分以下の所を褐色の岩山が横に切っているが、それと、若者の立つ岩角との間の深い渓谷は、ただハンス・トーマのみが出し得る如き紫色で充ちている。谷の深さははかり知られぬ。

だからどうしたかというと、この青年は人間に、それも正しい人間に共通な、あこがれを求めて高きに登る心を代表している。ファンタスティックな鳥はこの世のものではない。だから手からちょっとしか離れていなくっても、捕えることはできない。それより先きに青年は、岩から足を踏みはずして墜落して死ぬだろう。しかし彼の死顔には、微笑が浮んでいることだろう。手に鳥を持っていると思うのに違いないからだ。登山は精神的の登高を肉体で実現させることである。だから人間は山に登るべきである。

その後社会に出ると、もうこんなファンタスティックなことはいうわけにはいかなくなった。それと共にまだ登山は流行していないで（今日ならば「誰も彼も山へ行くからボクも行く。社会共同体を構成する人間の一員としてのボクは、アンタイソーシャルでない以上山に登るのが当然だ」ということができよう）大がかりな準備や装具が必要であり、なぜそんな騒ぎをして山に登るのかと、真面目に質問する人々がいた。そこで私は「完全な休息」という説をつくり上げた。世の中が便利になって来て特に社会人はめったに自分の身体を使わないようになった。しかしもともと足は歩くためのものだから、時には歩きたくなる。また肉体の疲労とはいいものである。ところで例えば上野から銀座まで歩けば疲れるが、その疲れをいやす休息が、銀座では喫茶店かバーかカフェーで、完全とはいえない、しかるに仮りに針ノ木の雪渓をウンサウンサ登りつめ、ルックサックをドサリとほうり出してハイマツの上にあおむけに横になると、空気はきれいで風は涼しいし、岩つばめは鳴いているし、しゃくなげは咲いているし、これこそ完全な休息である。それを求めて私は山に登る、という説である。これには一応の真実があるが、銀座と言わずにどこかゴルフ場へ行っても、空気はきれいで風は涼しく、雀が鳴いてどくだみが咲いているかも知れず、わざわざ針ノ木まで出かけないでもすむだろう。

ちょうどその頃から血圧が世間の問題になって来て、私は血圧が低いことになった。誰かが低いといったのか、あるいは自分で思い込んだのか、そこのところははっきりしないし、私の主張が医科学的に正しいかどうかもわからないが、もうジャーナリストになり切っていて、いいかげんなことをいったのかも知れない。曰く、私は高い所にいるととても気持がよくなり、岩の上などピョンピョン跳ねたくなる。これは私の血圧が低く、従って気圧の低い場所へ行くと血圧と気圧がマッチして肉体的に気持がよくなるのだ。だから私は山に登る。

血圧といえば昭和二十四年だったか「サン写真新聞」にいた時健康診断があって、血圧が高いといわれ、まる一日酒をやめたが、去年の秋珍しく病気をしてお医者さまに来てもらうと、有無をいわせずはかられた結果、高くもなく低くもなく、まことに申し分ないといわれた。私は酒は飲むしタバコは吸うし、この夏は三十四度の気温の中で一日に四百詰原稿用紙四十五枚の翻訳をやったり、ずい分無茶をやるから、もうそろそろくたばっても然るべきなのに、血圧が正常でいるのは、ずーっと続けている指圧と、毎朝ガブ飲みする昆布の水（寝る前薬罐に水を入れダシ昆布少々を加えて枕もとにおき、朝目が醒めるとジカに飲む。大阪で昔から「昆布屋に中風なし」といわれるそうで、ヒントはそれである。本当のことをお話しすると、これを毎朝やっていると白髪にならないと聞いて始めたのだが、その時はもう白髪になっていて手遅れだった）のおかげかも知れない。

いつまでも血圧にこだわるようだが、血圧の低い人は気圧の高い場所にいる方が気持がいいのではあるまいか。それとも血圧と気圧はぜんぜん無関係なのかどうか。自分で考えても私の学説は少々あやしい。

山に登ることは一種の精神的清浄作業だ、という説も一時主張したことがある。

人を忘れ、己を忘れ、緊張しきった、白熱の、一心不乱の心境に達したいがために、私は山に登るのであった。申すまでもない、山はすべて原則としてピラミッド型をしている。下が広くて上がせまい——せまいのではない。上はあるポイントで終っているのである。このポイントが絶頂である。

いずれの山にしても登る路は多い。いずれも麓から始まっている。麓にはいろいろな物がある。都会があろう、村落があろう。そこには酒もあり、女もあり、醜いあらそいもあり――いわゆる浮世が存在する。何も麓が醜いというのではないが、「すべて」を抱擁する麓には浮世があり、浮世は元来醜いものなのである。醜い浮世！　われもまたその醜い浮世の一員ではないか。胸に手を当てて考える時、われ自らさえもこの浮世を、いかに醜くしているかに驚きおののかざるを得ない。なぜこのわれは一体、醜い行為をなし、醜い思いを抱いて浮世を醜くするのであろう。浮世にはあまり「かかわり」が多いからである。われわれにはその「かかわり」を棄て去ることができぬからである。棄てるべくあまりに弱く――またはあまりに強いからである。

しかし、とにかく山へ行こう。山はわれわれを待っている。……

おい、おい、気は確かか、といいたくなるようなことを書いたものだ。人間が醜いものならばその醜くさは人間の行くいたる所についてまわり、山の上だろうと下だろうと、同じことである。これを書いた時には大真面目でこう感じたのだろうが、今読むと少々馬鹿げている。長生きすれば恥多しとはこのことだろう。

そこで三十年四十年前をふり返って、なぜ私は山に登ったのか考えてみよう。中学生に講演するのでもなく、ジャーナリストとして山岳記事を書くのでもない現在が、正当なことを書くのに一番向いているかも知れない。

第一に思いつくのが、私が都会生れの都会育ちということである。海には幼い時から行っているが、山は中学校の時の筑波山を除くと、さっきいった八ガ岳、白馬が初めてで、ここでほんとうの意味の自然に触れた。しかも美しい自然である。

第二に思いつくのが、登山に伴う危険の要素である。昨今は若い人々が至って気軽に出かけて事件を起こしているが、私どもの頃は実に用心をした。（今だって山へ入るとなれば、私は足ごしらえから服装、装備まで、充分の注意を払うにきまっている）

第三は少々長くなるが、その頃の山は現在と違って衣食住全部を計画して持って行かなくてはならなかった。しかも時間や経費（主として後者）の関係で、本当のエッセンシャルズしか持って行くことができなかった。しかしそれだけでは、ただ腹がへらず、雨に濡れなければいいので、一向に面白味がなく、いくらか色をつけたい。といったところでせいぜいドロップかキャラメルだが、このわずか色をつけた最少限度に制限された生活と、その生活の設計が面白かった。

私は子供の時から水上生活者の生活ぶりに興味を持っていた。東京の川でよく見かける荷足り船などで家族が暮しているのを見ると、あれ以上狭くては寝ることもできまいと思うような部屋に箪笥《たんす》などがおいてあって、お神さんは船の上で七厘の尻をあおいで飯をたき、亭主は川の水で舷をザブザブ洗ったりしている。スペースも道具もそれこそエッセンシャルズだけにきりつめた生活で、あれがうらやましかった。ところが山に入るとなると、いやでも応でもこれをやらなくてはならず、こっちはちっともいやでないどころか面白いのだから熱心になった。

そのはるか後、敗戦のフィリピンの密林で同じような状態が起こり、私はとうとう自分用の家を建てて暮したが、入口は幅三尺の長三角形、床は割った竹、屋根は茅、地面から四尺上げて丸太のはしごをつけた。釘はないが藤がいくらでも生えているので、ひろって来た牛蒡剣《ごぼうけん》一本でしゃれた家ができた。これはどこかで書いたが、若い頃の山登りが役に立ち、私はエッセンシャルズだけの密林生活を大して苦労とは思わなかった。

第四は第一に関係がある。東京生れの私には故郷というものがない。東京は故郷だがあまりに多くの変化が引続いて起こり、安心していられない。それで大町が私の故郷みたいになった。山といっても大体北アルプスで、よしんば上高地へ行っても往復のどちらかで大町へ寄ったのは、最近は市になってひどく変ったらしいが、いつ行ってみても同じようで、何か気持が静まり、ああ帰って来た、という感じがしたからである。そして何度も訪れている内に知り合い人ができたりして、時々栗や林檎を送ってくれると、ますます故郷らしくなって来る。対山館がなくなって、慎太郎が死んで、大町とも縁が切れたかと思っていたら、今年の春実に突然、山案内の桜井一雄君が餅を送ってよこした。

私を山に引きつけた大きな理由の一つが慎太郎さんだったことは否定できない。春夏秋冬、よく会いに行ってはあの辺を歩き廻り、夜は酒を飲んだ。それに不思議に、大町にいると何か私の生涯での転換が起こった。

満州事件の突発の時には、針ノ木から爺まで歩いて、大沢の小舎でねているのを、二人連れで大町からやって来た案内人にたたき起こされ、しとどの露に腰まで濡れて帰った。その結果が三度目の渡米になり、帰国した秋おそく葛温泉を早く引上げ、対山館の前を素通りして梅の家というので慎太郎さんと飲んでいると、方々二人をさがした百瀬夫人がやっと居所をつきとめ、石川さんは一週間以内にロンドンへ向けて立つことにきまった、と知らせてくれた。これが二度目の渡英である。

今後よしんば大町へ行っても、こんなことは起こらないだろう。

（「山と溪谷」一九五八年十月号）

夏山への想い

六十過ぎまで生きていると、私みたいな者でさえ、思い出話をさせられる。いつだったか、私はどんな具合にして英語屋――変な言葉だが、私は英語学者でもなければ英文学研究家でもなく英語で食っているから、英語屋と自分を呼ぶことにしている――になったかと、質問され、順序を追って追想したら、まったく自然に、何の意図も抵抗もなく、いつの間にかそうなってしまったことに気がついた。ほかでもない。私の通った小学校では、高等科から英語が始った。（昔の小学校も六年制だったが、はじめの四年が尋常科、あとの二年が高等科と呼ばれた。）中学校では英国人の先生が会話を教えた。どういう訳か私は英語が出来て、中学校の学芸会で英語の芝居をしたりしたし、学校以外でも米国人の家へ通って会話の勉強をした。今でも記憶しているが、中学三年の時オーストラリアの婦人が突然自宅に現れた時、父は大学にいます、今電話をかけて呼びますから話して下さい、といって通じたことがある。五年の夏休は東北地方の海岸で、米国人の家族といっしょに暮した。

こんな風にして、私は一通りの日常会話はやれたのである。そのままだったらいつまでも、通弁の域にとどまったことだろう。しかし高等学校（旧制のであることは申すまでもない）の受験勉強は、三崎油壺の帝大臨海実験場に行っていて、スティーヴンソンの「宝島」を読んだ。まったく夢中になって読み、それからは猛烈に、英国や米国の文学——小説、劇、随筆、詩——に没頭した。

大体同じことが、山についてもいえる。流行とか発奮とか研究とか、そんなものに全然関係なく、私は自然の経過を辿って山に入って行った。「発奮」はちょっとおかしいかも知れないが、何のことはない、山の本を読んだり映画を見たりして、ヒロイズムを感じ、それではおれも山に登ろう、と奮起一番することである。もちろん私は好んで山の本を読み、山の映画を見、講演を聞いたが、それは既に山が好きになっていたからのことである。

大体少年時代の私は、船員になろうと思っていた位海が好きで、特に中学校の三、四年は、夏になると葉山の別荘——大学教授に過ぎなかった父が、どうして「別荘」などを持つことが可能だったか、現在ではちょっと考えつかないが、恐らく税金が今ほどきびしくなく、日常生活も質素だったのだろう——へ出かけ、朝から晩まで相模灘を帆走して暮した。それがある日、何と思ったか、海に出る代りに裏の山へ登った。山といっても三浦半島のことだから、丘陵である。尾根に着くとまた向うに尾根があり、V字型の両斜面が一面の茅《かや》でそこかしこに大きな白百合が咲いていた。風が吹いてくると、茅と百合がサーッと波のようになびいて、折から夕方ではあり、淋しく、しかも山全体が生きているような感じがした。と同時に、向うの尾根のその向うには、何か未知の世界があるような気がした。(実際谷に下りて向うの尾根に登れば、恐らく目の下に人家、そのすぐ先は東京湾の水だったに違いないが、ロマンティックな男の子だから、こんな気持がしたのだろう。)

山といえば私はその前の年だかに、修学旅行で筑波山に登っている。この時は小雨の中のブナの林を歩いた。なぜ筑波山が私を山へイニシエートしなかったのか、これはちょっと理解がいかないが、歩く義務があったことと、あの山の性質として「尾根の向うの尾根」が、従って「向うの尾根の向う側」の感覚が、わいて出なかったことが、原因だったのかも知れない。

中学の四年の夏だと思うが、私は二週間ほど日光で暮し、東照宮など見物する代りに、弁当を持ってはあの辺の原を歩き廻った。今から考えると、これは違った意味で私に「山のよさ」を見せてくれた。ほかでもない、澄み切った高原の空気の美しさと、清冽な山の水の味と、燦々と降りそそぐ太陽の光線の有難さ——ほかならぬ山の大きな要素——を、私は初めて体験した。

仙台の高等学校時代には、遠刈田の牧場で極めて懶惰《らんだ》な一夏を送った。ひさしの取れた兵隊帽子をかぶる牧夫の一人と、木の下影に寝ころがっていると、山の肌を雲の影が流れて行く。

紺碧に風吹きわたる
道近き牧草の野を
丘近く行く影の如く

と、ジョージ・メレディスが「谷間の恋」で歌っている光景を、私は見たのである。

このようにして私は英文学と山との両方へ、徐々に近づいて行ったのだが、当時はそんなことを知らなかった。

仙台の生活は、私を米国文学へも接近させた。気候その他の関係があって、あの辺の野生植物が、ニュー・イングランドのそれに非常によく似ているばかりか、例えば冬は雪、雪が降らぬ日々には太陽が一面の雲の後にボンヤリ見えるといった現象が、これまたニュー・イングランドそっくりなのである。

一方、本当の山登りを始めたのも、二高時代である。東京高等師範附属中学校の山岳部旅行に、先輩——山のではない、単に年令的の——としてついて行き、八ガ岳、白馬に登った。夏でも雪が残っている山、高山植物が咲いている山。私は夢中になった。学校の性質上、いい指導者を得たことも忘れない。

旅行に先立って本校——東京高師——からは山崎直方博士が見えて、日本アルプスの構造、氷河、ヘットナー石、カールの話、スケッチのやり方などを話して下さった。山崎博士の高弟ともいうべき大関久五郎氏は、附属中学の先生だった。旅行の実際の引卒者伊藤長七氏は諏訪の出身で、山国信州を大きに礼讃した。

後年五中の校長として名を上げた伊藤先生は、酒好きで磊落《らいらく》に見えたが、三十名に近い少年を山に連れて行くについては、極めて細心の注意を払った。一人一人の番号がきめられ、山にかかると必ず番号順に歩いた。やせ尾根などで霧が捲いて来ると、歩くのを中止し、番号をいわせた。一度は十何番だかに当る生徒が自分の番号をいわず、崖から落ちでもしたか、と大きに心配したが、キャラメルを口に入れたばかりで、声が出せなかったことが判明した。伊藤先生はこのようにして隊列をのばさせず、全員を完全に掌握していたのである。

それともう一つ、弁当を食う分量を命令した。朝大きな握飯を二つ貰って宿屋を出ると、昼飯には握飯一つと夏蜜柑半分を食え、という命令を出す。そして午後三時の大休止には、残っている握飯の半分と、夏蜜柑の半分の半分を食うことになる。番号といい、食う弁当の分量といい、軍隊か囚人みたいだが、その後団体登山などで、晩方小舎に着いて見ると何人かが不足していて、引卒者が暗い山路をさがしに戻ったとか、目的地に到着する前に腹が空ってのびてしまい、そこに雨が降ってきて気温が下った、という風な遭難事故を耳にするたびごとに、私は伊藤先生の厳格なリーダーぶりを思い出す。自分ひとりで登山するようになってからも、私は目的地に着くまでは、弁当と水筒の水を必ず若干残しておくことにした。

この第一回の山旅で、われわれは大町の対山館で一泊した。これが百瀬慎太郎君と私との、長い友情の始りである。仕事が忙しくなり、山に登る時間がなくなってからも、私は何かというと大町を訪れた。

戦争が終って比島から生きて帰った私を、百瀬君は何度も大町へ呼ぼうとした。酒でも食物でも、何とか都合をつけるから、無理にでも時間をつくってやって来いと、一週間に一度くらい手紙をよこした。だがあの混乱を極めた戦後、毎日新聞社の出版業務を担当していた私は、今度の休みには、今度の休みには……と繰返す一方で、とうとうその機会がつかめなかった。やがてサン写真新聞社に移り、関西方面の広告主に挨拶のため出向くことになった。私は、大町経由で大阪に行くことにした。だがこれは結局、彼の葬式に列席するための旅行になった。

朝松本で大糸南線に乗換えた時、空は完全に曇っていた。それが大町に近づくと、どういうことか、爺から鹿島槍へかけての雲が拭い去られたように退き、光り輝く雪と氷の峯々が姿を現した。その後何回も行った山だが、一番はじめに百瀬君と二人、林蔵を案内に、ガムシャラに登った鹿島槍である。私は唖然とした。その十分ほど後には、猛烈に吹雪き出し、私はそれ以来、若かった二人のこのプレイグラウンドを見ていない。

立教の人たちといっしょに吉田口から、京大の人たちといっしょに御殿場口から、二度富士山に行った以外、私は冬の山を知らない。だから山といえば夏山で、それも不自由だった頃の山である、これが後年比島での密林逃避行に役立つだろうなどとはも夢想だにしなかった。

昭和十九年十二月、私は若干の同僚とマニラからバギオに移った。ここで小型の新聞を発行したのだが、空襲は激しくなり、食糧は乏しくなる一方なので、山を下りるという命令が出た。バギオで毛布と防水布を買った私は、防空壕の中でシュラーフザックを縫った。蚊帳の切れっぱしで、頭だけを包む袋をつくった。そのおかげかマラリアにもデング熱にもかからなかった。枯木をひろい、米を洗って飯盒《はんごう》で飯を炊くことも、いっこう苦にならなかった。一度など大雨の六キロ行進で何回か河を徒渉し、夜中の二時頃同僚一同がガタガタ震えた時、ライターで生木に火をつけた。昔の山での経験が生きたのである。決して楽しくはなかったが、「乞食みたいな生活」——事実そういった人がいる——だとも思わなかった。精神的にへこたれることはなかった。

中央線の阿佐ケ谷に住んでいて、たいてい毎日新宿で乗換えるので、山に出かける人々を多数見かける。みんな冬と違って、ひどく手軽な装備をしているのは、交通機関や山の諸設備がよくなったからに違いない。山の俗化を嘆く人もあるが、誰でも行ける山はあった方がいいし、バスやケーブルカーが頂上まで行く山にしたところで、昔風にエッチラオッチラ登るべきルートは、いくらも残っている筈だ。

私には体力的にいって、そんなルートを登ることがもう不可能である。これは致し方ない。だから俗人の一人として、頂上または頂上近くまではこんで行かれる山を選び、老妻とでもいっしょに出かけようかと思う。

「ある男が、あるドイツの娘について、苦情をいったことがある。山嶺に着くと彼女は、〝ああ、これは美しい、これは驚くべき景色だ。私はソーセージを喰わねばならぬ〟と叫んだというのだ。

だが如何にも彼女は正しい。立ち上ってツベコベやるのは、索条鉄道で登って来た者だけだ。本当に登攀し、本当に勝った者は、まったく腰を下してソーセージを食う」とアンソニー・バートラムは書いている。

立ち上ってツベコベやる人がいるのならばも私はその群を離れて、どこか静かな岩の後にでもかくれることにしよう。本能として私は、そのような場所を見つけることが出来るにきまっている。岩のすぐ近くまで雪が来ていて、露出している土には色々な草が芽を出しているだろう。風が岩つばめの声を、はいまつの香と、しゃくなげの花粉とをはこんで来るだろう。遠くに、近くに、かつて登った山々が見えることだろう。そして「ここに汝は汝のいこいを見出す」と私の耳に囁くことだろう。日暮れ時ともなれば、山々は繚乱と輝き、空は藍《あい》の色を濃くし、私は百瀬慎太郎を思い出して涙を流すかも知れない。それは私の心を洗うだろう。あまりにも雑務が多くて多忙な私の人生には、そのような瞬間がある方がいいのである。

その年で何をセンチメンタルな、という人がいてもいっこう差支えない。ウソいつわりはなく、私はいまだに山を想い続けている。生きている幸福の一つが、夏の山を再訪することである。

（「山と高原」一九五九年六月号）

石川欣一略歴

一八九五（明治二十八）年　三月十七日、石川千代松（動物学者。当時帝国大学農科大学教授。のちに東京帝国大学名誉教授）の長男として誕生。

一九一三（大正二）年　東京高等師範附属小学校、同中学校を経て第二高等学校（仙台）に進む。

一九一四（大正三）年　日本山岳会入会。二高山岳会創設に参加。夏、東京高等師範附属中学校山岳部に同行して、八ヶ岳、白馬岳に登る。大町・対山館の百瀬慎太郎（当時二十二歳）と親交を結ぶ。

一九一五（大正四）年　七月、針ノ木越えから立山、剱岳に登り（剱岳の早期登山記録）、小黒部谷、祖母谷、南越、大黒岳を経て飯森へ下る。

一九一六（大正五）年　第二高等学校卒業、東京帝国大学英文科入学。

一九一八（大正七）年　東京帝国大学中退、プリンストン大学入学。

一九一九（大正八）年　プリンストン大学卒業。大阪毎日新聞社にアメリカ留学生として入社、渡米中特派員となる。二〇年に帰国し、翌年再び渡米。

一九二一（大正十）年　ワシントン会議（海軍軍縮条約）を取材。二三年、帰国。

一九二八（昭和三）年　東京日日新聞社に移る。

一九三二（昭和七）年　新渡戸稲造博士渡米に随行。

一九三三（昭和八）年　東京日日新聞社ロンドン支局長（一九三五年まで）。

一九三六（昭和十一）年　大阪転勤。大阪毎日新聞社文化部長。

一九四二（昭和十七）年　フィリピン、マニラ新聞に出向。

一九四四（昭和十九）年　十二月、アメリカ軍が上陸しルソン島の山中に避難。

一九四五（昭和二十）年　九月、新聞報道関係者二十三人の先頭に立って投降し捕虜となる。通訳を務めたのち、十二月、帰国。

一九四六（昭和二十一）年　東京毎日新聞社出版局長。

一九四九（昭和二十四）年　サン写真新聞社社長。

一九五一（昭和二十六）年　退職。在職中から続けた翻訳、執筆に専念。

一九五二（昭和二十七）年　アジア財団顧問、東京ライオンズクラブ初代会長。ヴァン・ワィック・ブルックス『花ひらくニュー・イングランド』翻訳で日本芸術院賞受賞。

一九五三（昭和二十八）年　日本ライオンズクラブ初代ガバナー。

一九五九（昭和三十四）年　ライオンズクラブ国際理事。

八月四日逝去。

著書一覧

『旅から旅へ』（一九二三年・東京日日新聞社・大阪毎日新聞社）

『パイプをくわえて』（一九二四年・東京日日新聞社・大阪毎日新聞社）

『煙草とパイプ』（一九二五年・郊外社）

『むだ話』（一九二六年・春陽堂）

『山へ入る日』（一九二九年・中央公論社）

『煙草通』（一九三〇年・四六書院）

『山・都会・スキー』（一九三一年・四六書院）

『ひとむかし』（一九三六年・人文書院）

『大阪弁』（一九三九年・創元社）

『樫の芽』（一九四三年・白水社）

『比島投降記』（一九四六年・大地書房）

『世界の春』（一九四七年・春光社）

『三十年』（一九四八年・文芸春秋新社）

『たばこ談義』（一九四九年・毎日新聞社）

『ひなたぼっこ』（一九五三年・桐蔭堂目黒書店）

『可愛い山』（一九五四年・中央公論社）

『旅・酒・煙草』（一九五五年・朋文堂）

『山を思う』（一九五五年・山と溪谷社）

『ささやかな幸福』（一九五六年・河出書房）

『タバコ・あれこれ』（一九五七年・ダヴィッド社）

『A book of thoughts』（一九五八年・Taplinger）

『チャーチル』（一九五九年・日本書房）

翻訳書

モース『日本その日その日』（一九二九年・科学知識普及会／一九三九年・創元社）

J・M・バリー『マイ・レーディー・ニコティーン』（一九二五年・春陽堂／三八年・白水社『妖姫ニコティン』）

フレデリック・ウエークマン『ハックスタァズ』（一九五一年・日本電報通信社）

パール・バック『アジヤの友へ』（一九四六年・毎日新聞社）

グルー『滞日十年』上・下（一九四八年・毎日新聞社）

パール・バック『郷土』（一九四九年・毎日新聞社）

ジョン・ハーシー『ヒロシマ』（共訳・一九四九年・法政大学出版局）

Michio Takeyama *"The harp of Burma"*（英訳・一九五〇年・中央公論社）

ヴァン・ワィック・ブルックス『花ひらくニュー・イングランド』（一九五一年・三笠書房）

N・F・ブッシュ『アドリー・スティーヴンソン』（一九五二年・好学社）

フランク・ギブニー『日本の五人の紳士』（一九五三年・毎日新聞社）

ヴァン・ワィック・ブルックス『アメリカ文学史』全五巻（一九五三〜五四年・ダヴィッド社）

トマス・ハーディ『テス』上・下（一九五五年・河出文庫／同年、河出書房「世界文学全集」所収）

バーナード・リーチ『陶工の本』（一九五五年・中央公論社）
ロバート・S・シュワンテス『日本人とアメリカ人』（一九五七年・創元社）
ウィンストン・チャーチル『人生と政治に関するわが意見』（一九五七年・創元社）
クリストン・ファディマン『頭脳の楽しみ』（一九五八年・荒地出版社）
マーク・トウェイン『ハックルベリー・フィンの冒険』（一九五八年・研究社出版／六六年、筑摩書房「世界文学大系」所収）
チャーチル『第二次大戦回顧録』全二十四巻（翻訳委員会委員長を務める／一九四九〜五五年・毎日新聞社）

■ヤマケイ文庫クラシックス『可愛い山』について

石川欣一著『可愛い山』は一九五四（昭和二十九）年に中央公論社から刊行された。同書は、一九二九（昭和四）年に同社から刊行された『山へ入る日』（全四十篇）から山に関する作品十九篇を抜粋し、その後一九四三年までに執筆された十篇を加えている。『可愛い山』は一九八七年に白水社から復刊されている。

本書では『可愛い山』の全篇に、著者最晩年の「夏山への思い」（一九五九年）までの作品を加え、五十五篇を収めた。第一部「可愛い山」は『山へ入る日』『山・都会・スキー』から代表的エッセーを二十二篇、第二部「旅から旅へ」は『旅から旅へ』『むだ話』と雑誌から紀行を中心に十二篇、第三部「山を思う」は『ひとむかし』『大阪弁』『樫の芽』『ひなたぼっこ』と雑誌から追想記を中心に二十一篇で構成した。

●次の内容で表記を改めた。

・引用文を除き、旧仮名遣いは現代仮名遣いに改める、

・常用漢字表に挙げられている漢字は新字体に改め、常用漢字表外の漢字は「表外漢字字体表」に従う。異体字は原著に従う。

●今日の人権意識、自然保護の考え方に照らして考えた場合、不適切と思われる語句や表現があるが、著作の時代背景とその文学的価値に鑑み、そのまま掲載した。

新編　可愛い山

二〇二四年十月一日　初版第一刷発行

著　者　石川欣一
発行人　川崎深雪
発行所　株式会社　山と溪谷社
郵便番号　一〇一―〇〇五一
東京都千代田区神田神保町一丁目一〇五番地
https://www.yamakei.co.jp/

■乱丁・落丁、及び内容に関するお問合せ先
山と溪谷社自動応答サービス　電話〇三―六七四四―一九〇〇
受付時間／十一時〜十六時（土日、祝日を除く）
メールもご利用ください。
【乱丁・落丁】service@yamakei.co.jp　【内容】info@yamakei.co.jp
■書店・取次様からのご注文先
山と溪谷社受注センター　電話〇四八―四五八―三四五五
ファクス〇四八―四二一―〇五一三
■書店・取次様からのご注文以外のお問合せ先　eigyo@yamakei.co.jp

印刷・製本　大日本印刷株式会社
定価はカバーに表示してあります
Printed in Japan ISBN978-4-635-05008-1